heimatfront
kriegsalltag in deutschland 1939 – 1945

heimatfront

kriegsalltag in deutschland 1939–1945

Herausgegeben von
Jürgen Engert

nicolai

Begleitbuch zur sechsteiligen Fernsehreihe »Heimatfront. Kriegsalltag in Deutschland«, produziert von den ARD-Sendeanstalten Sender Freies Berlin, Mitteldeutscher Rundfunk, Südwestrundfunk, Hessischer Rundfunk, Norddeutscher Rundfunk sowie ARTE.

Der Verlag dankt den Zeitzeugen, deren Interviewtexte aus den Fernsehfilmen wir in diesem Buch auszugsweise abdrucken konnten.
Auch danken wir den Redaktionen der ARD-Fernsehanstalten, insbesondere der Redaktion Zeitgeschichte des Hessischen Rundfunks für die gute Zusammenarbeit.

© 1999 Nicolaische Verlagsbuchhandlung
Beuermann GmbH, Berlin
Abbildung auf dem Umschlag:
Bildarchiv Preußischer Kulturbesitz
Lektorat: Antonia Meiners, Annette Selg, Berlin
Umschlaggestaltung: Matthias Wittig
Layout: Dorén + Köster
Satz: J. Maron, Berlin
Repro: Mega-Satz-Service, Berlin
Druck und Bindung: Clausen & Bosse, Leck
Printed in Germany

ISBN 3-87584-880-2

Inhalt

Zeitgeschichte im Fernsehen

Wie kein anderes Medium hat das Deutsche Fernsehen in den vergangenen Jahren und Jahrzehnten den Deutschen ihre jüngste Vergangenheit im wörtlichen Sinne »vor Augen gestellt« und auch zu deuten versucht. Die letzten 70 Jahre deutscher Geschichte, besonders die Zeit des »Dritten Reiches«, sind Gegenstand einer Fülle von Sendungen gewesen. Dokumentationen und Fernsehspiele, Porträts und zeitgeschichtliche Serien haben entscheidend zum Verständnis der von den Deutschen ausgelösten europäischen Katastrophe und zur Entwicklung eines auf diesen Erfahrungen beruhenden Selbstverständnisses der neuen Republik beigetragen. Bis heute ist, entgegen der – aus unterschiedlichen Motiven – immer wieder beschworenen Gefahr des Überdrusses an diesem Thema, kein Nachlassen des Interesses der Zuschauer an der Beschäftigung mit unserer Vergangenheit im Fernsehen festzustellen.

Fernsehen ist dort, wo es am besten und vor allem am wirkungsvollsten ist, immer ein großer Geschichtenerzähler. Die unwiderstehliche Verbindung von Bild und Ton, von Fakten und Gefühlen, von Zitat und Kommentar befähigt das Fernsehen wie kaum ein anderes Medium zur Vergegenwärtigung der Vergangenheit und im besten Fall zu neuen Einsichten in deren Zusammenhänge und Folgewirkungen. Dies gilt auch und vor allem für zeitgeschichtliche Dokumentationen, die uns unsere historische Herkunft und damit die Bedingungen unserer Gegenwart erklären.

Die neue sechsteilige ARD-Sendereihe »Heimatfront« versucht in diesem Zusammenhang erstmals umfassend und systematisch darzustellen, was bisher eher in Fernsehspielen und Spielserien auf den Bildschirm gebracht wurde: das Leben normaler und durchschnittlicher Menschen im Deutschland der NS-Herrschaft. Es ist mittlerweile allen klar, daß moderne Kriege die Zivilbevölkerung mindestens ebenso, wenn nicht gar noch mehr als die kämpfenden Truppen mit Leid, Zerstörung und Tod überziehen. In diesem Sinne ist Heimat im Zweiten Weltkrieg zur Front geworden. Zur »Front« wurde die Heimat aber auch als Schauplatz der militärischen Durchorganisation des zivilen Lebens, des Widerstands gegen das Regime und der Bekämpfung von Regimegegnern und schließlich vor allem auch als Schauplatz der Verfolgung und Vernichtung von Mitbürgern. In diesem Sinne gab es zwischen 1939 (und schon lange davor) und 1945 für die Deutschen – und nicht nur wegen des Bombenkrieges der Alliierten – keine Heimat fernab der Front mehr. Jeder stand an der Front.

Diese Lebenssituation von Millionen Menschen ist in das kollektive Gedächtnis unseres Volkes eingegangen und in vielen persönlichen Erinnerungen und Erzählungen festgehalten und weitergegeben. Diese Geschichte ist für viele Zuschauer – und Leser dieses Buches – eine noch persönlich erlebte und erlittene Zeit. Das Fernsehen, vor allem das öffentlich-rechtlich verfaßte, versteht sich als ein Ort der Bewahrung dieser Erinnerungen, ohne deren Kenntnis und Weitergabe unsere Gegenwart und Zukunft nicht gestaltet werden kann. Dies gilt auch heute noch, mehr als ein halbes Jahrhundert nach Kriegsende und dem Untergang des Nazi-Reiches. Die aktuellen Konflikte im ehemaligen Jugoslawien machen dies auf erschreckende Art deutlich

Dr. Hans-Werner Conrad
Fernsehdirektor des Hessischen Rundfunks

Vorwort

Ach, wie groß war doch die Zuversicht, 1945, nach dem Ende des Zweiten Weltkrieges. Das Böse schlechthin galt als besiegt, endgültig, so schien es, nie wieder würde es Menschen zu Opfern machen, Schwestern und Brüder in eins nun die Hände. Die Erfahrung mit dem globalen Krieg, eingeschlossen atomare Vernichtung, eine neue Weltordnung werde sie bewirken, mit den Vereinten Nationen als Garant, mit den Nürnberger Prozessen gegen Hitlers Helfer als Auftakt, abschreckend und disziplinierend ein für allemal jene, die auch künftig darauf aus sein würden, ihre Allmachtsphantasien in die Tat umzusetzen und das Verbrechen von Staats wegen zu legitimieren. Der uralte Traum vom ewigen Frieden, wirklich sollte er werden angesichts von 55 Millionen Toten und Vermißten. Hochfliegender Idealismus sollte sich paaren mit bodenständiger Vernunft, die die Verantwortung zur Kehrseite hat.

Was ist aus diesem Entwurf geworden? Nichts. Die Vereinten Nationen in New York, eine Alibiveranstaltung ohne gemeinsamen Nenner, weil widerstreitende Egoismen auf denselben nicht zu bringen sind und die »Völkergemeinschaft« eine Fiktion bleibt. Ein Kriegsverbrechertribunal in Den Haag, dem die Hauptmänner für Mordaktionen auf dem Balkan nicht zugeliefert, weil nicht gefangen werden. Der Zweite Weltkrieg, ein Menetekel sollte er sein. Unheil aber hat sich fortgesetzt. Wir scheuen davor zurück, es »Krieg« zu nennen. Der findet zwar weiterhin statt, verniedlicht wird er aber als »Konflikt«. Diese Wortwahl offenbart das schlechte Gewissen.

Politik, so heißt es, sei die Kunst des Möglichen. Das bedeutet: Das eigene Interesse gegenüber anderen zu kalkulieren, den Kompromiß zu suchen, sich das Denken im Freund-Feind-Verhältnis zu verbieten. Schön ist diese Theorie. Die Praxis aber ist eine andere. Politik ist keine abstrakte Größe, und Politiker sind, so banal das klingt, auch nur Menschen. Und damit gehören sie zu einer Gattung, die immer wieder von neuem beweist, daß sie ihre Begabung zur Vernunft mißachtet und unvernünftig handelt, indem sie sich ihren Gefühlen, ihren Trieben, Leidenschaften, ihren Sympathien und Antipathien unterwirft, bis hin zur Selbstzerstörung. Die Egomanie, sie ist dem Einzelnen ebenso eigen wie der Masse. Das rationale Gebot, eine Eisfläche nicht zu betreten, weil das Einbrechen droht, wird ignoriert, weil Selbstüberschätzung die Folgen eines Tuns nicht bedenkt. Nirgendwo ist verfügt und nirgendwo ist gewährleistet, daß nur solche auf dem politischen Feld ackern, nur solche an die Spitze eines Staates gelangen dürfen, die fähig sind, ihre Emotionen der Vernunft unterzuordnen, damit die Voraussetzung erfüllt ist, verantwortlich für Millionen handeln zu können. Die Macht hat ein Doppelgesicht: Mit ihr kann gegen Widerstände gestaltet werden. Zum Guten. Mit ihr ist aber auch zu überwältigen und zu vergewaltigen. Die Macht kann eine Droge sondersgleichen sein. Für den, der sie hemmungslos genießt. Und der Rausch, den sie dann verursacht, in den kann der jeweilige Führer die von ihm Geführten hineinziehen. Sich über sich selbst zu erheben, aufzugehen in der Masse, das Ich als Wir zu definieren, sich der kollektiven Leidenschaft hinzugeben ohne Sinn und Verstand, sich zu opfern und sich damit zu bestätigen: Alle Sicherungen brennen durch. Führer befiehl, wir folgen Dir! Und der Führer sagt: Du bist nichts, Dein Volk ist alles! Und die Masse jubelt über die Verdammung der Individualität.

Was im Privaten Tugenden sein können, Opferbereitschaft, Hingabe, Begeisterung, im Raum des Politischen sind sie verheerend. Was der Einzelne vereinzelt nicht tun würde, sich über Moral und Gewissen hinwegzusetzen, zusammen mit den vielen anderen wird er hemmungslos. Der Biedermann als Verbrecher. Schlaflose Nächte bereitet ihm das nicht. Im Gegenteil. Er ist begeistert. Denn: So machen es doch alle, auf jeden Fall die meisten. Und bei den meisten, da will er sein. Die Verantwortung für personales Tun und personales Unterlassen wird delegiert an einen, den da oben, der die Masse deshalb so virtuos dirigieren kann, weil er ein Teil von ihr ist. Hitler und die Deutschen haben das Muster bestätigt.

Aus der Politik von gestern ist die Geschichte von heute geworden. Die Bücher, die das nationalsozialistische System analysieren, es als extraoriginär und paradigmatisch zugleich beschreiben, feststellen, daß es zwangsläufig im Krieg gegen die Welt enden mußte, diese Bücher füllen Bibliotheken. Aus dem Erinnern ist weltweit eine Kultur entstanden. Die Bücher werden gelesen, die Gedenkstätten werden besucht, ohne Unterlaß sind die mahnenden Reden. Und was folgt daraus? Dem weltweiten Erinnern zum Trotz, sind weltweit und weiterhin die Exempel für verantwortungslose und unvernünftige Politik und Politiker zu sammeln. Als politischer Typ ist Hitler singulär nicht geblieben. Jüngstes Beispiel dafür: Slobodan Milošević. Es ist eine Manie der Deutschen, daß sie an der Unvergleichbarkeit des Adolf Hitler und seines Regimes festhalten, um ja nicht den Vorwurf zu provozieren, sie wollten ein bislang einmaliges Verbrechen, den technologisch geplanten und durchgeführten Völkermord, verkleinern. Zwischen Vergleichen und Gleichsetzen aber liegt eine Welt. Keine Person, somit auch kein Politiker, kann mit einer anderen gleichgesetzt werden, zu vergleichen aber sind sie. Hitler und Milošević verkörpern eine Dämonie, die sich den Willen der anderen untertan macht. Zum Untertanmachen aber gehören stets zwei: einer, der untertan machen will und ein anderer, der sich untertan machen

läßt. Es gibt serbische Intellektuelle, die sehr wohl der Mechanismen des Hitler-Regimes kundig sind und die dennoch nicht zögerten, sich auf die Seite von Milošević zu schlagen, weil sie seine mythische Vorstellung von einem Großserbien teilen und so den Feldzug gegen die Kosovo-Albaner mit absurden Argumenten zu rechtfertigen versuchen. Der Firnis der Zivilisation ist dünn, und historisches Wissen ist keine Garantie gegen den Rückfall in die Barbarei. Die Geschichte sei die Lehrmeisterin des Lebens, so formulierten ehedem fortschrittsgläubige Aufklärer. Wer die Geschichte kenne, er werde weise, und das für immer. Ein treuherziger Optimismus. Das einzige, was aus der Geschichte zu lernen ist: daß der Mensch ein Doppelgesicht hat. Und das ist ihm wesentlich. Er kann Gutes tun und Böses, und das ist ihm sogar gleichzeitig möglich. Ein KZ-Kommandant war voll der Liebe für seine Familie. Das hinderte ihn aber nicht daran, Tausende ins Gas zu schicken. Seine Begründung: »Das sind doch gar keine Menschen«. Geschichte wird nicht produziert von einem überpersonalen Weltgeist. Und von Gesetzmäßigkeiten ist sie gleich gar nicht bestimmt. Nein, ihr Dreh- und Angelpunkt ist der Mensch. Seine Geschichte ist die Geschichte. Ihre Feststellungen können im Vergleich zu den Naturwissenschaften nicht exakt sein, Geschichte ist immer auch ein Stück Literatur. Das Geschehen und die Erzählung darüber, sie enthalten eine subjektive Komponente. Sie ist sowohl dem Zeitzeugen als auch dem Historiker eigen. Die Differenz zwischen ihnen besteht allerdings darin, daß der eine aus seinem Gesichtskreis heraus berichtet, der andere dieses Zeugnis mit einer Fülle von Material in Beziehung setzen kann, so daß eine persönliche Wahrnehmung relativiert wird.

Vor dieser Aufgabe stehen, vergleichbar dem professionellen Historiker, auch Autoren und Redakteure, die sich der Vermittlung von Geschichte im Fernsehen widmen. Sie haben dabei einen Vorteil gegenüber dem Buch, gegenüber der Zeitung, auch gegenüber dem Hörfunk: Sie können die Zeitzeugen unmittelbar und mit der ganzen Person zu Wort kommen lassen. Dieser Vorteil birgt aber auch Gefahren in sich. Der Versuchung muß widerstanden werden, daß um der Dramaturgie eines Filmes willen dem in der Vorstellung eindrucksvollen, auch pointenreichen, aber wenig inhaltsvollen Erzähler der Vorzug gegenüber dem gegeben wird, der zwar viel zu sagen hat, dem es aber an Bravour mangelt. Dem Mangel ist durch intensive Vorgespräche abzuhelfen. Einfühlungsvermögen ist dafür die Bedingung. Denn es geht nicht darum, was Autoren und Redakteure hören wollen, sondern darum, was die Zeitzeugen sagen möchten. Ein allgemeines Geschehen soll durch ein personales Zeugnis illustriert werden. Nicht mehr, aber auch nicht weniger. Ein Film hat in der Regel eine Länge von 45 Minuten. Verkürzen aber darf nicht gleichbedeutend sein mit Verstümmeln, und eine Sünde wider die Profession ist es, eine Aussage in ihr Gegenteil zu verkehren. Jeder Zeitzeuge stellt sich mit seinem Erinnern, das aus Gedanken und Emotionen gespeist ist, in der Öffentlichkeit aus, er gestattet einem Millionenpublikum Einblick in seine Innerlichkeit.

Das kann zu einem unkalkulierbaren Risiko werden. Es einzugehen, dazu gehört Mut, wenn einer kein Exhibitionist ist. Denn die Rezeption einer Mitteilung durch das Publikum ist nicht im vorhinein zu bestimmen. Heute im Fernsehen, morgen die Begegnung mit den Nachbarn: Der Einblick in eine Biografie, er kann fatale Konsequenzen haben. Beim Verfertigen eines Films hat deshalb auch Fürsorge die Hand mitzuführen. Einem sensationslüsternen Voyeurismus ist Widerstand zu leisten.

Die »Heimatfront« fügt sich ein in die ARD-Serie »Soldaten für Hitler«, »Die Waffen-SS« und die »Wirren Jahre«. Die Front in der Heimat, Hitler und die Seinen hatten sie eröffnet, lange bevor Deutschland der Welt den Krieg erklärte. Am 30. Januar 1933 zum Kanzler ernannt, nutzte Hitler den Brand des Reichstages am 28. Februar 1933, um die »Verordnung zum Schutze von Volk und Staat« in Kraft zu setzen, mit der alle Grundrechte vom Tisch gewischt und die Herrschaft der Willkür inthronisiert wurde. In Massen wurde ohne Haftbefehl verhaftet, die politischen Gegner kamen in Konzentrationslager, der Terror war staatlich legitimiert; das konservative Lager mit Reichspräsident von Hindenburg und Vizekanzler von Papen an der Spitze hatten dafür die Hand gereicht.

Hitler begann den totalen Krieg im Innern, bevor er ihn nach außen trug: Wer Feind ist, das bestimme ich, und wer nicht für mich ist, ist gegen mich. Unzufrieden mit der Republik von Weimar, gebeutelt von wirtschaftlicher Not, eingedenk der demütigenden Friedensbedingungen nach dem Ersten Weltkrieg, sehnsüchtig nach neuer Macht und Größe des Reiches und zugleich nach bewahrender Modernisierung der Gesellschaft, schwenkte eine Mehrheit der Deutschen hin zu Hitler. Seine politischen und vor allem auch ökonomischen Erfolge überdeckten die Exekutionen der Übermacht und veranlaßten zum Ignorieren und Hinnehmen eines biologischen Rassismus, der den »Untermenschen« schuf, preisgegeben der Ausrottung. »Heimatfront«, das ist nicht nur ein Begriff für einen Krieg, der sich nach Deutschland hinein verlängerte, nachdem sich der Siegeszug in einen Rückzug umgekehrt hatte. Die »Fronterlebnisse« sind nicht nur auf die Jahre von 1939 bis 1945 zu datieren. Herausragend dabei Hitlers Pogrom, das der Volksmund als »Reichskristallnacht« verniedlichte. Am 9. November 1938 gingen nicht nur

Scheiben zu Bruch, Synagogen wurden angesteckt, jüdische Wohnungen wurden verwüstet, Juden in Konzentrationslager verschleppt. Die Bevölkerung beteiligte sich in ihrer Majorität nicht daran. Sie versteckte sich in der Rolle des Zuschauers. Aus dem Jahre 1938 ist ein Kommentar überliefert: »Ist man in Deutschland kein Jude, kein Kommunist, leistet man keinen Widerstand, dann kann man ganz gut leben.« In jedem Bürger steckt auch ein Philister, der im Anpassen sein Heil, und das ist die Bequemlichkeit, sucht.

Frau Faller war eine kleine, ganz kleine Frau. Und weil die kleine Frau Faller so groß war wie ich, der in die 8. Klasse der Volksschule in Dresden ging, war sie mir schon deshalb sympathisch. Wir begegneten uns sozusagen auf einer Ebene.

»Guten Tag, Frau Faller.« – »Guten Tag, mein Junge.« Der Kleine, der oft gehänselte, wurde durch die kleine Erwachsene ein Stück größer. Er gab ihr die Hand und machte einen Diener. Die Leute auf der Straße grüßten Frau Faller nicht, was den Jungen wunderte, denn Frau Faller wohnte nicht nur im Viertel, in der Oschatzer Straße, sie war auch bekannt. Ihr Mann war der Besitzer eines Kaufhauses gewesen, das jetzt einen anderen Inhaber hatte. Frau Faller trug stets einen Hut und auch im Sommer einen Mantel, einen dünnen, weichen, der bis zu den Knöcheln reichte. Auf das schwarze Tuch war ein hervorstechender gelber Stern genäht.

Eines Tages stand vor dem Haus der Frau Faller ein Lastwagen. Der Junge kam irgendwo her und wollte irgendwo hin. Eine Menge auf dem Fußweg machte ihn neugierig. Der Kleine drängelte sich nach vorn. Und es kamen zwei Uniformierte durch die Tür und zwischen sich, eingeklemmt, zogen sie die kleine, alte Frau Faller zu dem Auto und warfen sie auf die Ladefläche. Der Lastwagen fuhr ab, die Schaulustigen gingen ihrer Wege.

Der Junge wußte nicht, was da geschehen war. Das Bild aber prägte sich ein. Und es war schrecklich, und es machte Angst. »Guten Tag, Frau Faller.« – »Guten Tag, mein Junge.« Eine Verstörung blieb zurück. Er fragte nicht die Mutter, er erzählte nichts aus der Oschatzer Straße. Das Erlebnis des Kleinen wuchs als Erinnern in den Großen hinein. Frau Faller, die Jüdin, sie verschwand auf einem Lastauto, und die Frage, was danach geschah, die wurde nicht gestellt. Ein SS-Mann von der Rampe in Auschwitz sagte 1963 in ein Mikrofon, die Frauen, Kinder und Männer hätten ganz ruhig in Reih und Glied auf die Selektion gewartet; prügeln wäre nicht nötig gewesen. Frau Faller war eine feine Frau.

Ende 1941 hatte Hitler gesagt: »Wenn das deutsche Volk einmal nicht mehr stark und opferbereit genug ist, sein Blut für seine Existenz einzusetzen, so soll es vergehen und von einer anderen, stärkeren Macht vernichtet werden. Ich werde dem deutschen Volk keine Träne nachweinen.« Heimatfront. In Dresden und andernorts war sie existent, bevor die Bomben, bevor die Flüchtlingsströme kamen. Total war der Krieg, und Hitler begann ihn in Deutschland.

Jürgen Engert
Gründungsdirektor des ARD-Hauptstadtstudios

1 mobilmachung

1 mobilmachung

Die »pazifistische Platte ist abgespielt«

Am Morgen des 1. September 1939 fuhr Adolf Hitler von der Neuen Reichskanzlei zur Krolloper, dem provisorischen Versammlungsort des Reichstages am Königsplatz. Gegen zehn Uhr wollte er den dort versammelten Abgeordneten und internationalen Beobachtern seine Version der Ereignisse der vergangenen Nacht verkünden. Fünf Stunden vorher hatten Einheiten der deutschen Wehrmacht ohne Kriegserklärung die Grenzen zum Nachbarland Polen überschritten, bei Danzig feuerte das Linienschiff »Schleswig-Holstein« Salve um Salve auf die polnischen Befestigungen auf der Westerplatte, in der Stadt selbst wurde ge-

kämpft. Im Laufe des Vormittags fielen die ersten Bomben auf das Stadtgebiet von Warschau – Deutschland befand sich im Krieg.

Das Menschenspalier, das sonst die Wege des offenen Mercedes Cabriolets durch die Stadt säumte, fand sich an diesem Tage nur spärlich und wenig repräsentativ an der Wilhelmstraße ein. Der Beifall der Passanten und wenigen Schaulustigen für den an diesem Morgen zum Kriegsherrn avancierten »Führer« war zurückhaltend, nach Aussage von manchen Beobachtern sogar kühl. Ausländische Korrespondenten berichteten von einer ängstlichen oder apathischen Stimmung der Bevölkerung. Ähnlich wie in der Hauptstadt Berlin reagierten die Menschen in vielen Teilen Deutschlands auf die Nachricht vom Kriegsausbruch. Der

Im Spanischen Bürgerkrieg wurden 6000 deutsche Soldaten zum Kampf gegen die Republik eingesetzt – eine »Generalprobe« für neue Waffensysteme und Flugzeugtypen. Abschiedsparade der »Legion Condor« vor General Franco, 22. Mai 1939.

Gauleiter der NSDAP in Schwaben, Karl Wahl, hielt an diesem Tage fest: »Nichts von alledem, was ich 1914 erlebte, habe ich auf dieser Reise feststellen können; keine Begeisterung, keine Freude, kein Jubel. Überall, wohin man kam, herrschte eine bedrückende Ruhe, um nicht zu sagen Niedergeschlagenheit. Das ganze deutsche Volk schien von einem lähmenden Entsetzen gepackt zu

Wenn mein Vater Führerreden hörte

Ja, der eine oder andere äußerte Befürchtungen, daß es nun bald losgehen würde, weil man uns ja so provozierte. Aber mein Vater als Weltkriegsteilnehmer, der in Verdun schwer verwundet worden war, hatte furchtbare Angst vor einem Krieg. Wenn mein Vater Führerreden hörte, wo dann so aufputschende Sätze kamen – die mußten ja gehört werden, z.T. in der Firma, das war extra vorgeschrieben, wenn eine Führerrede war, oder Goebbels sprach, dann hatte der Betrieb zu ruhen und hatte dem Volksempfänger zuzuhören – also mein Vater, der ging hoch: »Jetzt fangen die schon wieder an mit diesem Wahnsinn. Das hat doch nun gereicht. Wir sind doch schon dezimiert worden im Ersten Weltkrieg.« Also so hab ich das erlebt. *Siegfried Kühl, *1929*

»Anschluß« Österreichs: Kinder und Jugendliche aus St. Johann begrüßen die einmarschierenden Truppen.

sein, das es weder zu Beifalls- noch zu Mißfallensäußerungen befähigte.« Die Niedergeschlagenheit war weitverbreitet. Viel zu gut erinnerte man sich der Entbehrungen des Ersten Weltkrieges, um freudig in einen erneuten Waffengang zu ziehen. Doch nirgendwo kam es zu nennenswerten Verweigerungen. Die Kriegsmaschinerie lief sowohl im Feld als auch an der Heimatfront an und funktionierte mit wenigen Stockungen bis in die Maitage 1945.
Überraschend kam der Krieg im Sommer 1939 für die Zeitgenossen nicht. Das NS-Regime hatte direkt nach dem Machtantritt am 30. Januar 1933 begonnen aufzurüsten. Gewaltige Summen flossen in die Waffenproduktion, Teile der deutschen Industrie erlebten einen wahren Rüstungsboom. Die neu ausgestattete Wehrmacht wurde auf verschiedenen Schauplätzen getestet und für einen ernsthaften Kriegseinsatz vorbereitet: Deutsche Einheiten kämpften seit 1936 mit modernstem Gerät in der »Legion Condor« als Hilfstruppe Francos im Spanischen Bürgerkrieg. Zwischen März 1938 und März 1939 waren (noch ohne Waffeneinsatz) Österreich, das Sudetenland und nach der Zerschlagung der Tschechoslowakei die sogenannte Rest-Tschechei sowie das Memelland besetzt worden. Alle Aktionen waren in Schrift, Wort und Bild vom Propagandaapparat des Reichspropagandaministeriums vorbereitet und beglei-

tet worden. Einen Tag nach der Besetzung Prags erließ Minister Joseph Goebbels eine Presseanweisung, die alle deutschen Zeitungen verpflichtete, täglich antipolnische Meldungen und Berichte zu drucken. Der nächste Konflikt war vorprogrammiert. Während die Armee sich auf künftige Aufgaben vorbereitete, galt es auch, die »Heimatfront« auf ihre neue Rolle einzustellen. Durch großangelegte Propagandaaktionen beabsichtigte man, einem Absinken der Stimmung im Kriegsfalle vorzubeugen. In einer Geheimrede, gehalten am 10. November 1938 vor 400 deutschen Verlegern und Journalisten, wies Hitler der Presse als vornehmste Aufgabe zu, »ein glaubensstarkes, geschlossenes, selbstsicheres, zuversichtliches deutsches Volk« hinter seinem Führer zu scharen. Dem Volk sollte klargemacht werden, »daß es Dinge gibt, die, wenn sie nicht mit friedlichen Mitteln durchgesetzt werden können, mit Mitteln der Gewalt durchgesetzt werden müssen«. Eindeutig in Richtung Krieg wies die Schlußbemerkung: »Die pazifistische Platte« sei nunmehr »abgespielt«.

Mit der Drohung einer Bombardierung Prags erpreßte Hitler am 15. März 1939 die Unterwerfung der Tschechoslowakei. Empört verfolgen die Bewohner der tschechischen Hauptstadt den Einzug deutscher Truppen am Wenzelsplatz.

Die Parade vom 20. April 1939

Fünf Monate nach dieser Rede und vier Monate vor der eingangs beschriebenen bedrückenden Fahrt zur Krolloper war in Berlin ein ganz anderer Auftritt des »Führers« zu bestaunen. Er war Teil einer umfassenden Inszenierung, die vor allem der psychologischen Vorbereitung auf den Einsatz von Militär dienen sollte. Hunderttausende Menschen hatten sich auf den Straßen der Stadt versammelt. Es gab etwas zu sehen: Zur Feier des 50. Geburtstages Adolf Hitlers war die Wehrmacht zur Heerschau in Berlin angetreten. Hitler befand sich auf einem Gipfel der Popularität, die Massen jubelten ihm zu. Der Vormittag verlief auf den ersten Blick wenig außergewöhnlich: Die Kapelle der SS-Leibstandarte hatte Hitler ein Ständchen dargebracht, die Paladine Heinrich Himmler, Joseph Goebbels und Hermann Göring – umringt von den weiß gekleideten Goebbels-Kindern – gratulierten dem Jubilar, der anschließend einer gemeinsamen Chordarbietung verschiedener deutscher Sängergruppen lauschte. Die Reihe der offiziellen Gratulanten war absichtsvoll kurz gehalten worden. Sich selbst als Mäzen der Künste und der Technik stilisierend, empfing Hitler die Bildhauer Joseph Thorak und Arno Breker, den Maler Adolf Ziegler und den Entwickler des KdF-Wagens, Ferdinand Porsche. Aufsehenerregend war der Auftritt der Danziger Stadt-

Hitler grüßt die jubelnde Menge vor der Berliner Reichskanzlei, im Hintergrund: Joseph Goebbels.

> ⌐ **Ich war stolz darauf, mit dabei zu sein**
>
> Das mußte so sein, ich fand es gut. Es wurde »Heil!« geschrien, es wurden Veranstaltungen gemacht, ich war auf dem Maifeld mit dabei mit Hunderttausenden, und ich fühlte mich da nicht als irgendein kleiner Fisch, sondern ich war stolz darauf, mit dabei zu sein. Das muß ich heute noch ehrlich sagen. Die Bedenken kamen dann erst sehr viel später. *Ingeborg Seldte, *1920*

regierung, die Hitler die Urkunde eines Ehrenbürgers der Stadt überreichte. Diese Geste mußte als antipolnische Provokation verstanden werden, bedeutete sie doch, daß trotz des unabhängigen Status als Freie Stadt das Staatsoberhaupt des »Großdeutschen Reiches« als oberste Autorität galt. Das nach den Feierlichkeiten der vergangenen, außenpolitisch so erfolgreichen Monate inzwischen fast obligatorische Sich-dem-Volk -zeigen auf dem zur Wilhelmstraße hin gelegenen Balkon der Neuen Reichskanzlei beschloß das in den bekannten friedvollen Bildern (Führer mit Kindern, Führer mit Künstlern, Führer mit Politikern) inszenierte Vormittagsprogramm.

Vom Staatsmann zum Feldherrn

Doch nicht Kinder, Künstler oder Chöre sollten die Botschaft des Tages prägen. Die Organisatoren im Reichspropagandaministerium hatten anderes vorgesehen. Das Geburtstagszeremoniell 1939 wurde als größte »Demonstration militärischer Macht und Entschlossenheit« geplant, die Deutschland je gesehen hatte. Sein Ziel war es, der deutschen Bevölkerung und der Weltöffentlichkeit den Rollentausch Hitlers vom »Staatsmann« zum zukünftigen »Feldherrn« vor Augen zu führen.

Folgerichtig bildete die Vorbeifahrt Hitlers an den zwischen Berliner Schloß, Brandenburger Tor und Siegessäule zur Heerschau aufgestellten Wehrmachtsformationen aller Waffengattungen sowie die anschließende, über vierstündige Parade der mehreren zehntausend Soldaten mit ihren Waffen, Wagen, Flugzeugen und Panzern den Höhepunkt der Geburtstagsveranstaltungen. Die Paradestrecke selbst – die am Abend zuvor feierlich eröffnete Ost-West-Achse – war mit allen Accessoires nationalsozialistischer Macht- und Prunkentfaltung, wie man sie von den Reichsparteitagen in Nürnberg kannte, geschmückt. Entlang der kilometerweiten Strecke durch den Tiergarten standen weiße, massiv wirkende Holzpylonen, die von goldfarbenen Hakenkreuzen und Adlern gekrönt wurden. Die rot ausgeschlagene Tribüne, von der aus Hitler den Vorbeimarsch abnahm, war mit einem Baldachin, einem »Thronsessel« sowie der Führerstandarte versehen. Als Anknüpfungspunkt an die »ruhmreiche« militärische Tradition Preußens und einzig echte Kulisse hatte man die 1873 zur Feier der »Einigungskriege« errichtete Siegessäule vom Königsplatz vor dem Reichstag an die Strecke versetzt – inklusive der sie umgebenden Denkmäler für Bismarck, Roon und den älteren Moltke.

Die Heerschau in Schrift, Ton und Bild

Der Leitartikel des Völkischen Beobachter vom folgenden Tage unter dem Titel »Deutschlands Wehrmacht ist vollendet« verdeutlicht die doppelte politische Zielrichtung der Militärschau: »Dem Führer zu Ehren und zur Freude hat sich die ganze Wucht und eherne Schlagkraft der jungen großdeutschen Wehrmacht sichtbar vor den Augen des ganzen Volkes entfaltet (...) Die vollkommene Wehrmacht ist da! (...) Was kann sich ihr vergleichen? (...) Wir alle, jeder einzelne von uns, ist mit dieser Wehrmacht gewachsen und hängt mit seinem Herzen und seinem Blute an unserer Wehrmacht. Sie ist uns die Gewähr und die Sicherheit für den Frieden, der freilich ein deutscher Frieden ist und einem starken Volke sein Lebensrecht

> **Frauen jubelten ihrem Führer zu**
>
> Wenn Sie alte Wochenschauen sehen, sehen Sie das ja heute noch, wie die Leute dastehen. Frauen jubelten ihrem Führer zu. Also das ist widerlich. *Henny Brenner, *1924*

sichern will.« Es ging um Rückenstärkung nach innen und Drohgebärde und Einschüchterung nach außen. Hitler selbst hatte von Außenminister Joachim von Ribbentrop verlangt: »Zur Feier meines Geburtstages bitte ich Sie, eine Reihe ausländischer Gäste einzuladen, unter ihnen möglichst viele feige Zivilisten und Demokraten, denen ich eine Parade der modernsten aller Wehrmachten vorführen werde.«

Alle deutschen Tageszeitungen berichteten auf Anweisung des Reichspropagandaministeriums in ähnlichem Tonfall und großer Aufmachung, teilweise in farbigen Sonderausgaben; doch wirklich suggestive Wirkung suchte man durch den umfassenden Einsatz der neuen Medien Film und Rund-

Auf der am Vorabend offiziell eröffneten Ost-West-Achse im Berliner Tiergarten – im Hintergrund die vom Königsplatz auf den Großen Stern umgesetzte Siegessäule – fährt am 20. April 1939 die Führerkolonne die Front der Paradeaufstellung ab.

funk zu erreichen. Zur Einstimmung auf die Feierlichkeiten war schon am Vorabend über alle deutschen Radiostationen eine »Ringsendung« zu empfangen, in der im Anschluß an die Geburtstagsansprache des Propagandaministers Goebbels von Feierlichkeiten an verschiedenen Orten des Reiches berichtet wurde. Musik und Redeausschnitte u.a. von Rudolf Heß (Stellv. des Führers) und Baldur von Schirach (Reichsjugendführer) wechselten sich ab mit Reportagen wie z.B. von einem Hitlerjugendgelöbnis im Remter der Marienburg in Ostpreußen. Eines der zu diesem Anlaß gesungenen Lieder enthielt die Verse »Wir fühlen nahen unsere Zeit, die Zeit der jungen Soldaten«. Mitternächtliche Grußbotschaften von Hitlerjugendmitgliedern aus dem Ausland, die von Schirach auf den Nenner brachte: »Wir werden treu sein, wir werden gehorsam sein«, rundeten die Sendung ab. Die Heerschau am nächsten Tag wurde mit ausführlichen Liveberichten, Reden, Huldigungen und Marschmusik begleitet.

Bilder waren besser geeignet, die Eindrücke der Parade selbst festzuhalten, die z.B. der amerikanische Korrespondent William Shirer so beschreibt: »Auf mich jedenfalls, das muß ich gestehen, verfehlte sie ihren Eindruck nicht – dergleichen hatte ich noch nie gesehen. Schwärme von Bombern, Kampfflugzeugen und den neuen Stukas dröhnten über uns hinweg, endlose Kolonnen schwerer Panzer, großer Panzerabwehr- und Flugzeugabwehrkanonen zogen vorbei.« Mit eigens produzierten Filmaufnahmen sollte der Eindruck von militärischer Stärke, Präzision und Organisationsgabe innerhalb der neuen Reichsgrenzen, aber auch darüber hinaus verbreitet werden. Zwölf Kameras der Wochenschau begleiteten das Geschehen auf der Paradestrecke; die Formulierungen eines Verantwortlichen enthüllen das Konzept: Es wurde »gestaltet«, »verdichtet« und »komponiert«. Man wollte »ein historisches Dokument schaffen«, »den Geist der Stunde erfassen«, die »Atmosphäre einfangen« und die an sich schon im Ereignis liegende Wirkung mit den Mitteln der Filmtechnik (u.a. Schnitt, Kameraposition) »noch verstärken«. Das »Crescendo der Bewegungen« sollte ganz wie ein Kompositionswerk in einem »Finale« enden. Innerhalb von fünf Tagen wurden die Aufnahmen gesichtet, geordnet, geschnitten, eine Musik hinzukomponiert und das Endprodukt kopiert. Ab dem 25. April war die Ufa-Wochenschau in 200 großen deutschen Lichtspielhäusern im Programm und wurde bis Mitte Juni von schätzungsweise 40 Millionen Kinogängern gesehen.

Die aufwendige Propagandainszenierung verfehlte ihre Wirkung nicht. Sie spiegelt sich im entsprechenden Tagebucheintrag des damals in Dresden lebenden und aufgrund seiner jüdischen Herkunft verfolgten Romanistikprofessors Victor Klemperer wider: »Der Schöpfer Großdeutschlands 50 Jahre. Zwei Tage Fahnen, Prunk- und Sonderausgaben der Zeitungen. Vergottung sich überschlagend. In der ›Berliner Illustrierten‹ ein halbseitiges Bild: ›Die Hände des Führers‹. Überall Thema: ›Wir feiern im Frieden, um uns tobt die Welt.‹ (...) Aber bleibt es beim ›angehaltnen stillen Wüten‹ (...) Und was bringt der Krieg uns, uns?« Klemperer erkannte im militärischen Gepränge, aber auch in der militarisierten Sprache die Zeichen des kommenden Krieges, die nur noch notdürftig durch die seit Jahren bekannte phrasenhafte Friedensrhetorik verdeckt wurden. Er konnte nicht wissen, daß Hitler fünf Tage vor der Parade die Anweisungen für den »Fall Weiß«, den Krieg gegen Polen, gegeben hatte. Es ging nicht mehr um das Ob, sondern um das Wann und Wie. Als aus der Volksgemeinschaft »Ausgegrenzter« sah er nach den schlimmen Erfahrungen der Pogromnacht vom November 1938 klar voraus, daß der Krieg das

Ende jeder Rücksichtnahme gegenüber jenen bedeuten würde, die nicht den rassischen Vorstellungen der NS-Machthaber entsprachen. Schon Ende September 1939 sollten die Ereignisse, wie z.B. die Maßnahmen gegen sogenanntes lebensunwertes Leben (Zwangssterilisierungen, Vergasungen in dazu präparierten Wagen in Polen, Einsatz von Giftspritzen), aber auch die Verschärfung der administrativen Schikanen gegen die jüdische Bevölkerung in Deutschland seine Befürchtungen bestätigen.

Die beiden Fahrten Hitlers durch Berlin markieren den emotionalen Spannungsbogen, in dem sich weite Teile der deutschen Bevölkerung – soweit sie nicht den Verfolgungen der Nationalsozialisten ausgesetzt waren – im Frühjahr und Sommer 1939 wiederfanden: einerseits der Stolz auf das Erreichte – sei es auf der Ebene der Politik, öfter aber noch auf der Ebene der privaten Existenzerwartungen, andererseits düstere Vorahnungen, Niedergeschlagenheit und Apathie. Man hatte sich in den letzten sechs Jahren in der Diktatur eingerichtet. Der parteigeführten Organisation fast aller Lebensbereiche standen vielerlei Ablenkungsmöglichkeiten und Konsumversprechen gegenüber. Ein »schöner Schein« (Peter Reichel) perfekter Inszenierung, wie bei den Geburtstagsfeierlichkeiten vorgeführt, und der vordergründige Glanz des wirtschaftlich und politisch Erreichten ermöglichten und beförderten das Hinwegsehen über viele »unangenehme« Erscheinungen: »Wo gehobelt wird, fallen Späne« war eine oft zu hörende Erklärung. Daß die »Erfolge« des Regimes von einer brutalen Ausschaltung jeglicher Opposition, einer rassistischen, letzten Endes auf Ausmerzung von Teilen der Bevölkerung gerichteten Politik, dem Auf- und Ausbau eines umfassenden Sanktionsapparates sowie der planmäßigen Vorbereitung eines auf Lebensraumgewinn ausgerichteten Angriffskrieges begleitet wurden, ja letztlich auf dieser Art von Politik beruhten, wollten viele nicht wahrhaben. Hitlers Regime erreichte im letzten Friedensjahr wohl seine höchste Popularität, wenn man von der kurzen Euphorie nach dem Sieg über Frankreich im Sommer 1940 absieht. Kritische Stimmen waren zumeist verstummt und selbst der politische Witz, eine der letzten Möglichkeiten, Mißstände zu kommentieren, bzw. der überzogenen Alltagsrhetorik vieler Funktionäre etwas entgegenzusetzen, zielte nur auf die unteren Chargen und die Paladine der Partei, nicht auf den »Führer« selbst. Mit Hitler identifizierte sich im Frühjahr 1939, von Teilen einer linksorientierten Arbeiterschaft und regimekritischen Kirchenkreisen abgesehen, »unzweifelhaft die große Mehrheit der Bevölkerung« (Kershaw).

Den von Propagandafachleuten geschönten und gestalteten Erfolgsbildern der letzten Friedensmonate, die uns Wochenschauen, Illustrierte sowie eine Vielzahl von Kultur- und Spielfilmen liefern, soll ein Blick hinter die Kulissen entgegengesetzt werden, um dem »schönen Schein« einen Teil seiner Leuchtkraft zu nehmen.

Wesentlich für die hohe Massenloyalität war das »Wirtschaftswunder« und das Erreichen der Vollbeschäftigung in den Jahren zwischen 1934 und 1939. Beide Entwicklungen avancierten zum zentralen innenpolitischen Thema der Propagandamaschinerie: zum Leistungsbeweis erfolgreicher nationalsozialistischer Politik. Motor der künstlich auf Touren gebrachten Wirtschaft war die Aufrüstung; ihren Bedürfnissen hatte sich alles unterzuordnen. Die Maßnahmen zur »Wiederwehrhaftmachung« von Staat und Bevölkerung griffen tief in die Alltagserfahrungen der Zeitgenossen ein. Der individuellen Entrechtung, den fühlbaren materiellen Mängeln und dem zunehmenden Loyalitätsdruck, den Partei und Staat ausübten, wurden äußerst attraktive, symbolische Zukunftsversprechen entgegengesetzt: soziale Sicherheit, individuelle Mobilität und Konsum.

Doch unter den Bedingungen der Wiederaufrüstung war die materielle Grundlage zur Erfüllung dieser Versprechen nicht zu erreichen. Im Gegenteil: Die Aufrüstung bedrohte letztendlich die Substanz der Volkswirtschaft. Allein ein erfolgreicher Einsatz der angehäuften Waffen in einem Beutezug konnte die Basis legen für die propagierte wohlhabende und mobile »Volksgemeinschaft«. Die Einlösung der Versprechen wurde zudem an rassische Kriterien gebunden und schloß damit bestimmte, als minderwertig definierte Bevölkerungsgruppen von vornherein aus. Während der gesamten sechs Vorkriegsjahre unter NS-Herrschaft erlebten diese vor den Augen der Mehrheitsgesellschaft eine zunehmende soziale und wirtschaftliche Ausgrenzung und Entrechtung. Kurz vor dem Krieg erreichten brutale Angriffe, Erpressung und staatlich sanktionierter Raub ihren ersten Höhepunkt.

Ein nationalsozialistisches »Wirtschaftswunder«?

Im Januar 1933, als Hitler das Amt des Reichskanzlers übernahm, betrug die offizielle Zahl der bei den Arbeitsämtern gemeldeten Erwerbslosen über sechs Millionen. Der Jahresdurchschnitt 1932 hatte bei 4,8 Millionen gelegen. Die reale Arbeitslosigkeit lag nach verschiedenen Schätzungen noch erheblich darüber. Knapp 36% der Bevölkerung lebten direkt oder indirekt von Transferleistungen oder öffentlichen Unterstützungsmitteln. Kein Politikfeld war geeigneter der nationalsozialistischen Herrschaft Respekt und Zustimmung unter der Bevölkerung zu verschaffen, wie die Verringerung der Arbeitslosigkeit. Am ersten Tag seiner Regierung hielt Hitler deshalb eine Rede, in der er sich die »Rettung des deutschen Arbeiters durch einen gewaltigen und umfassenden Angriff gegen die Arbeitslosigkeit« auf die Fahnen schrieb. Die Zahlen der kommenden Jahre schienen vom Erfolg seiner Politik zu künden. Tatsächlich gelang es, die Arbeitslosigkeit innerhalb von vier Jahren fast vollständig zu beseitigen. 1936 wurden in verschiedenen Branchen die Facharbeiter knapp, 1938 war der Bedarf an Arbeitskräften insgesamt erstmals höher als die Zahl der Erwerbslosen. Die Arbeitslosen aus Österreich und dem Sudetenland konnten nach der Eingliederung in den Reichsverband innerhalb weniger Monate in Lohn und Brot gebracht werden. Doch wie ist der für die Zeitgenossen überraschende Umschwung in der Beschäftigungslage zu erklären. Fiel der Erfolg den Nationalsozialisten in den Schoß oder bewirkten sie ihn durch ihre Politik? Wirtschaftshistoriker gehen heute davon aus, daß »in der Krise (...) Kräfte entfesselt und Methoden entwickelt« wurden, »die den Aufschwung möglich machten«, auch wenn sie ihn nicht erklären können. Die Weltwirtschaftskrise hatte als »Reinigungskrise« gewirkt, »und die Nationalsozialisten kamen zu einer Zeit an die Regierung, als die Auftriebstendenzen sich bereits durchgesetzt hatten

Dauernd Aufmärsche und Paraden

Meine Familie war in den Jahren 1937/38 ja schon sehr eingeengt. Ich mußte in eine Mietwohnung, in ein Mietshaus ziehen. Warum? Man gab mir zu Hause nicht so genaue Antwort. Aber den Aufschwung, den man damals angeblich hatte für das deutsche Volk, der hat sich bei uns nur in solchen negativen Dingen gezeigt. Auf der Straße, da besinne ich mich, da waren dauernd Aufmärsche und Paraden, und Trupps gingen grölend in ihrer braunen Uniform. *Henny Brenner, *1924*

und der Tiefpunkt der konjunkturellen Entwicklung durchschritten war.« Die 1933 im großen Stil begonnene Aufrüstung wirkte wie ein gigantisches Programm zur Förderung der Binnenkonjunktur und stellte die Grundlage des nationalsozialistischen »Wirtschaftswunders« dar.

Grundsätzlich wiesen die Nationalsozialisten allein dem Staat die letztverantwortliche Führungsrolle in der Wirtschaft zu: Ihr Ziel war eine autonome, nationale Lösung mit autoritären und dirigistischen Mitteln zum Zwecke der »Wiederwehrhaftmachung« Deutschlands. Eine Tendenz hin zu staatlichem Engagement in der Wirtschaft war

auch in anderen Industriestaaten zu beobachten, doch das nationalsozialistische Rüstungsprogramm sowie die Rigorosität der staatlichen Eingriffe, neben der Beschäftigungs- und Arbeitsmarktpolitik besonders auf dem Gebiet der Aussenwirtschaft, fanden kaum ihresgleichen.

Arbeitsmarktpolitik für die Aufrüstung

Die Betonung staatlicher Beschäftigungspolitik, wie sie bereits in den letzten Jahren der Weimarer Republik diskutiert und von deren letzten Kabinetten praktiziert wurde, lag auf der Linie der NSDAP. Wie eng Arbeitsbeschaffung bereits zu

Auf einer Hamburger Werft im Mai 1939: die Druckröhre eines im Bau befindlichen U-Bootes. Am 31. August 1939 erteilt Hitler die Weisung für einen Seekrieg gegen Großbritannien, der ab September vor allem mit U-Booten geführt wird.

diesem frühen Zeitpunkt mit dem grundsätzlichen Ziel der Aufrüstung verbunden war, macht eine Einlassung des neuen Reichskanzlers eine Woche nach Amtsantritt während einer Kabinettsitzung deutlich: »Jede öffentlich geförderte Arbeitsbeschaffungsmaßnahme« müsse »unter dem Gesichtspunkt der Wiederwehrhaftmachung des deutschen Volkes stehen«. Ein am folgenden Tag genehmigtes Sofortprogramm, das 50 Millionen Reichsmark für Zwecke der Reichswehr vorsah, bewertete der Regierungschef als »besonders geeignet, den Interessen der Wiederaufrüstung dienstbar gemacht zu werden«. Schon im Februar 1933 ließen Hitler und Reichswehrminister Blomberg nicht den geringsten Zweifel daran aufkommen, »daß der Aufrüstung in Zukunft Priorität vor allen anderen staatlichen Aufgaben zukommen werde.« Im April 1933 erhielt die Reichswehr volle »Souveränität« über alle ihre Rüstungsmaßnahmen, und sie begann sogleich zu bestellen. Ein Jahr später lief die Produktion in vielen Firmen bereits im Dreischichtbetrieb: »Außerordentlich groß ist die Zahl der Fabriken, die in den Dienst der Aufrüstung gestellt sind. Die weltbekannten Firmen Siemens, AEG und Loewe-Berlin arbeiten in drei Schichten zu acht Stunden. Diese Firmen hatten zum Teil vom Kriege her in großer Zahl Revolverdrehbänke auf Lager. (...) Die Drehbänke dienen der Herstellung von Granaten, Kaliber 77, 105 und 150 mm. In Berlin-Brandenburg gibt es keinen arbeitslosen Revolverdreher. Die Nachfrage nach solchen Facharbeitern ist so groß, daß man sie sogar aus den Konzentrationslagern holt.«
Die große Nachfrage nach Fachkräften hätte unter normalen Arbeitsmarktbedingungen zu steigenden Lohnangeboten geführt. In den Krisenjahren vor Hitlers Machtantritt waren die Tariflöhne ebenso wie die Sozial- und Unterstützungsleistungen erheblich abgesenkt worden: Die deutschen

Arbeiter verdienten 1933 real 16% weniger als 1929. Die neue Regierung war jedoch entschlossen, trotz aller arbeiterfreundlichen Rhetorik diesen Zustand nicht zu ändern und verstand es, durch rücksichtslose Eingriffe in den Arbeitsmarkt und die Betriebsverfassung die Tariflöhne lange

Ein Riesenbauboom in Berlin

Zunächst war ja mal während der Olympiade ein Riesenbauboom in Berlin. Danach wurde Berlin weiter umgestaltet. Man hat ja die Nord-Süd-Bahn gebaut schon zur olympischen Zeit. Und es wurde die Ost-West-Achse gebaut, die Siegessäule versetzt und vor allen Dingen ganz zum Schluß, schon 1939, die Reichskanzlei in Angriff genommen. Es waren Hunderte von Arbeitern zu Gange, die die Reichskanzlei nach den Plänen von Speer ruckzuck auf die Beine stellten. Und dann hörte man von den Leuten : »Also, das ist ja toll, was der Nationalsozialismus so praktisch aus dem Boden stampft! Das soll uns die Welt erst einmal nachmachen!« Also, ich kann sagen, mein Vater war da etwas nachdenklicher. *Siegfried Kühl, *1929*

Zeit auf dem Krisenniveau zu halten: Mit der als »Gleichschaltung« verharmlosten Zerschlagung der Gewerkschaften im Mai 1933 und der Durchsetzung des »Führerprinzips« innerhalb der Betriebe verloren die Beschäftigten, die sich nun als »Gefolgschaft« eines »Betriebsführers« zu verstehen hatten, jegliche Art von Mitbestimmungsrecht. Die mit großem propagandistischen Aufwand gegründete Deutsche Arbeitsfront (DAF), die die ehemaligen Gewerkschaftsmitglieder in ihre Reihen übernahm, war keine nationalsozialistische Gewerkschaft – die Eingliederung und paritätische Gremienbeteiligung von Selbständigen und Arbeitgebern deutete vielmehr darauf hin, daß es sich um einen »wirtschaftsfriedlichen Harmonieverband« handelte, eine Organisation »aller schaffenden Deutschen der Stirn und der Faust«. Die straff zentralistische DAF sollte die Arbeitnehmerschaft möglichst in Gänze erfassen und unter Kontrolle halten: Offiziell suchte man durch die DAF die »Bildung einer wirklichen Volks- und Leistungsgemeinschaft aller Deutschen« voranzubringen. Dieses Ziel in Ansätzen zu erreichen, gelang der DAF allenfalls durch ihre attraktivste Einrichtung: die NS-Gemeinschaft »Kraft durch Freude« (KdF), die eigentlich nach dem Willen Hitlers dazu beitragen sollte, die Deutschen zu einem »nervenstarken Volk« zu machen, »denn nur mit einem Volk, das seine Nerven behält, kann man wahrhaft große Politik machen«. Aus den immensen DAF-Mitgliedsbeiträgen wurde unter dem organisatorischen Dach von KdF ein Apparat mit über 7500 Hauptamtlichen und 135.000 Ehrenamtlichen subventioniert, der umfangreiche Kultur-, Freizeit- und Ferienaktivitäten organisierte. Vor dem Krieg war KdF mit eigenen Hotels, Feriensiedlungen und eigens gebauten Passagierschiffen zum mächtigsten Tourismus- und Freizeitunternehmen in Deutschland mit über zehn Millionen Übernachtungen aufgestiegen. KdF ermöglichte vielen Arbeitnehmern kleine, vor allem Wochenend- und Tagesreisen. Die intensiv beworbenen Schiffsfernreisen blieben für die meisten Arbeiter vorerst unerreichbar. Auf den Schiffen dominierten der Mittelstand und »verdiente Volksgenossen«. Trotzdem darf die sozialpolitische Bedeutung von KdF innerhalb der von DAF und Partei betriebenen Befriedungs- und Ablenkungsstrategie gegenüber der Arbeiterschaft nicht unterschätzt werden. Die Exil-SPD brachte es in einem ihrer Berichte auf den Punkt: »KdF scheint zu beweisen, daß die Lösung der sozialen Fragen umgangen werden kann, wenn man dem Arbeiter statt mehr Lohn mehr ›Ehre‹, statt mehr Freizeit

Festzug zum Abschluß der vierten Reichstagung der NS-Gemeinschaft »Kraft durch Freude« in Hamburg, 12. Juni 1938.

mehr ›Freude‹, statt besserer Arbeits- und Lebensbedingungen mehr kleinbürgerliches Selbstgefühl verschafft. KdF ist nicht nur eine raffiniert erdachte und geleitete Organisation zur ›Betreuung‹ der Massen, sondern geradezu ein Symbol des von der NSDAP repräsentierten ›nationalen Sozialismus‹.« Das genuin gewerkschaftliche Feld der Tarifpolitik fiel nicht in den Aufgabenbereich der DAF. Staatlich eingesetzte »Treuhänder der Arbeit«, zumeist aus Industrieverbänden oder der Verwaltung, setzten Löhne und Arbeitsbedingungen für die verschiedenen Branchen fest und griffen in innerbetriebliche Konflikte nur ein, um den Status quo bei hohen Produktionsziffern zu erhalten. Ende der dreißiger Jahre hieß dies für die Betroffenen nicht selten, daß die Arbeitszeit anstieg (am 1. 1. 1939 wird der Zehnstundentag offiziell zur Regel), Zuschläge für Nacht-, Sonn- und Feiertagsarbeit gesenkt sowie Bestimmungen für die Arbeitssicherheit ausgehöhlt wurden. Daß trotzdem der

Eindruck einer Verbesserung der materiellen Situation sich durchzusetzen begann, resultierte vor allem aus der Zunahme der Zahl der regelmäßig Beschäftigten pro Arbeitnehmerhaushalt und den verlängerten Arbeitszeiten. Ein Teil der so gewonnenen Lohnzuwächse wurde den Arbeitnehmern durch den Zugriff von Staat und Partei wieder entzogen. Trotz zunehmender Beschäftigung blieben die Beiträge der Arbeitslosenversicherung bis 1945 auf dem hohen Krisenniveau von 1932/33. Die erzielten Überschüsse wurden zweckentfremdet: zuerst für Autobahnbauten, dann zur Entlastung der Rentenversicherung und schließlich direkt für den Staatshaushalt und damit für die Rüstungsfinanzierung. Zusätzlich forderten verschiedenste Einrichtungen von der DAF über die Winterhilfe bis zur NS-Volkswohlfahrt Spenden und Beiträge, die sich in der Praxis fast wie eine zusätzliche Steuer auswirkten: »In den Textilbetrieben in X wurde bei den Betriebsappellen verkündet, daß die Spende ›freiwillig‹ sei; doch wenn einer sich weigern sollte zu zahlen, so würde man den anderen Belegschaftsmitgliedern solange den doppelten Satz abziehen, bis sie den Nichtzahlenden klar gemacht hätten, wie man sich der Volksgemeinschaft gegenüber zu benehmen habe.« Die erzielten Beträge kamen nicht allen Notleidenden zugute. »Nichtdeutsche« und »Nicht-Arier« blieben von Unterstützungsleistungen zunehmend ausgeschlossen, obwohl auch ihre Zwangsspenden zum »sozialen Werk« beigetragen hatten.

Taufe und Stapellauf des mit 25.000 BRT größten KdF-Dampfers »Wilhelm Gustloff«, Mai 1937. Am 30. Januar 1945 sank das Schiff mit 6000 Flüchtlingen an Bord in der Danziger Bucht. 5000 Menschen kamen bei der Katastrophe ums Leben.

Neben die betriebliche Reglementierung traten bald umfangreiche staatliche Eingriffsmöglichkeiten: Um die »planmäßige Lenkung der Arbeitskräfte entsprechend den jeweiligen staatspolitischen Notwendigkeiten« zu erreichen, begann die Arbeitsverwaltung 1935 mit der Erfassung aller Erwerbstätigen in den »Arbeitsbüchern«. Die Freiheit der Berufs- und Arbeitsplatzwahl wurde insbesondere in den rüstungswirtschaftlich bedeutsamen Gewerbezweigen, z.B. in der Bauwirtschaft und der Metallindustrie erheblich eingeschränkt. Die Dienstpflichtverordnungen vom Juni 1938 und Februar 1939 bedeuteten für viele Arbeitnehmer das Ende der Freizügigkeit: Die Arbeitsämter wurden berechtigt, Arbeitnehmer aus bestehenden Arbeitsverhältnissen herauszulösen und zu solchen Tätigkeiten zwangszuverpflichten, die aus Sicht des NS-Regimes vorrangig waren. Leidtragende dieser Maßnahme waren der Dienstleistungssektor und kleine Handwerker, die viele Arbeitskräfte abgeben mußten. Kündigungen der Arbeitnehmer und Arbeitsplatzwechsel wurden durchgehend genehmigungspflichtig und damit oft ganz unterbunden.

Die unter Militäraufsicht stehenden Festungsbaustellen am Westwall und an der Küste wurden mit Zehntausenden von zwangsweise rekrutierten Arbeitern aus Bayern, Österreich und Schlesien aufgefüllt. Die unerlaubte Entfernung vom Arbeitsplatz wurde mit Gefängnisstrafen geahndet. Das wochen- oder monatelange Getrenntsein von Familie und Heimatort und das Pendeln über weite Strecken stellten für viele Beschäftigte den Normalfall dar. Barackenlager für Arbeiter in der Umgebung neuer Industrieansiedlungen oder großer Bauvorhaben wurden in den Jahren vor dem Krieg zu einem gewohnten Bild in Deutschland. Dort waren nicht mehr nur deutsche Arbeitskräfte untergebracht, sondern zunehmend angeworbene oder

KdF-Plakat, die Reisesparkarten wurden mit den Quittungsmarken für die wöchentlichen Einzahlungen gefüllt.

in ihren Heimatländern dienstverpflichtete Fachkräfte aus dem Ausland. Allein auf den Baustellen der »Hermann-Göring-Werke« bei Salzgitter und der »Stadt des KdF-Wagens«, des heutigen Wolfsburg, waren mehr als 6000 italienische Bauarbeiter beschäftigt. Hatten diese, zusammen mit über 30.000 weiteren, ihre Heimat aufgrund von Regierungsabkommen noch halbfreiwillig verlassen, so kann man die nach dem Einmarsch deutscher Truppen am 15. März 1939 in Prag erfolgte Dienstverpflichtung von über 40.000 tschechischen Arbeitskräften für den Einsatz im sogenannten Altreich als Testfall oder Vorgriff auf die nach Kriegsausbruch eingeführte Praxis des Zwangsarbeitseinsatzes werten.

Mit Zwangsmaßnahmen allein konnte dem durch die Rüstungskonjunktur ausgelösten Arbeits kräftemangel nicht mehr begegnet werden. Die Mobilisierung der Arbeitskräftereserven hielt trotz ideologischer Vorbehalte vor den Frauen nicht mehr an. Waren zu Beginn der nationalsozialistischen Herrschaft Frauen noch dazu gedrängt worden, sich aus dem Erwerbsleben zurückzuziehen, sich der Familiengründung und Kinderaufzucht zu widmen und dadurch den Arbeitsmarkt zu entlasten, stieg die Zahl der beschäftigten Frauen seit Mitte der dreißiger Jahre wieder kontinuierlich um über eine Million auf 7,3 Millionen an (nach einer anderen Zählung, die auch Teilzeitstellen und Dienstpflichten umfaßt, von 11,6 auf 14,6 Mio). Die ab 1937 verbindliche Einberufung junger Frauen zum Landjahr machte dienstverpflichtete Hausgehilfinnen und Mägde für den Einsatz in anderen Wirtschaftbereichen frei. Seit dem Frühjahr 1939 wurden vom Amt »Soziale Selbstverantwortung« der DAF mit Umfragebögen Daten für einen vermehrten, vorerst noch »zeitweisen« Einsatz von Frauen auf sogenannten Männerarbeitsplätzen gesammelt. Ihre Begründung erhielten die Maßnahmen durch eine Äußerung Hermann Görings, des Beauftragten für den Vierjahresplan, vom 23. Juni 1939: »Die weibliche Arbeitspflicht im Krieg ist von entscheidender Bedeutung. Es ist notwendig, in ganz großem Maße die Ausbildung der Frauen in kriegswichtigen Arbei-

Zu Beginn des Hitlerregimes war Beschäftigungspolitik wichtiger Bestandteil der Propaganda. Eine »Arbeitsbeschaffungslotterie« am Jungfernstieg in Hamburg: Ein-Groschen-Lose sollten notleidenden Volksgenossen zu einer neuen Arbeit verhelfen.

ten zum Ersatz und zur Ergänzung der männlichen Arbeitskräfte heranzuziehen.«

Eine Gruppe der deutschen Bevölkerung erlitt ein fast gegenteiliges Schicksal. Anstatt in die anspringende Wirtschaft integriert zu werden, sahen sich die jüdischen bzw. nach der NS-Nomenklatur »nichtarischen« Deutschen zunehmend aus der Normalgesellschaft ausgegrenzt. Zwischen dem Machtantritt Hitlers und dem Kriegsbeginn wurden auf Reichs-, Länder- und Kommunalebene insgesamt 1.448 antisemitische Anordnungen und Gesetze erlassen, ca. 20 pro Monat. Entlassungen, Berufs- und Gewerbeverbote, Steuerschikanen sowie die Auflösung bzw. der Zwangsverkauf vieler Betriebe und Geschäfte dienten dem propagierten Ziel der »Entjudung« der deutschen Wirtschaft. Während 1939 im Reich Arbeitskräftemangel herrschte, stieg die Arbeitslosigkeit bei jüdischen bzw. »nichtarischen« Deutschen auf über 35% an. In der antisemitischen Propaganda wurde die hohe Quote als Beleg für »Schmarotzertum und Faulheit« gewertet.

Am Rande der Zahlungsunfähigkeit

Die Entscheidungen für die Aufrüstung zu treffen, war das eine, die Finanzierung zu gewährleisten, das andere. Der Aufbau der Wehrmacht ging zu Lasten aller Deutschen und führte in weiten Bereichen zu Einschränkungen. Die Finanzierung durch Kredite belastete die Zukunft und verengte zunehmend die Handlungsspielräume der Politik.

Um die wirtschafts- und finanzpolitischen Probleme zumindest im Griff zu behalten, versicherte sich Hitler der Unterstützung Hjalmar Schachts, des Architekten der Rentenmark, den er neben der Reichsbankpräsidentschaft 1934 auch mit dem Amt des Reichswirtschaftsministers betraute. Schacht garantierte der Reichswehr vorerst die Finanzierung eines achtjährigen Aufrüstungspro-

Opfersäule am Hamburger Hauptbahnhof für das Winterhilfswerk, die zentrale Wohltätigkeitsorganisation, Januar 1934.

gramms und wurde hierzu mit umfassenden Vollmachten ausgestattet. Seine mit den Großunternehmen abgestimmte Politik des »deficit spending«, deren Instrument der sogenannte Mefo-Wechsel wurde, kurbelte in erster Linie mit Rüstungs- und Infrastrukturaufträgen die Binnenkonjunktur an. Ab dem Sommer 1933 wurden Sonderprogramme gefahren, die z.B. durch steuerliche Entlastungen auf den Wohnungsbau und die Landwirtschaft zielten. Ergänzt wurden sie durch Infrastrukturinvestitionen in die Reichsbahn und die Reichspost. Insgesamt wurden bis 1939 5,3 Milliarden Reichsmark für Arbeitsbeschaffungsprogramme ausgegeben, davon allein 3,5 Milliarden

1 mobilmachung

Reichsmark bis 1935. Absolut gesehen und verglichen mit Programmen der Weimarer Republik war dies sicherlich eine große Summe, doch verglichen mit den offiziellen Investitionen in die Ausstattung der Wehrmacht von über 61 Milliarden Reichsmark im gleichen Zeitraum werden die Prioritäten deutlich. Ab 1935 konnten die beschäftigungswirksamen Programme zurückgeschraubt werden. Mit der Einführung der allgemeinen Wehrpflicht im März des Jahres und der Durchsetzung einer halbjährigen Dienstpflicht im Reichsarbeitsdienst wurden mehrere hunderttausend junge Männer vom Arbeitsmarkt abgezogen. Die Steigerung des Armeebedarfs (1936 Mehrausgaben von mehr als 4,7 Mrd. RM) heizte die Rüstungskonjunktur weiter an und sorgte vor allem in der Investitionsgüterindustrie für neue Arbeitsplätze. Die Staatsverschuldung des Reiches stieg nach offiziellen Haushaltszahlen von 12,2 Milliarden Reichsmark bei Hitlers Machtantritt auf 40,6 Milliarden Ende 1938 – die deutsche Aufrüstung lief vor allem auf Pump.

Um Importe strategischer Rohstoffe aus dem Ausland finanzieren zu können, führte Schacht im September 1934 den »Neuen Plan« ein, der die totale Bewirtschaftung des Außenhandels bewirkte. Die Maßnahmen bezogen sich vor allem auf drei Bereiche: die Devisenbewirtschaftung, die Exportförderung zur Gewinnung ausländischer Zahlungsmittel und die Gestaltung spezieller, zumeist

Frauenarbeit in der Rüstungsproduktion. Schon kurz nach Kriegsbeginn wurden in vielen Rüstungsbetrieben, wie hier in Krümmel-Geesthacht, Frauen in der Produktion eingesetzt, Frühjahr 1940.

bilateraler Handelsbeziehungen. Nach Wiedererreichen wirtschaftlicher Prosperität plante Schacht, die Verbindlichkeiten aus den dann voraussichtlich steigenden Steuereinnahmen zu begleichen, was jedoch nie geschah. Letztendlich wurden die angehäuften Staatsschulden der Vorkriegszeit erst durch den Währungsschnitt von 1948 bezahlt. Die strengen Importbeschränkungen, die zum Ausgleich der deutschen Zahlungsbilanz ergriffen wurden, schlugen direkt auf die Konsumgüterwirtschaft und die Verbraucher durch: »Aus der Pfälzer Schuhindustrie wird große Knappheit an ausländischen Rohstoffen gemeldet. (...) In Offenbach wurden von der Cigarettenfabrik Borg große Mengen von Rohtabak wieder auf Main-Schiffe verladen und nach Holland zurückgeschickt.« Rohstoff- und Lebensmittelknappheit (Importe wurden streng kontingentiert) wurden zur dauernden Begleiterscheinung der Vorkriegsjahre, die man in Mannheim anonym so kommentierte: »Der Hitler hat keine Frau / Der Bauer hat keine Sau / Der Metzger hat kein Fleisch / Das nennt sich nun das Dritte Reich«. Ein Bericht vom September 1936 aus Berlin bestätigt den anonymen Autoren: »Seit Wochen schon gibt es in den Arbeitergegenden nur noch Gefrierfleisch. An den Eiermangel hatte man sich schon gewöhnt. Aber jetzt wird auch die Butter wieder knapp. Vor allem aber das Rindfleisch. Es bilden sich schon wieder Schlangen vor den Läden.«

Ein nicht beabsichtigter, jedoch willkommener Nebeneffekt des »Neuen Plans« war, daß viele Emigranten, die das Reich verließen, einen Großteil ihrer Ersparnisse und geleisteten Versicherungsbeiträge verloren. Die Ausfuhr deutschen Geldes war streng verboten, der Umtausch in Devisen nicht möglich, so blieb es oft auf Konten deutscher Geldinstitute zurück, um dort – durch viele Sonderabgaben, u.a. die Reichsfluchtsteuer

Die NS-Aufbaupropaganda wurde von Beginn an von antisemitischen Ausfällen und Boykottaufrufen begleitet.

belastet – langsam abzuschmelzen. Die Devisenbewirtschaftung machte sich auch für die Ferienreisenden auf den KdF-Dampfern vor den Küsten Norwegens oder Madeiras bemerkbar, konnten sie doch für ihre Landausflüge nur ein sehr geringes Taschengeld in ausländische Währung umtauschen. Die Verpflegung an Bord wurde bis auf wenige Frischwaren aus der Heimat mitgebracht.

Schacht vermochte mit seinen Maßnahmen, die ersten Jahre der Wiederaufrüstung zu finanzieren. Nach der Einführung der Wehrpflicht und der Rheinlandbesetzung stiegen indes die Anforderungen des Militärs immer schneller – gerade die Heeresrüstung sah sich aus außenpolitischen Gründen ständig beschleunigt. Neue Rüstungssprünge überhitzten innerhalb kürzester Zeit die Rüstungskonjunktur und führten 1936 zu einer handfesten Rohstoff- und Devisenkrise. Die Regierung sah sich gezwungen, grundlegende Entscheidungen über Umfang und Geschwindigkeit der Aufrüstung und über den Charakter ihrer Wirtschaftspolitik zu treffen. Der Reichsparteitag im September des Jahres brachte in Form des verkündeten Vierjahresplans die Antwort. Die deutsche

Das wird nicht gutgehen

Wir fuhren in einem ganz großen sechssitzigen Daimler. Der Vater meines Freundes war Generaldirektor und erzählte dann, daß es nicht gut ist, es wird wohl Krieg geben. Und das erschreckte mich, weil dieser Mann für mich so kompetent war aufgrund seiner Größe, seiner Stellung, und er wohnte in einer fabelhaften Villa. Und dann geschah etwas Ungeheures: Er deutete, wie solche Leute das können, ganz dezent an, das werden wir wohl nicht schaffen, mit solchen Worten wie: »Das nimmt kein gutes Ende.« Er war nämlich tätig in einem Betrieb, der für die Rüstung arbeitete. Er übersah also die Rohstoffquellen, die ganzen Ressourcen, die nötig sind für einen solchen Krieg. Und aus dem rein wirtschaftlichen Gesichtspunkt deutete er an, das wird nicht gut ausgehen.   *Gerhard Wissmann*

Wirtschaft wurde als »Wehrwirtschaft« auf die Vorbereitung eines Krieges ausgerichtet. In einer geheimen Denkschrift forderte Hitler, die deutsche Armee »in vier Jahren einsatzfähig« und die deutsche Wirtschaft »kriegsfähig« zu machen. Bei den hierzu notwendigen (Ersatz-) Rohstoffen Benzin, Eisenerz, Kunstfasern oder Kunstkautschuk (Buna) sowie bei der Lebensmittelversorgung sollte ein möglichst hoher Grad an Selbstversorgung erreicht werden. Die nötigen Investitionen vor

allem in die chemische Industrie wurden von der mit Sondervollmachten ausgestatteten Vierjahresplanbehörde unter Hermann Göring koordiniert. Schrittweise sah sich das Reichswirtschaftsministerium aus der Verantwortung gedrängt. Die Warnungen Schachts vor einem Scheitern der »gesamten Handelspolitik« wurden ignoriert. Der eingeschlagene Weg zur Autarkie nahm keine Rücksicht mehr auf Kostenfaktoren und liberalkapitalistische Grundsätze der Wirtschaftlichkeit und internationalen Konkurrenzfähigkeit. Die Versuche Schachts, die deutsche Wirtschaft in der Weltwirtschaft eingebunden zu halten, sah er torpediert, 1937 wurde er entlassen.

Am Ende dieses kostspieligen und unökonomischen Weges sollte die militärisch abgesicherte Selbstversorgung des Reiches aus einem »blockadesicheren« und dem Zugriff fremder Mächte entzogenen »Großwirtschaftsraum« stehen. Dieses Ziel wurde trotz der hohen Investitionen von über zwölf Milliarden Reichsmark in die Vierjahresplanprojekte und großem außen- wie wirtschaftspolitischen Engagement in Südosteuropa nie erreicht. Die Ersatzstoffproduktion konnte bis Kriegsbeginn kaum die Bedarfszunahme durch die Rüstungssteigerungen decken, und allein die erbeuteten österreichischen und tschechischen Rohstoffvorräte sowie die Devisen und Goldreserven verhinderten vorerst einen Versorgungs- und Finanzkollaps. Beutezüge wurden zum legitimen Mittel der Politik. Es gab sie nicht nur gegen die ehemaligen Nachbarstaaten, sondern auch innerhalb Deutschlands: Kaum war der »Anschluß« Österreichs im März 1938 vollzogen, setzten verstärkte politische Bemühungen zur endgültigen Verdrängung der Juden aus der Wirtschaft ein. Bis dahin waren schon weit über 60% der ehemals 100.000 »jüdischen Betriebe« liquidiert oder verkauft worden. Direkter Terror gegen die Besitzer,

Boykotte, administrative Schikanen und die unter den Bedingungen der Mangelwirtschaft besonders schlechte Versorgung mit Waren oder Rohstoffen hatten viele Geschäfte finanziell in den Ruin getrieben, viele ehemalige Besitzer waren ausgewandert. Göring hatte sich der Aufgabe der »Entjudung« der deutschen Wirtschaft verschrieben und forderte auf einer Sitzung der Vierjahresplanbehörde im Oktober 1938, die »Judenfrage« müsse »jetzt mit allen Mitteln angefaßt werden, denn sie [die Juden]« müßten »aus der Wirtschaft raus.« Als Grund nannte er eine anstehende weitere Rüstungssteigerung, zu deren Finanzierung das jüdische Vermögen in Deutschland herangezogen werden sollte. Die »Arisierung« der noch vorhandenen Betriebe wurde Aufgabe des Staates. Die Erzielung hoher Gewinne zugunsten der Staatskasse stand im Vordergrund. Die ehemaligen Besitzer mußten ihre Verkaufserlöse auf Sperrkonten nicht selten in mehr oder weniger wertlosen Staatspapieren anlegen. Privatvermögen wurden registriert, um anschließend hoch besteuert zu werden. Durch die nach den Novemberpogromen 1938 erlassene »Verordnung über eine Sühneleistung der Juden deutscher Staatsangehörigkeit« erpreßte die Reichsregierung eine Kontribution von 1,127 Milliarden Reichsmark, die sich durch Versicherungsleistungen für zerstörtes und gestohlenes Eigentum, die das Reich direkt einbehielt, nochmals um 225 Millionen Reichsmark erhöhte. Rechnet man alle jüdischen Leistungen zusammen, belaufen sich 1939 die Zahlungen zugunsten der Reichskasse auf über zwei Milliarden Reichsmark. Die ökonomischen Verluste, die Menschen jüdischer Herkunft durch die vollständige »Arisierung« erlitten, entziehen sich jeder Bilanzierung. Im Tagebuch Jochen Kleppers ist am 27. Januar 1939 folgender Eintrag zu lesen: »67 Millionen mehr als im Vorjahr durch Reichsflucht-

Sonne, Bordleben und Meer als Pauschalangebot. Der Reisepreis war für die meisten jedoch kaum erschwinglich.

steuer der emigrierten Juden für das Reich eingekommen. Dazu die Kontributionsmilliarde. Dazu die 100 Prozent Aufschlag, die für alles gezahlt werden müssen, was Juden für die Auswanderung mitnehmen. Dazu die Verschleuderungsverkäufe aus jüdischem Besitz: Häuser, Villen, Geschäfte, Schmuck. – Und das soll Deutschland sein!«

Von der »Arbeitsschlacht« zur »Verkehrsgemeinschaft«

Gerade im Bereich der Wirtschafts- und Sozialpolitik setzte die Reichsregierung von Anfang an auf eine durchgängige propagandistische Begleitung in allen Medien. Es galt, die vorgeblichen Errungenschaften des Nationalsozialismus breit herauszustreichen und gegen die durch Mangel und Zwang ausgelösten Belastungserfahrungen der Bevölkerung zu setzen. Auch sollte dem Arbeiter »das Gefühl für die Würde und Bedeutung seiner Arbeit« wiedergegeben werden. »Unaufhörlich rief die Reichsregierung zur ›Arbeitsschlacht‹ auf, und mit jedem ersten Spatenstich und jeder Grundsteinlegung demonstrierten die Nationalsozialisten, daß zur Krisenbekämpfung auch Psychologie und Magie gehören«. (Hans-Ulrich Thamer)

Bekanntestes und von der NS-Propaganda intensiv aufbereitetes Beispiel für eine Arbeitsbeschaffungsmaßnahme war der Bau der Reichsautobahnen – ein Mythos, der bis heute fortlebt. Das sich langsam ausdehnende Netz brachte eine Veränderung von Inhalten und Zielrichtung der Autobahnpropaganda mit sich. Aus der Jobmaschine wurde das »innere Verbindungsnetz«, »die Klammer der Volksgemeinschaft und das Instrument der Reichsbildung«. Die Propaganda versprach nicht mehr nur Arbeitsplätze, an ihnen herrschte seit Mitte der dreißiger Jahre kein Mangel mehr, sondern Wohlstand, soziale Sicherheit und Mobilität.

In der Propaganda-Ausstellung zu dem auf dem Reichsparteitag 1936 angekündigten Vierjahresplan »Gebt mir vier Jahre Zeit« (1937) wurde das militärische Wiedererstarken mit großem Aufwand als Erfolg des Regimes inszeniert und gefeiert.

Die Reichsautobahn

Die Autobahnen waren keine Erfindung Hitlers. 1933 konnte die neue NSDAP-geführte Regierung auf vorhandene Konzepte zurückgreifen: Vorstudien und Pläne für den vierspurigen, kreuzungsfreien Fernstraßenbau gab es schon seit 1926. Die Avus (Automobil Versuchs- und Übungsstraße) in Berlin als Quasi-Referenzstrecke war seit 1921 fertiggestellt (Baubeginn 1912). Noch unter Reichskanzler Heinrich Brüning waren 1932 erstmals 120 Millionen Reichsmark Haushaltsmittel u.a. zur Einrichtung einer zentralstaatlichen Straßenbaubehörde – damals noch gegen den Widerstand der NSDAP – bewilligt worden. Sichtbarer Erfolg war den Bemühungen indes, sieht man von konkreten Bauplanungen ab, nicht beschieden. Hitler griff die baureif vorliegenden Projekte im April 1933 auf und verlieh ihnen eine neue Dimension: Das Projekt sei zu klein, man müsse ein »Reichsnetz« anstreben. Ein dreifacher Nutzen bot sich an: Zum einen konnte die Arbeitslosigkeit bekämpft werden. Fritz Todt – wohl der wichtigste technische Berater Hitlers und seit Sommer 1933 Generalinspektor für das deutsche Straßenwesen – plante, ca. 600.000 Personen zu niedrigen Löhnen zu beschäftigen. Dabei empfahl der technisch durchaus auf der Höhe der Zeit stehende Ingenieur, den Maschineneinsatz einzuschränken. Zum zweiten wurden die Autobahnen als militärstrategischer Faktor gepriesen, und zum dritten bot die Einbettung in die Landschaft großflächige Möglichkeiten zur Raumplanung und Landschaftsgestaltung. Die Finanzierung der umfangreichen Bauvorhaben erfolgte allein aus Mitteln der Arbeitslosenversicherung.

Im ersten Jahr bedeutete der Bau der Reichsautobahn für die Beseitigung der Arbeitslosigkeit nicht viel mehr als ein Versprechen, denn bis Jahresende 1933 waren höchstens 4000 Arbeiter an den Baustellen beschäftigt. Tatsächlich wurde erst mit dem Jahreswechsel 1934/35, als die Arbeitslosenzahlen auch aufgrund der gesamtwirtschaftlichen Entwicklung schon spürbar zurückgegangen waren, die Zahl von 85.000 Arbeitskräften überschritten. Rechnet man alle Nebentätigkeiten und abhängige Zulieferbetriebe mit ein, beschäftigte der Reichsautobahnbau auf dem Höhepunkt der Baumaßnahmen im Jahr 1936 nicht mehr als 250.000 Personen (davon auf den Baustellen maximal 135.000). In den Folgejahren behinderte die zunehmende Konzentration von Arbeitskräften und Bauressourcen (Beton und Stahl) auf rüstungsstrategisch wichtige Projekte des Vierjahresplans den Weiterbau erheblich. Die militärische Bedeutung war entgegen den ursprünglichen Erwartungen vernachlässigenswert, und bis 1942 wurde denn auch nur die Hälfte (ca. 3800 km) der geplanten Autobahnstrecken fertiggestellt.

Die Arbeitsbedingungen für die Bauarbeiter an den meist abseits gelegenen Baustellen waren schlecht, nicht selten gefährlich. Trotz niedriger Löhne waren die Anforderungen hoch und wurden bis Kriegsbeginn gesteigert. Die Atmosphäre in den eigens eingerichteten Lagern schuf nicht selten Konflikte, die Zuteilung der Arbeiter erfolgte oft unter großem Druck: Im Volksmund hieß die Reichsautobahn auch »Hunger- und Elendsbahn«. Ein Bericht der Exil-SPD vermerkt: »Die Leute werden bei den schweren Straßenarbeiten sehr angestrengt. Es sind meistens langjährige Arbeitslose, denen die Kraft durch die schlechte Ernährung fehlt. Sie müssen nun, möglichst ohne Maschinen, die schwere Kiesarbeit verrichten. Viele von ihnen stammen aus anderen Berufen.« Die Schwierigkeiten des Lagerlebens, das in den nächsten Jahren zu einer der Standardlebenssituationen von Millionen von Arbeitern, Landhelfern, Soldaten und Arbeitsdienstleuten werden sollte, werden indirekt deutlich in einem Text aus einem Fotobildband zum Reichsautobahnbau von 1937: »Als der Führer erfuhr, daß die Barackenunterkünfte der Arbeiter an seinen Straßen zu wünschen übrig ließen, hat er innerhalb weniger Stunden mit der in solchen Fällen kompromißlosen Energie Wandel geschaffen. Unter Mitwirkung des Arbeitsdienstes wurden innerhalb weniger Wochen in ganz Deutschland Musterlager errichtet. (…) Einzelheiten dieser Lager hat der Führer selbst in Skizzen entworfen.« Durchgesetzt haben sich diese Muster-

Schnell zum Ziel kommen

Das war natürlich eine unglaubliche Sensation, der Beginn der Bautätigkeiten einer Autobahn. Wir haben jeden Teilabschnitt begrüßt, denn wir kamen zum Werbellinsee in der halben Zeit. Wir haben von Woche zu Woche gesehen, wie diese Autobahn sich da durch die Landschaft einen Weg ebnete. Daß das schon Kriegsvorbereitungen waren, haben nur wenige gesehen. Sie waren begeistert, vor allem die Auto- und Motorradfahrer, die waren begeistert, daß sie nun auf anständigen Straßen schnell zum Ziel kamen. *Siegfried Kühl, *1929*

lager wohl nicht, blieben doch bis Kriegsbeginn Beschwerden über untragbare Zustände in den Baulagern an der Tagesordnung.

Die Propaganda der Anfangsjahre machte den Hand anlegenden Reichsautobahnarbeiter geradezu zum Sinnbild des freudig schaffenden deutschen Volksgenossen, und gelegentlich wurde er in monumentalisierender Darstellungsweise – optimistisch-zukunftsgerichtete Arbeitsfreude ausstrahlend – auch titelblattwürdig. Hitler selbst griff zum Spaten und avancierte zum »Ersten Arbeiter des Dritten Reiches«: »Das war kein Spatenstich,

das war richtige Erdarbeit. (…) Ein paar Arbeiter erkannten, daß der Führer wohl kaum aufhören würde, bevor der Haufen von 2 Kubikmetern nicht ordentlich ausplaniert sei. Sie sprangen mit ihren Schaufeln herbei, um ihm zu helfen. So schippte der Führer mit ihnen, bis der Erdhaufen ordnungsgemäß verarbeitet war und auch von seiner Stirne die ersten Schweißtropfen auf die Erde fielen.« Dominierte zunächst die Konstruktion einer Arbeitskameradschaft, die »Arbeitsschlacht«, gewannen in den Folgejahren neue Propagandathemen an Gewicht. Die technisch-ästhetische Komponente des Autobahnbaus trat in den Vordergrund, gekoppelt mit Volksgemeinschaftsideologie. Die Autobahnen wurden zum sichtbaren Ausweis des Erfolgs der Hitlerschen Politik erklärt und gefeiert: »Menschen kommender Jahrtausende werden auf die Reichsautobahn zurückschauen, wie wir heute auf die Pyramiden, die Römerstraßen und die chinesische Mauer. Als imposantester Willensausdruck eines einzelnen Menschen galt bisher die Cheops-Pyramide. Jedoch stehen alle Bauleistungen der Pharaonen zusammen weit hinter dem Straßenwerk Adolf Hitlers.« Folgerichtig ersetzten in der Bildberichterstattung Landschaftsaufnahmen mit Autobahn (oft Luftaufnahmen) und Fotografien von technisch aufwendigen Brückenkonstruktionen die Arbeiteraufnahmen der Anfangszeit: Technik und Natur wurden in harmonischer Inszenierung in eins gebracht. Menschen waren waren kaum noch abgebildet. In den Aufnahmen rückte die Größe des Werks selbst und dessen ästhetische Gestaltung als »Kulturdenkmal« in den Vordergrund. Rast- und Parkplätze »im Schatten des Waldes (…) oder auf aussichtsreichen Höhen« wurden gezeigt, die der Ort sein sollten, »die Schönheit des Landes zu erleben und zu genießen«. Auf einer der Bildunterschriften war zu lesen, daß mit den Autobahnen »ein

Mit der Hand wurden Betonfugen und -grate noch kurz vor der Eröffnung eines Autobahnteilstücks 1936 geglättet.
Bis zum Jahr 1942 entstanden ca. 3.800 Kilometer Autobahnstraßen in Deutschland, etwa die Hälfte der geplanten Strecke.

Zusammenklang von Organisation, Technik, Natur und Kunst erreicht [sei], der dem alles umfassenden, alles einbeziehenden Lebensgefühl unserer Zeit entspricht.«

Wochenschauen feierten die Eröffnung von neuen Autobahnteilstrecken mit Bildern von der Vorbeifahrt langer Autokolonnen, die einen Vorgeschmack auf die zukünftige Nutzung bieten sollten. Filmberichte über den »Führer« bei Motorsportveranstaltungen und von Rekordversuchen auf den nagelneuen Strecken verdrängten das zunehmend altbacken wirkende Motiv des Spatenstiches (bei Autobahnneubauten), den der »Führer« schließlich seiner zweiten Garde überließ. Hitler verwandelte sich vom »Ersten Arbeiter« zum

Hitler als »Erster Arbeiter des Dritten Reiches« nach dem ersten Spatenstich für die Reichsautobahn, September 1933.

»Ersten Autofahrer« des Reiches, der geschickt die Popularität der »Kämpfer am Lenkrad« und des Motorsports für seine Zwecke zu nutzen verstand. Das Dritte Reich zeigte sich an der Spitze des automobiltechnischen Fortschritts. Die Geschwindigkeitsrekordjagden der Mercedes- »Silberpfeile« oder die Rennerfolge Rudolf Caracciolas, Manfred von Brauchitschs und Bernd Rosemeyers symbolisierten aller Welt die neu erlangte Stärke.

Der Autobahnbau wurde zunehmend mit dem Zukunftsversprechen allgemeiner Mobilität gekoppelt. Auf den groß aufgezogenen Automobil- und Motorradausstellungen wurden die neuen Möglichkeiten des unbeschwerten Reisens gefeiert. Broschüren erschlossen den Autofahrern die neuartige Erfahrungswelt, die das »Autowandern« bot: »eine glückliche Zeitlosigkeit und ein glückliches Sich-leiten-lassen von der Landschaft, von der Sonne, von der Natur«. Autofahren selbst sollte nicht mehr nur exklusive Beschäftigung der Wohlhabenden sein. »Die Reichsautobahnen werden mehr sein: Straßen des deutschen Volkes, und jeder Deutsche soll in einer nicht fernen Zukunft in der Lage sein, bequem, wirtschaftlich und sicher die Schönheit Deutschlands für sich zu entdecken.« »Die Reichsautobahn ist nicht nur kreuzungsfrei sondern auch noch gebührenfrei. Freie Bahn – nicht nur dem einzelnen Autobesitzer, sondern überhaupt der gesamten Motorisierung. Dies ist ihre große Sendung. (...) Das heißt im Plan des Führers: Jedem tüchtigen Volksgenossen sein eigener Wagen. Darum ist die Bahn frei!« Daß dieses Zukunftsversprechen nicht für alle Deutschen galt, bezeugt ein Tagebucheintrag Viktor Klemperers vom 6. Dezember 1938: »Entziehung der Autofahrerlaubnis bei allen Juden. Begründung: Wegen des Grünspanmordes seien die Juden ›unzuverlässig‹, dürften also nicht am Steuer sitzen, auch beleidige ihr Fahren die deutsche Verkehrsgemein-

Die inszenierte Kulturlandschaft: Es ist ein »Zusammenklang von Organisation, Technik, Natur und Kunst erreicht, der dem alles umfassenden, alles einbeziehenden Lebensgefühl unserer Zeit entspricht«.

schaft, zumal sie anmaßlicherweise sogar die von deutschen Arbeiterfäusten gebauten Reichsautostraßen benutzt hätten. Dies Verbot trifft uns überaus hart. Es ist jetzt gerade drei Jahre her, daß ich fahren lernte.«

Die angekündigte Massenmotorisierung sollte keineswegs nur private Freizeitbedürfnisse befriedigen oder gewerbliche und öffentliche Funktionen erfüllen. Der Führer des Nationalsozialistischen Kraftfahrkorps (NSKK) Adolf Hühnlein vertrat offen den Standpunkt, daß die Motorisierung die entscheidende Voraussetzung für die Modernisie

rung der Wehrmacht sei. Das paramilitärisch organisierte NSKK veranstaltete Rallyes, Zuverlässigkeitsfahrten, Kameradschaftsabende, Lehrgänge und Fahrschulungen. »Der junge Fahrer, der aus ihnen hervorgeht, wird, wenn die Zeit seiner Wehrpflicht gekommen ist, wohlvorbereitet an Körper und Geist mit Stolz das Kleid des Waffenträgers der Nation – der Wehrmacht – tragen (...)« In »Motorsportschulen«, »Motorlehrstürmen« und der »Motor-HJ« rekrutierte das NSKK aus der motorsportbegeisterten Jugend den Nachwuchs für die motorisierten Wehrmachtsverbände.

1

Der KdF-Wagen

Den Deutschen fehlte nur noch der fahrbare Untersatz zur massenhaften Benutzung der Autobahnen. Die Anzahl der Autos, bezogen auf die Einwohnerzahl, lag im Reich weit hinter denen Westeuropas zurück. Verglichen mit den USA war Deutschland hoffnungslos untermotorisiert. Die deutsche Autoindustrie war zu Beginn der dreißiger Jahre stark aufgesplittert und produzierte vergleichsweise teuer und wenig rationell. Hitler, der von den Verkaufserfolgen des amerikanischen Industriellen Henry Ford sehr beeindruckt war, verlangte den Entwurf eines leistungsfähigen, billigen Autos, das sich jeder Deutsche leisten könne. Der bis dahin billigste Kraftwagen, den die Autoindustrie anbot, war der Opel P-4 für 1450 Reichsmark. Der Preis für den konzipierten »Volkswagen« sollte knapp unter 1000 Reichsmark liegen und durch geringe Sparraten finanzierbar sein. Projektname und Finanzierungskonzept wiesen auf Zielgruppe und Zielrichtung hin. Der Wagen war für Arbeiter und kleine Angestellte als Belohnung für jahrelange Spardisziplin und damit verbundenen Arbeitsfleiß konzipiert. Er stellte ein Versprechen auf eine mobile Zukunft dar, die es indes nicht individuell zu gestalten galt, sondern im Rahmen einer gleichgeschalteten »Verkehrsgemeinschaft« von »Volksgenossen«.

> ### Sparen, sparen, sparen
>
> Ja, also der Käfer wurde durch die Arbeitsfront groß propagiert. Jeder Arbeiter sollte einen Volkswagen bekommen. Und der Preis war ja auch gar nicht so hochgeschraubt, der Wagen sollte etwa 900 Mark kosten. Man konnte ihn auch schon betrachten. Da waren verschiedene Pavillons in Berlin aufgestellt, in denen die Muster zu besichtigen waren. Und zu uns in den Betrieb kam immer der Kassierer von der Arbeitsfront Beträge kassieren. Und jedesmal, wenn er kam, ging dieselbe Litanei los »Kinder, sparen, sparen, sparen, dann habt ihr als erste den Volkswagen.« *Waldemar Brust, *1919*

Das Projekt war geeignet, ein hohes Maß an Loyalität zwischen dem Regime und den belohnten Sparern herzustellen, verdankten diese doch ihre Mobilität allein der Politik der NSDAP. Die hohe ideologische Bedeutung spiegelt sich in der Tatsache, daß nicht die Industrie die Federführung übernahm, sondern die Deutsche Arbeitsfront. Die technische Verwirklichung des »Volkswagens« wurde dem Kraftwagenbauer Ferdinand Porsche übertragen, der bis Kriegsbeginn 36 serienreife Prototypen herstellen ließ, die dann in Werbekolonnen für den »KdF-Wagen« durch ganz Deutschland unterwegs waren. In den Motorisierungsplänen des Militärs wurde der Wagen von Beginn an

Der KdF-Wagen wurde über Sparkarten vorfinanziert. Die Einnahmen dienten der Rüstungsfinanzierung.

berücksichtigt. Man verlangte eine Größe, die nach Entfernung der Karosserie Platz für drei Soldaten, ein Maschinengewehr und ausreichend Munition bieten würde. Nach mehrjährigem Vorlauf begannen mit großer propagandistischer Begleitung im Mai 1938 die Bauarbeiten für ein DAF-eigenes Werk bei Fallersleben, das einen voraussichtlichen Jahresausstoß von über 100.000 Wagen haben sollte. Die DAF investierte 50 Millionen Reichsmark in die Produktionsanlagen. Den weitaus höchsten Anteil an den Investitionskosten aber brachten die vermeintlichen zukünftigen Besitzer selber auf. Meist sparten sie wöchentlich über die Kassen der KdF in Raten zwischen fünf und fünfzehn Reichsmark die erforderliche Kaufsumme an. Wer 750 Reichsmark angespart hatte, erhielt eine Bestellnummer mit dem Anspruch auf Lieferung eines Wagens, sobald dieser fertiggestellt sein würde. Die durch den Vierjahresplanbedarf verursachte Knappheit an Arbeitern und Baustoffen sowie Organisationsprobleme seitens der mit industriellen Großprojekten völlig unerfahrenen DAF verzögerten die Produktionsaufnahme bis weit ins erste Kriegsjahr. Ab 1940 lief statt des versprochenen Volkswagens dessen militärische Version, der Kübelwagen, vom Band. Bis dahin hatten über 300.000 KdF-Sparer rund 270 Millionen Reichsmark eingezahlt, die nun allein der Rüstungsindustrie und der Kriegsfinanzierung zugute kamen.

Der Volkswagen war eine der erfolgreichsten Propagandaideen des Dritten Reiches, stellte er doch das in Blech gekleidete Versprechen auf eine »bessere Zukunft« dar. Daß diese am 1. September 1939 vorerst zu Ende war, machen Ratschläge zum »Stillegen und Aufbocken« von Kraftwagen aus dem Völkischen Beobachter klar. Mit Kriegsbeginn war amtlich die Stillegung aller privaten Kfz befohlen worden.

Der Volksempfänger

Konsumversprechen der Nationalsozialisten hatte es viele gegeben, doch nur die wenigsten konnten eingehalten werden. Die Haushaltselektrifizierung, die z.B. in den USA einen der Auswege aus der Weltwirtschaftskrise gebahnt hatte, fand in Deutschland zwar lebhaften Widerhall; Siemens, AEG und andere produzierten die neuen Identifikationsobjekte des modernen Haushalts: Waschmaschinen, Kühlschränke, Haartrockner, Staubsauger etc. Doch die durchweg hohen Preise – z.B. kostete eine Siemenswaschmaschine ca. 600 Reichsmark, mehr als vier Durchschnittsbruttolöhne – waren für einen Massenmarkt ungeeignet. Die Industrie hätte diesen wegen ihrer zunehmenden militärischen Verpflichtungen auch nicht befriedigend bedienen können. Trotzdem hielten die meisten Unternehmen an den Projekten fest, entwickelten sie weiter und nutzten die Mittel der Produktwerbung, um sich damit einen guten Mar-

Volksempfänger VE 301. Die Typenbezeichnung zitiert das Datum der Machtübernahme Hitlers am 30. Januar 1933.

kenruf für eine Zeit nach der Rüstung aufzubauen. Viele Geräte gingen in wohlhabende Haushalte oder in den Export. Der für die Rüstungsplanungen zuständige Generalmajor Thomas, erbost über die »wehrwirtschaftlichen Halbheiten« einer »friedensähnlichen Kriegswirtschaft«, schrieb dazu im November 1939: »(...) mit Radioapparaten, Staubsaugern und Küchengeräten werden wir England nie besiegen können.« In den folgenden Jahren beendeten die Rüstungsverantwortlichen endgültig die Produktion von Konsumgütern.

Nur auf einem Gebiet, sieht man von den nur acht Reichsmark teuren Bügeleisen ab, gelang die Befriedigung der Massennachfrage nach einem technischen Gebrauchsgut: Mit dem »Volksempfänger VE 301« (die Typenbezeichnung zitiert das Datum der Regierungsübernahme Hitlers) für 76 Reichsmark und dem »Arbeitsfront-Empfänger DAF 1011«, der für den Gemeinschaftsempfang konzipiert war, vollzog das »Dritte Reich« den Einstieg in das Zeitalter der audiovisuellen Medien. Die Zahl der angeschlossenen Geräte stieg von vier Millionen im Jahre 1933 auf über elf Millionen 1939 (im Krieg bis 1941 auf über 16 Mio.). Das Ziel »Rundfunk in jede Wohnung« wurde zwar nicht erreicht, trotzdem verhalf der Volksempfänger dem Hörfunk zum Durchbruch als Massenmedium, das Reichspropagandaminister Goebbels zu einer der zentralen Säulen der nationalsozialistischen Beeinflussung machen sollte.

Das war funktionierende Technik

Die technischen Rekorde dieser Zeit, also daß das Luftschiff Zeppelin über Berlin kreiste, oder auf der Avus die Rennen, auch die Übertragung im Rundfunk von Autorennen, hatte schon ihre Faszination. Das war Technik, funktionierende Technik.   *Gerhard Wissmann*

Propaganda vor Kriegsbeginn

Über die 1939 offiziell ca. elf Millionen Rundfunkapparate wurde die Bevölkerung über die politisch stürmischen Zeitläufte »aufgeklärt«. Der politisch-propagandistische Zeitfunk erhielt ab Sommer 1939 auf Kosten von Kulturprogrammen und Lesungen erheblich mehr Sendezeit. Danzig, der polnische Korridor sowie die Situation der deutschen Minderheit in Polen wurden beinahe täglich thematisiert. Den Großteil des Programms bestimmten weiterhin Unterhaltungs- und Musiksendungen, »weil die weitaus überwiegende Mehrzahl aller Rundfunkteilnehmer vom Leben sehr hart und unerbittlich angefaßt wird, und Anspruch darauf hat, in den wenigen Ruhe- und Mußestunden auch wirkliche Entspannung und Erholung zu finden.« (Goebbels)

Eine zufällige Auswahl von Zeitungsschlagzeilen vom Mai 1939 läßt jedoch erahnen, welches Ausmaß die gegen Polen gerichtete Propaganda zumindest in den Printmedien genommen hatte und welches Klima geschaffen werden sollte: »Deutscher Fischer von Polen erstochen«, »Gottesdienstbesucher von polnischem Pöbel aus der Kirche hinausgeprügelt«, »Die Deutschenjagd von Tomaschow«, »Polnische Horden überfallen deutsche Kolonistendörfer«, »Polen, das Land der nächtlichen Meuchelmörder und Leichenschänder«.

Die antipolnische Hetze wurde sehr häufig mit antisemitischen Angriffen gekoppelt und erhielt zunehmend rassistische Züge. Der Charakter des täglich in den Medien vorbereiteten Krieges würde nach den Ankündigungen vieler Regierungsvertreter ein anderer – »ein endgültiger« – sein und nach den Worten Hitlers nicht nach den Regeln der Haager Landkriegsordnung ablaufen. Sein am 22. August formuliertes Ziel war die »Vernichtung Polens«. Das in den Medienkampagnen verbreitete Bild der »polnischen Zustände« (ein in jener Zeit geprägter Begriff) sollte ein brutales und rücksichtsloses Vorgehen legitimieren.

Den besiegten Polen wurde das Schicksal zugedacht, als Arbeitskräftereservoir für das Deutsche Reich zur Verfügung zu stehen. Sie sollten ein »Helotendasein auf niedriger Kulturstufe« führen. Die Personalprobleme der Rüstungsindustrie wären durch die kostengünstigen Zwangsarbeiter sozusagen auf dem Beuteweg gelöst worden. Eventuelle Hindernisse wie die »polnische Führungs-schicht« sollten »so gut wie möglich unschädlich gemacht werden«. (Reinhard Heydrich am 7. September 1939)

Zwei Wochen nach der Zerschlagung und Besetzung Polens begannen die ersten Deportationen von Juden aus dem ehemaligen Österreich und dem »Protektorat« nach »Restpolen«. Der über Jahre vorbereitete Krieg wurde damit zur zentralen Voraussetzung, aber auch zum Mittel für die kommende rassistische Mordpolitik des Dritten Reiches.

Rainer Wolz

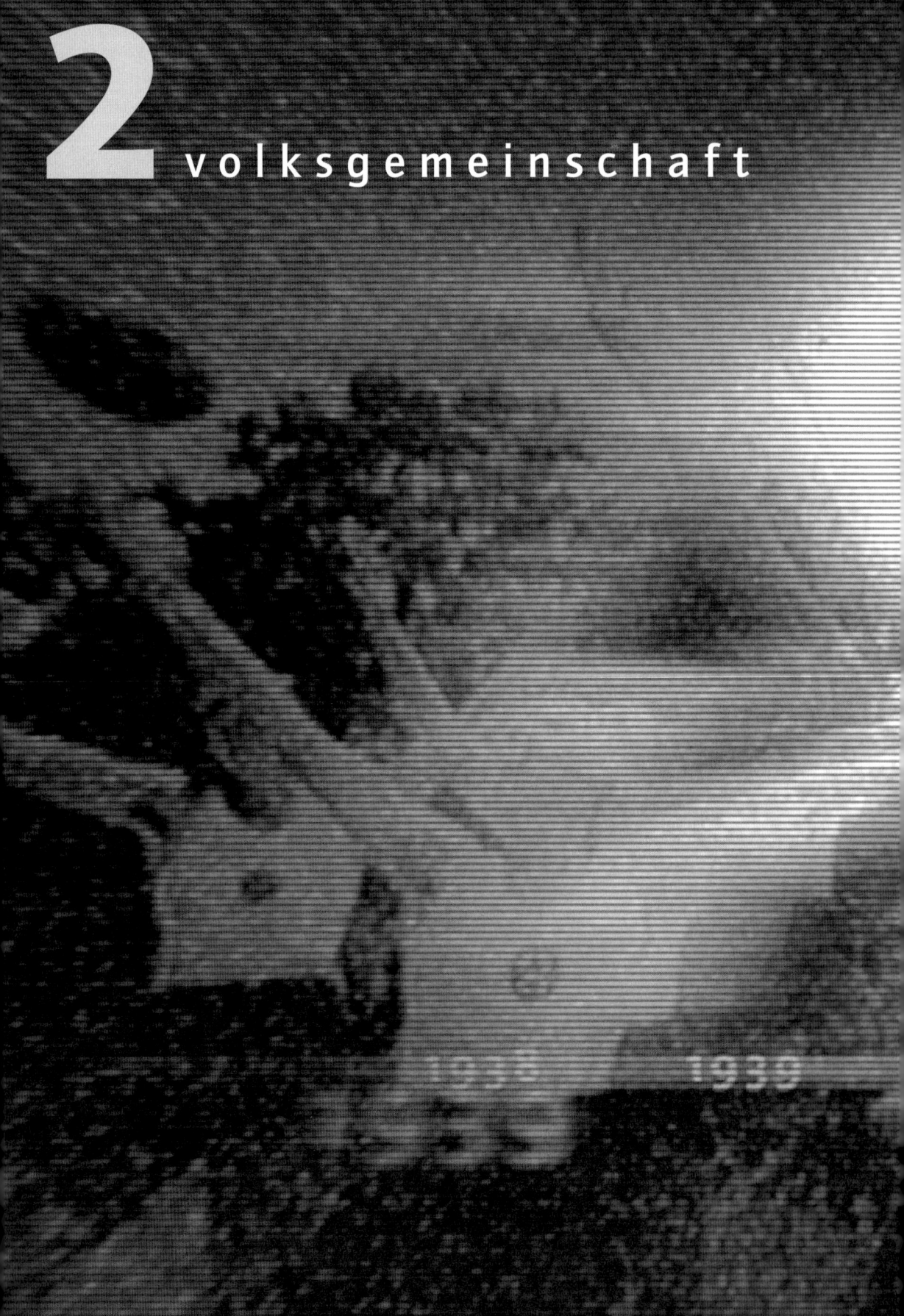

2 volksgemeinschaft

1938 1939

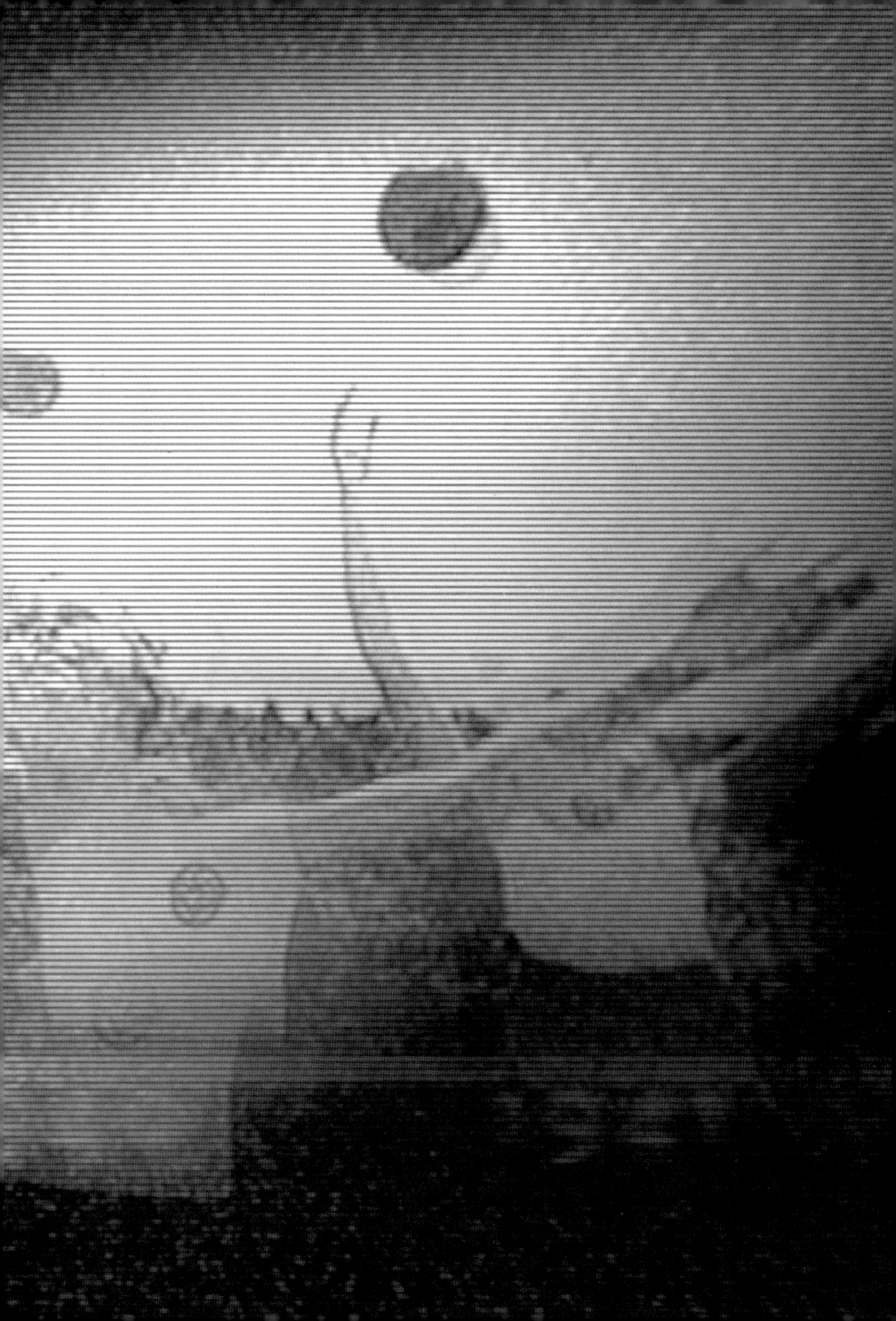

2 volksgemeinschaft

»Über Klassen und Stände, Berufe, Konfessionen und alle übrige Wirrnis des Lebens hinweg erhebt sich die soziale Einheit der deutschen Menschen ohne Ansehung des Standes und der Herkunft, im Blute fundiert, durch ein tausendjähriges Leben zusammengefügt, durch das Schicksal auf Gedeih und Verderb verbunden (...) Unser Wille ist der Sieg der nationalsozialistischen Volksgemeinschaft.« (Adolf Hitler am 10. März 1940 in seiner Rede zum »Heldengedenktag«)

Als eine klassenlose, geeinte Gesellschaft hat es sie zwar nie gegeben, die Beschwörung der nationalsozialistischen Volksgemeinschaft aber verfehlte ihre Wirkung nicht: Die Eingliederung der meisten Deutschen in das totalitäre System vollzog sich relativ reibungslos, sie arbeiteten und kämpften, töteten und starben für »Volk, Reich und Führer«.

Daß Gewalt und Verbrechen gegen diejenigen, die dem NS-Gemeinschaftsideal vermeintlich im Wege standen, der Preis für die soziale Befriedung war, nahmen viele billigend oder sogar zustimmend in Kauf. Sie waren nicht nur Hitlers brave Dulder, sondern auch willige Handlanger bei der Ausgrenzung, Terrorisierung und Vertreibung von »Volksfeinden«. Etliche wurden zu Tätern, versahen in »Euthanasie«-Anstalten und Konzentrationslagern pflichtschuldig ihren Dienst.

Festzug auf der vierte Reichstagung der NS-Gemeinschaft »Kraft durch Freude« in Hamburg am 12. Juni 1938. Der Wagen »Großdeutschland« zeigt die Umrisse des Reiches nach dem »Anschluß« Österreichs, bewacht von mittelalterlichen Rittern.

Wie konnte die Mehrheit der Deutschen zur gläubigen »Gefolgschaft« des »Führers« Adolf Hitler werden? Eine Annäherung an das Phänomen »Volksgemeinschaft« muß sich zwangsläufig mit den ideologischen Strategien der Nationalsozialisten beschäftigen.

Die nationalsozialistische Ideologie bestand aus einer Mischung aus kulturellen und politischen Traditionen einerseits und neuen ›modernen‹ Ideen andererseits. Diese »reaktionäre Modernität« (Jeffrey Herf) kennzeichnete alle gesellschaftspolitischen Programme des »Dritten Reiches«. Der ideologische Fundus einer Vielzahl von kulturellen und politischen Bewegungen mitsamt ihrer Symbolik wurde geplündert, vom Nationalismus der Kriegervereine bis zur sozialistischen Arbeiterbewegung, vom Rassismus völkischer Kreise bis zum Wandervogel und den zu Beginn des 20. Jahrhunderts entwickelten Lebensreform- und Jugendbewegungen. Thomas Mann beschrieb am Ende des Zweiten Weltkrieges das »Charakteristische und Bedrohliche« des Nationalsozialismus als eine »Mischung von robuster Zeitgemäßheit, leistungsfähiger Fortgeschrittenheit und Vergangenheitstraum, der hochtechnisierte Romantizismus«.

Den Nationalsozialisten gelang es, innenpolitisch den »schönen Schein« zu wahren und die allgegenwärtige Drohgebärde des Staates durch die permanente Inszenierung der Wirklichkeit zu verschleiern. Eine vom Gauleiter bis zum Blockwart hierarchisch abgestufte Zuteilung von Autorität und Verantwortung verdeckte die reale Ohnmacht des einzelnen und die Allmacht der Herrschenden in einem totalitären System. Im Dienste der Staatspropaganda wurden sämtliche modernen Kommunikationstechnologien und Massenmedien mit einem nie dagewesenen Aufwand genutzt. Der wirtschaftlichen und militärischen Mobilmachung Deutschlands ging die »geistige Mobilmachung«

(Joseph Goebbels) der Massen voraus. Die propagandistischen Schlüsselbegriffe waren »Führer«, »Volksgemeinschaft« und »Reich« (oder »Lebensraum«), die auf ebenso einfache wie wirkungsvolle Weise das Verhältnis von Herrschern, Beherrschten und ihrem Staat charakterisierten. Jeder der Begriffe verkörperte einen Mythos und war eine Anwort auf die Krisen der zwanziger Jahre.

Die Hypotheken der Weimarer Demokratie

Vor der Hinwendung der Menschen zu Hitler, den Nationalsozialisten und ihren Mythen stand die Abkehr von Weimar, der Haß auf »System« und »Parteiengezänk«. Nach dem Zusammenbruch der Monarchie und der »Schmach von Versailles«

Wir waren alle dagegen

Ich habe mit einem Herrn, der 15 Jahre älter ist als ich, diskutiert, und der sagte – er war Rechtsanwalt: »In meinen Kreisen waren wir alle dagegen.« Da habe ich gesagt: »Langsam! Waren sie wirklich alle dagegen? Ja, wenn es um den Mann ging mit der schrecklichen Haarsträhne und seinem Schnauzbart, im Braunhemd, der schrie und gestikulierte und seine braunen Horden durch die Straßen trieb, die Leute verprügelten und jüdische Geschäfte stürmten, da waren sie natürlich dagegen. Das glaube ich ihnen gerne.« Da habe ich ihn gefragt: »Waren sie auch dagegen, als die Armee des Großdeutschen Reiches in Paris einzog und Deutschland vom Ersten Weltkrieg rehabilitierte und Hitler die Parade abnahm? Waren sie da dagegen?« Da waren sie nämlich nicht dagegen. Das war das Fatale, daß Hitler mit seiner entsetzlichen Ideologie die Menschen auf der nationalen Bahn hinter sich hergezogen hat. *Hans Günther Zempelin, *1926*

machte sich ein Gefühl nationaler Unterdrückung breit. Dem Deutschen Reich fehlten Glanz und Bedeutung, Revolution und November-Republik waren als »unbeschreibliche Häßlichkeit« (Oswald Spengler) empfunden worden. Die Weimarer Demokratie galt als grau und unübersichtlich, es mangelte ihr an attraktiven Repräsentationsformen und anschaulicher Symbolik. Durch Krieg, Niederlage, Revolution und Inflation waren elementare Normen der monarchisch-bürgerlichen Ordnung außer Kraft gesetzt, zumindest relativiert worden, die alten Werte und Moralvorstellungen schienen sich aufzulösen. Der ausgleichende Einfluß des Liberalismus ging durch die fortschreitende Zersplitterung und Radikalisierung der politischen und gesellschaftlichen Gruppen immer mehr zurück. Hatte die Vorstellung einer klassen- und parteiübergreifenden Volksgemeinschaft, die sich gegen eine »Einkreisung« durch andere Nationen und Völker zu wehren habe, bereits die Propaganda des Ersten Weltkrieges geprägt, so verstärkten die Umwälzungen nach 1918 die Sehnsucht nach einer harmonischen und geordneten Gesellschaft, nach emotionalem Halt. Auch die öffentliche Auseinandersetzung mit der modernen Kunst und Kultur trug zunehmend republikfeindliche Züge. Das Nebeneinander von avantgardistischen und traditionellen Strömungen entwickelte sich zur ideologischen Konfrontation. Dem »seelenlosen Internationalismus« und der ›Kompliziertheit‹ der modernen Kunst und Architektur stellte man nun die »blut- und bodenverbundene« deutsche Kulturtradition gegenüber.

Die Weltwirtschaftskrise schließlich erschütterte das Vertrauen in den technisch-materiellen Fortschritt und ließ die ›Segnungen‹ des kapitalistischen Systems fragwürdig erscheinen. Insbesondere die Mittelschichten waren Anfang der dreißiger Jahre orientierungslos und verunsichert, in kultureller wie politischer Hinsicht, sie fühlten sich vom Kapitalismus mit seinen undurchsichtigen internationalen Verflechtungen und der sich radikalisierenden kommunistischen Arbeiterbewegung gleichermaßen bedroht. Bei der Suche nach Sündenböcken verdichteten sich die antisemitischen Ressentiments der Bevölkerung zum immer bedrohlicheren Schreckgespenst der »jüdisch-bolschewistischen Weltverschwörung«. Der Wunsch nach einer Integrationsfigur, dem ›starken Mann‹, dem Führer – sei es als väterlicher Ersatzkaiser, jugendlicher Revolutionär oder messianischer Heilsbringer – wuchs, sinnstiftende Einheits- und Überlegenheitsmythen gewannen an Attraktivität. Die »im Blute fundierte«, geeinte und geordnete deutsche Volksgemeinschaft jenseits aller sozialen Konflikte und Widersprüche und ihr vermeintlich gerechtfertigter »Befreiungskampf« zur Wiedererlangung nationaler Größe und Weltgeltung wurden zu zentralen Bestandteilen der nationalsozialistischen Propaganda.

Wichtige Impulse verdankt die NS-Ideologie den Auswirkungen des Ersten Weltkrieges. Nicht nur die veränderte politische und geographische Landschaft, der Untergang dreier Monarchien in Europa, auch das Fronterlebnis selbst, die physischen und psychischen Erfahrungen der Kriegsteilnehmer und die Situation der Kriegsheimkehrer wurden für die Mythenbildung genutzt. Das Motiv der Reinigung und der Erneuerung durch einen Krieg hatte schon vor 1914 nicht nur konservative Kreise beflügelt. Und die nachträgliche Verherrlichung des »in Stahlgewittern« gereiften Kämpfers, der auf Gedeih und Verderb zusammengeschweißten Frontgemeinschaft, die – »im Felde unbesiegt« – nur durch das Versagen der Heimatfront den vernichtenden Dolchstoß erhalten habe, schürte den Gedanken einer Revanche, machte aus besiegten Soldaten heldenhafte Märtyrer.

Die Fundamente der Volksgemeinschaft

Krieg, Rasse und Reich

Seit der Machtübernahme 1933 zielte die NS-Politik mehr oder weniger offenkundig auf einen neuen Eroberungs- und Expansionskrieg. Deutschland und die Deutschen sollten in möglichst kurzer Zeit kriegsfähig gemacht werden. Sämtliche nationalsozialistischen Gemeinschaftsorganisationen und Veranstaltungen – von der Hitlerjugend bis zu den Reichsparteitagen –, bei denen die Volkgemeinschaft zelebriert und gefestigt werden sollte, orientierten sich an militärischen Strukturen, Abläufen und Symbolen. Die Ordnung des Krieges herrschte bereits im Frieden. Gleichzeitig waren die Kriegsziele des Regimes mit einer zentralen Doktrin des Nationalsozialismus verzahnt: dem Rassismus. Der nationalsozialistische Anspruch auf die politische Hegemonie in Europa und der Welt leitete sich aus der Vorstellung einer »rassischen« Höherwertigkeit des »arischen Herrenmenschen« und dem Mythos vom »Dritten Reich« ab. Anknüpfend an Visionen eines gottesunmittelbaren Heiligen Reiches wurde die ewige Kontinuität des germanischen »Herrenvolkes« beschworen: »durch ein tausendjähriges Leben zusammengefügt«. Und dieses Herrenvolk forderte den ihm gebührenden Lebensraum. Der Traum vom tausendjährigen Reich sollte nicht länger nur in den Köpfen existieren, sondern als Großdeutsches Reich auch geographisch Realität werden. Der Rassengedanke war somit Voraussetzung und zugleich Ziel des Krieges. Und die durch den Krieg freigesetzte und legitimierte Gewalt bedingte eine Radikalisierung des Terrors und der Brutalität bis hin zum systematisch betriebenen Völkermord.

Vor der Folie dieser Rassen- und Kriegsideologie definierten die Nationalsozialisten ihre Vorstellungen von der Volksgemeinschaft. Dabei wurde die (angebliche) Abschaffung der Klassen- und Standesunterschiede zugunsten der Volksgemeinschaft durch die »Rassenunterschiede«, die Einteilung der Menschen in Höher- und Minderwertige ersetzt. Die neue hierarchische Ordnung der Gesellschaft und der Welt sei nicht von Menschen gemacht, sondern genetisch und rassisch bedingt, lautete die Devise. Indem sie bestimmte Bevölkerungsgruppen aus ethnischen, religiösen, politischen oder sozialen Gründen zu Volksfeinden und Volksschädlingen erklärte, gelang es der NS-Führung, das Volksgemeinschafts-Konstrukt mit ihrer Rassenideologie zu verknüpfen. Der »Rassenkrieg« nach innen, gegen die eigenen Bürger, begann lange vor dem Krieg gegen andere Völker. Dadurch konnten auch bestehende Konflikte innerhalb der Gesellschaft kanalisiert werden.

Auch der Rassismus der nationalsozialistischen Ideologie stützte sich auf bereits vorhandene, gegen Ende des 19. Jahrhunderts entwickelte Theorien. Die vorgeblich wissenschaftlich legitimierte Rassenlehre und die Eugenik wurden zur Staatsdoktrin erhoben und lieferten von nun an – verbunden mit dem fanatischen Antisemitismus der Nationalsozialisten – die Kriterien für die Zugehörigkeit zur Volksgemeinschaft. Nur deren Reinheit schütze vor Verfallserscheinungen und mache ihren künftigen Erfolg möglich.

Als Basis der Volksgemeinschaft sollte der Bauernstand fungieren. Mit der Verherrlichung des erdverbundenen, einfachen Menschen, der im Einklang mit der Natur lebe und arbeite, reagierten die NS-Ideologen auf weit verbreitete Sehnsüchte nach vorindustriellen Zuständen und bedienten zudem antiintellektuelle Ressentiments. Ein zur Idylle verklärtes harmonisches Landleben wurde der ›Dekadenz‹ der modernen Großstadt gegenübergestellt.

Propaganda

Das Herzstück der »geistigen Mobilmachung« Deutschlands war die Propaganda. Ein totales staatliches Meinungsmonopol und die virtuose Nutzung der modernen Kommunikationstechnologien – insbesondere Radio, Film, Fotografie und illustrierte Massenpresse – kennzeichneten den NS-Staat. Die Visualisierung des NS-Programms und seiner Führungspersönlichkeiten sollte den totalitären Machtanspruch der Nationalsozialisten legitimieren. Die gezielt eingesetzte Wirkung der Medien Film und Fotografie lag dabei in ihrer vermeintlichen Objektivität: Das Kameraauge galt als unbestechlich. Fotos und Filme ließen den Betrachter gleichsam zum Augenzeugen der propagierten Erfolge und Errungenschaften des Dritten Reiches werden. »Bilder sprechen« hieß die Devise sowohl bei der Darstellung des neuen Deutschlands und der geeinten Volksgemeinschaft als auch bei ihrem Gegenpol, den zur häßlichen Fratze verzerrten Feindbildern, dem, was es zu überwinden, auszusondern, »auszumerzen« galt.

Das Massenmedium Hörfunk bezeichnete Goebbels in seiner ersten Rede vor Rundfunkintendanten im März 1933 als »das allermodernste und (...) allerwichtigste Massenbeeinflussungsinstrument«. Es sollte die Menschen »so innerlich durchtränken mit den geistigen Inhalten unserer Zeit, daß niemand mehr ausbrechen kann«. Bereits zum Frühjahr 1933 kam der »Volksempfänger VE 301« auf den Markt. Bis 1938 stieg die Zahl der Rundfunkteilnehmer auf neun Millionen, 1939 besaß Hitlerdeutschland die höchste Rundfunkdichte der Welt, 1941 waren es etwa 16 Millionen Hörer. Im Freien aufgestellte Lautsprechersäulen sorgten für die ständige Indoktrination der Bürger auch außerhalb ihrer Wohnungen.

Voraussetzung für das Meinungsmonopol von Staat und Partei war die Kontrolle der öffentlichen Kommunikation, die dem am 13. März 1933 errichteten Reichsministerium für Volksaufklärung und Propaganda unterstand. Der totalen Liquidierung der sozialistischen Zeitungsunternehmen folgte die Gleichschaltung des bürgerlichen Verlags- und Pressewesens. Buch- und Zeitungsverlage, Presse- und Bildagenturen wurden »arisiert«, jüdische und politisch mißliebige Redakteure und Fotografen wurden entlassen. Auch die Unterhaltungsindustrie sowie Theater und Film, Musik und bildende Kunst hatten sich von nun an den ideologischen Richtlinien des Propagandaministeriums anzupassen.

In diesen Tagen nationalen Stolzes und deutscher Befreiung

muß jeder Volksgenosse

den Führer
bei den großen Wahlkundgebungen
hören!

Darum gehört noch heute ein Volksempfänger in Dein Haus!

Rundfunkempfang bringt Freude
und
verbindet Dich mit Deinem Volk!

Verantwortlich: Reichsrundfunk   Druck: Reinhold Klein K.G., Berlin SW 68

XII Hauptabt. IV N°. 216

Werbeflugblatt für den Volksempfänger. Der »VE 301« kostete 76, der »Deutsche Kleinempfänger« nur 35 Reichsmark.

Volksgemeinschaft und Führer

Aus der Sicht der Herrschenden sollte die Volksgemeinschaft eine geordnete, in jeder Hinsicht

Deutsches Turn- und Sportfest in Breslau im Juli 1938: Teilnehmerinnen versuchen, Hitlers Hände zu berühren. Auf der Ehrentribüne prominente NS-Funktionäre, darunter (1. Reihe v. l.) Ley, Himmler, Frick (hinter Hitler), Goebbels (ganz rechts).

gleichgeschaltete Masse bilden. Ihr gegenüber stand der Führer. Der bereits in den zwanziger Jahren aufgebaute Personenkult um Adolf Hitler wurde seit der Machtübernahme beträchtlich intensiviert.

Nicht zuletzt der verordnete Deutsche Gruß »Heil Hitler« zeigt, daß das Idol Adolf Hitler allgegenwärtig sein und seine Verehrung religiöse Züge annehmen sollte. Als souveräner Staatsmann, als Volkskanzler und gütiger Landesvater und schließlich dann als genialer Feldherr oder »Soldat unter Soldaten« – die Inszenierung des Führers wurde je nach Anlaß, Schauplatz und aktueller Situation variiert.

Die eigentlichen Begegnungen zwischen Führer und Gefolgschaft bildeten die nationalsozialistischen Massenveranstaltungen. Hier wurde Volks-gemeinschaft zum realen Erlebnis. Die Feierszenarien hatten unterschiedliche Anlässe und Schwerpunkte und stellten teils die Partei, teils das Volk oder bestimmte Bevölkerungsgruppen in den Mittelpunkt. Immer aber sollten sie die Volksgemeinschaft beschwören und deren Unterwerfung unter den Willen des Führers demonstrieren.

Widerstand hat keinen Zweck

Ich erinnere mich an ein Gespräch mit einem Pfarrer, der sagte nach dem Einmarsch der deutschen Truppen in Paris: »Widerstand hat keinen Zweck – der Herrgott ist mit ihm.« Das war eine verbreitete Meinung, über die sollte man heute nicht lachen. Wenn sie die Erfolge sahen, die Hitler hatte – das war schon unglaublich. *Hans Günther Zempelin, *1926*

FÜHRER
DIR
GEHÖREN
WIR

„Die Zukunft kann uns nichts anderes bringen als den Sieg. Und wenn uns die Welt nach den Gründen fragt, so sagen wir: Weil uns der Herrgott unsern Führer gab."

ARTUR AXMANN

Das Plakat war für die Schaukästen der Reichsjugendführung bestimmt. Bild und Text zielen auf die Opferbereitschaft der Jugend, die ihr Leben in den Dienst des gottgegebenen Führers stellen soll. Artur Axmann war ab 1940 Reichsjugendführer.

Inszenierungen und Organisationen der Volksgemeinschaft

»Generalappelle der Nation«

Adolf Hitler formulierte in seiner Rede zum 1. Mai 1936 den Sinn solcher Veranstaltungen unmißverständlich:

»Es war notwendig, dem deutschen Volk jenes große Gefühl der Gemeinschaft zu geben, so wie der einzelne Soldat nichts ist, aber alles im Rahmen seiner Kompanie, seines Bataillons, seines Regiments, seiner Division, und damit im Rahmen der Armee, so ist der einzelne Volksgenosse nichts, aber alles im Rahmen seiner Volksgemeinschaft. Hier wird persönlich aus dem schwachen Willen von 60 Millionen ein einzelner, ein gigantischer, gewaltiger, zusammengeballter Wille aller. Das muß jedem Volksgenossen sichtbar werden und deshalb hat auch unsere Bewegung dieses ganz besondere Gepräge bekommen, deshalb diese Massenkundgebungen, diese Massendemonstrationen, diese Generalappelle der Nation.«

Auch Robert Ley, der Führer der Deutschen Arbeitsfront, bezeichnete die Massenrituale als das »praktische Exerzieren der Volksgemeinschaft«. Tatsächlich orientierte sich der Ablauf aller NS-Feiern am militärischen Appell und fand seinen jeweiligen Höhepunkt im Treuegelöbnis für den Führer.

Das nationalsozialistische Feierjahr begann im Januar und endete im November. Jedes Fest erhielt seinen unverwechselbaren Charakter und seine eigene Choreographie. Die offiziellen arbeitsfreien Staatsfeiertage waren der 1. Mai, der Heldengedenktag am fünften Sonntag vor Ostern und das Erntedankfest im Oktober. Ebenfalls aufwendig inszeniert und mit einer gigantischen Militärparade gefeiert wurde der »Führergeburtstag« am 20. April.

Die besonderen Feiertage der Partei waren der Entstehung, der Kampfzeit und dem Sieg der Nationalsozialisten gewidmet. Am 30. Januar gedachte man der Machtergreifung, am 24. Februar der Parteigründung und am 9. November den »Gefallenen der Bewegung«. Jener 9. November wur-

> ### Aber ein junger ahnungsloser Mensch
>
> Zwischen der Fassade, die in den Medien Tag für Tag aufgerichtet wurde, und dem, was man in der Redaktion hörte, was wirklich los war, damit kann kein normaler Mensch fertig werden, aber ein junger, ahnungsloser Mensch, der hat auf einmal das Gefühl, er wird in einen Abgrund gestoßen. Und meine Kollegen guckten mich ganz, ganz mitleidig an. *Elisabeth Noelle-Neumann, *1916*

de innerhalb der Partei bereits seit 1926 als Reichstrauertag der NSDAP gefeiert; nach der Fertigstellung des Ehrentempels für die 16 »Märtyrer der Bewegung« am Münchner Königsplatz im Jahre 1935 traten die Parteiformationen hier jeweils zum »letzten Appell« zusammen.

1891 hatte die sozialistische Arbeiterbewegung den 1. Mai zum Festtag aller Länder proklamiert, an dem die internationale Solidarität der Arbeiterschaft und ihre klassenkämpferischen Forderungen zum Ausdruck gebracht werden sollten. Während der Weimarer Republik war es nicht gelungen, diesen Tag als gesetzlichen Feiertag durchzusetzen. Die Nationalsozialisten funktionierten den 1. Mai zum arbeitsfreien »höchsten Fest der Volksgemeinschaft« um. Zuerst auf dem Tempelhofer Feld und später im Zentrum Berlins, im Lustgarten, fand der offizielle Staatsakt statt. Am 1. Mai 1933 marschierten etwa eine Million Menschen auf dem Tempelhofer Feld auf, in einer ausgeklügelten Aufstellung, formiert zum »Massenornament« (Siegfried Kracauer). Nach Stunden erschien Hitler im blendenden Scheinwerferlicht, wetterte gegen Standesdünkel und Klassenwahnsinn und beschwor die völkische Gemeinschaft. Ein Fackelzug und ein riesiges Feuerwerk bildeten den Abschluß. Die Berliner Feier war Vorbild für die Maifeiern außerhalb der Hauptstadt; Hitlers Rede auf der zentralen Feier wurde über Lautsprecher in die einzelnen Orte übertragen.

Beim Erntedankfest sollte die Bedeutung der Landbevölkerung als »Bauern-Adel« im Sinne der Blut- und Boden-Ideologie hervorgehoben werden. Bis 1938 war das Fest mit dem Reichsbauerntag verbunden, der auf dem Bückeberg bei Hameln stattfand. Zentraler Akt war die Übergabe der Erntekrone durch eine Bauernabordnung sowie Reden Hitlers und des Reichsbauernführers Richard Walter Darré.

Den Höhepunkt der nationalsozialistischen Selbstdarstellung aber bildeten die von 1933 bis 1938 jeweils Anfang September in Nürnberg zelebrierten Reichsparteitage. Die eigens dafür gebaute riesige Anlage, die allerdings nur teilweise fertiggestellt werden konnte, schuf eine adäquate Bühne für das Verhältnis zwischen Führer und Volksgemeinschaft: »Die Führung ist allgegenwärtig, denn in jedem Versammlungsraum und auf jedem Aufmarschplatz ist die Stelle, an der der Führer steht, architektonisch besonders hervorgehoben und festgelegt. Immer steht er vor der Versammlung, die, in bestimmter Ordnung aufgestellt, vor ihn marschiert ist. Dieses Auge-in-Auge-Stehen, der Führer vor dem Volk und das Volk vor dem Führer, ist immer die bestimmende Ordnung der Anlage.« (Wilhelm Lotz, »Die Kunst im Dritten Reich«, 1938)

»Lichtdom« auf dem Nürnberger Reichsparteitag 1936. Rund um den Aufmarschplatz waren Flakscheinwerfer aufgebaut, deren Lichtstrahlen in großer Höhe zu einer kuppelähnlichen Fläche verschmolzen. Die Idee stammte von Albert Speer.

Neben Paraden der verschiedenen Parteiorganisationen, von der Hitlerjugend bis zur SS, die sich auf dem Aufmarschgelände zu jeweils riesigen Menschenquadern gruppierten, neben Sportvorführungen, Treuegelöbnissen und Totenehrungen hielt Hitler auf jedem Reichsparteitag eine programmatische Rede. Die Dramaturgie der Inszenierung fand ihren Höhepunkt, wenn Flakscheinwerfer sich zu gewaltigen »Lichtdomen« formierten und damit die Machtdemonstration von Partei und Führer zu einem religiösen Erweckungserlebnis überhöhten. Die entsprechende Berichterstattung, von den Wochenschauen, der Tagespresse und dem Rundfunk über Postkarten, Plaketten, Fotobänden bis hin zu Leni Riefenstahls 1934 gedrehtem Film »Triumph des Willens«, sorgte dafür, daß sich die suggestive Wirkung dieser Massenspektakel über den Tag hinaus entfalten konnte.

Jeder Reichsparteitag erhielt ein spezielles Motto, der letzte im Jahre 1938 hieß nach dem »Anschluß« Österreichs »Reichsparteitag Großdeutschlands«. Ein für 1939 geplanter »Reichsparteitag des Friedens« fand wegen des Kriegsbeginns nicht mehr statt.

»Theater für die Volksgemeinschaft« Thingspiele

Ein regelrechtes »Theater für die Volksgemeinschaft« versuchten die Nationalsozialisten mit der sogenannten Thingbewegung zu etablieren. In Anlehnung an Laien- und Volksschauspiele, wie sie in den zwanziger Jahren auf Marktplätzen, vor Rathäusern und Kirchen und auf Freilichtbühnen aufgeführt wurden, orientierte sich die Thingbewegung am außerordentlichen Erfolg der NS-Massenveranstaltungen. Unter der direkten Aufsicht des Propagandaministeriums organisierte der Reichsbund der deutschen Freilicht- und Volksschauspiele

in Verbindung mit den Gauleitungen der NSDAP und den beteiligten Städten die Durchführung der Spiele. In einer programmatischen Rede vom 8. Mai 1933 an die deutschen Theaterleiter hatte Propagandaminister Goebbels seine Vorstellungen vom neuen Volkstheater entworfen: »Wir Nationalsozialisten werden Volk und Bühne wieder zusammenbringen, wir werden das Theater der Fünfzig- und der Hunderttausend schaffen, werden auch den letzten Volksgenossen in den Bann der dramatischen Kunst ziehen und ihn durch sie immer von neuem für die grossen Gegenstände unseres völkischen Lebens begeistern.«

Auf angeblich vormals germanischen Gerichtsstätten (daher der Name »Thing«), die als riesige Thingplätze ausgebaut werden sollten, wurden unter Beteiligung von Laien eine Art kultische Sprechchordramen aufgeführt. Geplant war ein über das gesamte Reich verteiltes Netz von etwa 400 Thingstätten, so daß jeder größere Ort über eine Anlage für etwa fünf- bis zehntausend Zuschauer verfügt hätte, die als Veranstaltungsort für die Thingaufführungen, aber auch für die lokalen Ableger der nationalen Feiertagskundgebungen und politischen Versammlungen dienen sollten.

Die sinnbildliche Umsetzung der Volksgemeinschaftsidee zeigte sich in Lage und Gestaltung der Thingplätze. Oval- oder kreisförmige Anlagen, bei denen die Bühne und der Zuschauerraum eng verbunden waren, sollten die Gemeinschaft von Publikum und Darsteller untermauern; außerdem waren riesige Aufmarschplätze angegliedert. Der Inhalt der eigens in Auftrag gegebenen Stücke erschöpfte sich meist in einer dramatisierten Version NS-ideologischer Leitsätze. Ende des Jahres 1934 waren bereits sechs Thingplätze fertiggestellt: bei Halle, Heringsdorf, Holzminden, Jülich, Schmiedeberg (in der Dübener Heide) und in Stolzenau. Ende 1935 existierten im Reich 17 Thingplätze, hinzu kamen ungefähr 26 Freilichttheater, Stadien oder Hallen, auf denen Thingaufführungen veranstaltet wurden.

Das Interesse der Bevölkerung jedoch hielt sich in Grenzen, die Spielgemeinschaften – bis auf wenige – schlossen jedenfalls mit Defiziten ab. Vor allem aber wollte das Propagandaministerium den Nationalsozialismus seit 1935 weniger mit kultischen Begriffen verbunden wissen und stellte nun die vorgebliche Wirklichkeits- und Lebensnähe der NS-Idee, den »harten politischen Kampf der Gegenwart« in den Vordergrund.

Goebbels ordnete an, Begriffe wie Thing oder Thingstätte in Verbindung mit der Partei, politischen Veranstaltungen oder staatlichen Unternehmungen zu vermeiden. Nach der Konsolidierung der Macht konnte man offensichtlich auf allzuviel Theatralik und Pathos verzichten.

Um 1937 wurde das offizielle Ende der Thingbewegung erklärt, Freilichttheater jedoch wurden weiterbetrieben, allerdings nur noch gelegentlich auf den Thingplätzen und in erster Linie auf Marktplätzen, Burg- oder Schloßbühnen und Naturtheatern.

Baldur von Schirach, Reichsjugendführer bis 1940, Robert Ley, Führer der Deutschen Arbeitsfront und der Gauleiter von Schlesien, Karl Hanke (v. r. n. l.), begrüßen das Jungvolk der Hitlerjugend-Schule in Wartha, Juni 1943.

Die Jugendorganisationen

Ein enges Netzwerk von Jugendorganisiationen gliederte Kinder und Jugendliche von früh an in die Volksgemeinschaft ein, sofern sie den rassischen Voraussetzungen entsprachen. Vor Angehörigen der Hitlerjugend stellte Hitler im Dezember 1938 in Reichenberg fest: »Diese Jugend, die lernt ja nichts anderes als deutsch denken, deutsch handeln, und wenn nun diese Knaben, diese Mädchen mit ihren zehn Jahren in unsere Organisationen hineinkommen und dort so oft zum erstenmal überhaupt eine frische Luft bekommen und fühlen, dann kommen sie vier Jahre

Jugend im Kriegsdienst: Hitlerjungen in Ostpreußen, angetreten zum Ausheben von Schützengräben, August 1944.

Jugend führt Jugend

SO 36, das ist eine Berliner Gegend, wo die Arbeiterfamilien nie verreist sind. Und wenn dann jungen Menschen, mit 12, mit 14 Jahren, die Möglichkeit geboten wird, auf Reisen zu gehen, dann haben die das als äußerst positiv empfunden und gesagt: »Mensch, mal weg von den Eltern!«, nicht immer: »Das darfst du nicht!«, Vater sagt so, und Mutter sagt so. Jugend führt Jugend, und das war natürlich eine tolle Sache für viele. Und die Fahrten waren immer das, was so sehr gelockt hat. *Gerda Szepanski, *1925*

später vom Jungvolk in die Hitlerjugend, und dort behalten wir sie wieder vier Jahre, und dann geben wir sie erst recht nicht zurück in die Hände unserer alten Klassen- und Standeserzeuger, sondern dann nehmen wir sie sofort in die Partei oder in die Arbeitsfront, in die SA oder in die SS, in das NSKK und so weiter.« Diese lückenlose organisatorische Betreuung sollte eine Entwicklung zu selbständig denkenden und handelnden Individuen von vornherein unterbinden und somit einen homogenen, kontrollierbaren »Volkskörper« schaffen. Ohne Umschweife erklärte Hitler die Wirkung

des Systems auf die Volksgenossen: »Sie werden nicht mehr frei ihr ganzes Leben und sie sind glücklich dabei.«
Auf die nach Geschlechtern getrennten Abteilungen Jungmädel und Deutsches Jungvolk für die 10- bis 14jährigen folgten Bund deutscher Mädel (BDM) und Hitlerjugend (HJ) für die 14- bis 18jährigen und schließlich der Reichsarbeitsdienst (RAD). Nicht nur den jüngeren »Pimpfen« und »Jungmädeln« boten die Organisationen eine ungewohnte Freiheit jenseits der elterlichen und schulischen Autorität, sie stärkten das Selbstwert-

gefühl und bescherten Gemeinschaftserlebnisse, Sport und Spiel mit Gleichaltrigen. Der Slogan »Jugend wird durch Jugend geführt« trug zur besonderen Attraktivität der Hitlerjugend bei. Gerade Mädchen und Frauen empfanden die Freizeitangebote von Jungmädel und BDM vielfach als Befreiung von geschlechtsspezifischen Zwängen, die ihnen außerhalb von Schule und Familie nur wenig Betätigungsmöglichkeiten erlaubten. Als Mädelschaftsführerinnen konnten sie aktiv Verantwortung übernehmen und Führungsqualitäten unter Beweis stellen – ungeachtet der Tatsache, daß ihre künftige Aufgabe die der Gebärerin und Mutter »erbgesunden« Nachwuchses war.

Auch in anderen Massenorganisationen von Staat und Partei erhielten Mädchen und Frauen Gelegenheit, ehrenamtlich oder als bezahlte Funktionärinnen in verantwortungsvollen Positionen für die Volksgemeinschaft zu arbeiten und damit wenigstens indirekt an der alltäglichen Machtausübung teilzuhaben. Insofern empfanden viele Frauen ihre Situation nach 1933 keineswegs als Verschlechterung, vorausgesetzt, sie erfüllten die erbbiologischen und rassischen Auslesekriterien des Regimes.

Wesentliche Bestandteile der NS-Jugendorganisationen stammten aus der Tradition der bündischen Jugend, etwa Freizeitangebote wie gemeinsame Wanderungen, Lagerfeuer oder die Uniformen. Lederknoten und Halstuch, kurze Hosen und Kniestrümpfe vereinheitlichten das Erscheinungsbild und dienten gleichzeitig der äußeren und

Das war die Volksgemeinschaft

Das war toll. Das war toll, wenn sie da an der Spitze von 1000 Mann einmarschiert sind ins Stadion und um sich herum 60.000 Jungs und Mädels. Das war die Volksgemeinschaft, wie wir sie nicht nur verstanden, sondern wie wir sie gelebt haben. Für uns war das Leben außerhalb der sogenannten Volksgemeinschaft gar nicht mehr denkbar. *Eberhard Grüttner, *1914*

inneren Disziplinierung. Wer seinen Pflichten innerhalb der Gemeinschaft nicht nachkam, wurde mit zeitweisem Entzug von Halstuch und Knoten bestraft und damit sichtbar stigmatisiert. Die feierliche Aufnahme in die HJ oder entsprechend andere Gruppierungen erfolgte immer am Geburtstag Adolf Hitlers. Bei den Fahnenappellen wurden Tapferkeit beschworen, und ein bedingungsloser Gehorsam gegenüber der Fahne und dem Führer eingeübt. Auf diese Weise dienten die Nach-

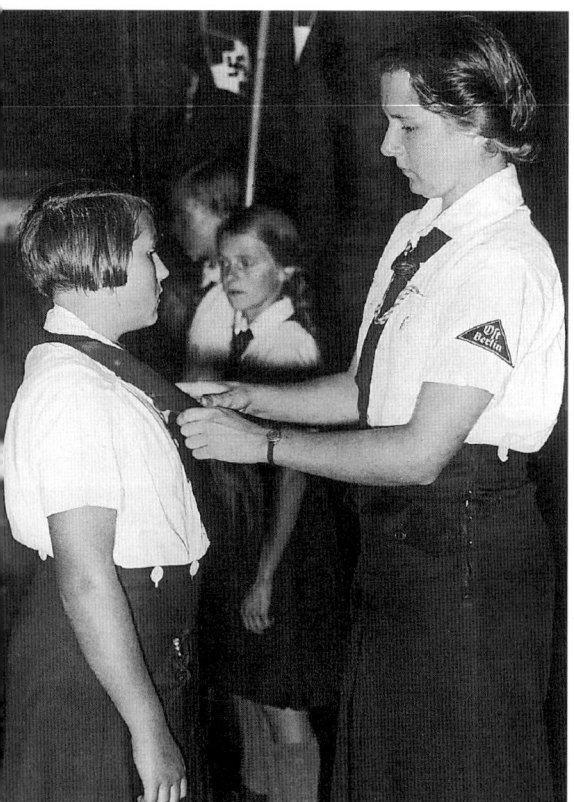

In einer Berliner Turnhalle werden einem Jungmädel »Tuch und Knoten« verliehen, Oktober 1939.

wuchsorganisationen der Militarisierung und Nationalisierung der Jugend. 1934 gehörten bereits 3,6 Millionen Jugendliche in Deutschland der Hitlerjugend an. Ab 1939 wurden alle Jugendlichen von der »Jugenddienstpflicht« erfaßt; mit dieser Zwangsmitgliedschaft gelang es, die Mitgliederzahl schließlich auf etwa 8,7 Millionen zu erhöhen.

Der Reichsarbeitsdienst wurde am 26. Juni 1935 per Reichsgesetz erlassen. Er verpflichtete alle männlichen Jugendlichen ab 18 Jahren zu einem sechsmonatigen Arbeitseinsatz, der weibliche RAD war bis 1939 freiwilllig (für die 17- bis 21jährigen Mädchen gab es noch die BDM-Organisation »Glaube und Schönheit«). Der Arbeitsdienst galt als »Ehrendienst am deutschen Volke« und sollte die deutsche Jugend »im Geiste des Nationalsozialismus zur Volksgemeinschaft und zur wahren Arbeitsauffassung, vor allem zur gebührenden Achtung der Handarbeit« erziehen, wie es im entsprechenden Gesetzestext hieß. Der RAD war keine Einrichtung der NSDAP, sondern eine staatliche Organisation, die dem Reichsminister des Innern und dem Reichsarbeitsdienstführer unterstand. Die Kasernierung im Lager entzog die Jugendlichen für ein halbes Jahr vollständig dem elterlichen Einfluß und bot die Möglichkeit zur paramilitärischen Ausbildung. Es herrschte Uniformierungspflicht, und der Tagesablauf war von morgens bis abends reglementiert. Ein strenger Befehlston und die zahlreichen Appelle, vom Fahnenappell bis zum Fahrradappell vor dem Arbeitseinsatz, dienten der mentalen Vorbereitung auf den Wehrdienst. Auch den jungen Frauen konnten mit Hilfe des RAD soldatische ›Tugenden‹ vermittelt werden, jedoch gab es Unterschiede zwischen männlichem und weiblichem RAD, etwa in der Art der Arbeit. Die »Arbeitsmaiden« wurden hauptsächlich in der Landwirtschaft eingesetzt, die »Arbeits-

männer« bei Moorentwässerungen, Forstarbeiten oder auch beim Straßenbau. Mit den Einsatzorten im ländlichen Bereich propagierten die Nationalsozialisten ein Gegenbild zum städtischen Industriearbeiter. Das Emblem des RAD – ein Spatenblatt, von zwei ›Kornähren flankiert – symbolisiert eine rückwärtsgewandte, an der Agrarromantik orientierte Arbeitsideologie.

Das Lager als Modell

Bei der Vorbereitung auf das reibungslose Funktionieren innerhalb der Volksgemeinschaft spielte die Organisationsform des Lagers eine maßgebliche Rolle. Lager schienen am besten geeignet, den Individualismus der »Systemzeit« zu überwinden. Die Lagergruppe wurde praktisch zum Modell der Volksgemeinschaft. 1935 erschien in der Zeitschrift Volksschulwart ein programmatischer Beitrag von Lorenz Bayerl mit dem Titel »Die erzieherische Bedeutung des Lagergedankens«. Darin werden alle NS-Organisationen – von der Hitlerjugend bis hin zur Wehrmacht – auf einen gemeinsamen inhaltlichen und formalen Nenner gebracht: »Alle diese neuen Erziehungseinrichtungen bedienen sich zweier Formen, um ihre erzieherische Aufgabe – Zusammenschweißung aller Volksgenossen, ganz gleich welchen Standes und Bildungsgrades, zu einer auf Gedeih und Verderb zusammenhaltenden Volksgemeinschaft – leichter erfüllen zu können, nämlich der Kolonne und des Lagers.«

Sowohl die alltäglichen Verrichtungen (Arbeiten, Essen, Körperpflege, Schlafen) und die Unterwerfungssrituale (Fahnenappelle) als auch die besonderen Aktivitäten (Kameradschaftsabende, Ausflüge) geschahen gemeinschaftlich. Im Lager wurde die Volksgemeinschaft reale Praxis. Das Leben in der Gruppe war scheinbar egalitär, die ununterbrochene soziale Kontrolle durch andere Gruppenmitglieder und das Fehlen von Rückzugsmöglichkeiten verhinderten abweichendes Verhalten. Doch das Lager diente nicht allein als Ort der Formierung und Erziehung, sondern war auch Stätte der Aussonderung und »Ausmerze«.

Lager für die »Volksfeinde«

In den Konzentrationslagern, die seit 1933 in ständig wachsender Zahl eingerichtet wurden, sollte die »negative Auslese« bestraft und diszipliniert werden: Rassisch, politisch und sozial Uner-

Morgendlicher Fahnenappell in einem Lager für den weiblichen Reichsarbeitsdienst in Baden, 1940. Appelle gehörten zu den wichtigsten täglichen Lagerritualen, der entsprechende Appellplatz befand sich jeweils im Zentrum des Lagergeländes.

wünschte erklärte der NS-Staat pauschal zu Gegnern des Regimes, zu Volksfeinden. Bereits bis zum 31. Juli 1933, so die offiziellen Angaben des Reichsinnenministeriums, waren rund 27.000 Menschen inhaftiert worden. Aus der Bevölkerung kam angesichts der Willkür und des Terrors, der sich schon in den ersten Konzentrationslagern manifestierte, kaum Protest oder gar Widerstand – womöglich saßen jene, die dazu fähig und bereit gewesen wären, selbst in den Lagern. Gegenüber der Öffentlichkeit wurde die Existenz der Lager keineswegs geleugnet, sondern ihre Bedeutung für die Volksgemeinschaft hervorgehoben; zugleich waren entsprechende Berichte in der Tagespresse, in Illustrierten und Broschüren eine unmißverständliche Warnung für die Bevölkerung. Bis etwa 1936 stellte die NS-Propaganda Konzentrationslager als Mittel der »Säuberung« des Volkskörpers und Erziehungsinstitution für »Volksschädlinge« dar. Stundenlange Appelle, oft morgens und abends, gehörten ebenso zum Lageralltag wie drakonische Strafen für kleinste Verstöße gegen die Lagerregeln. Ein Bildbericht über das KZ Dachau etwa, abgedruckt am 3. Dezember 1936 im Illustrierten Beobachter, gibt »Einblicke in die strenge Zucht des Lagerlebens und in den harten Dienst der SS, die hier auch Wacht steht im Dienst der Volksgemeinschaft, zum Wohle der Nation«. Gerechtfertigt wird die Existenz des Lagers unter Hinweis auf die Insassen: »eine Auslese asozialer Elemente, rückfällige politische Wirrköpfe, Landstreicher, Arbeitsscheue und Säufer (...) Emigranten und jüdische Volksschädlinge, sittliche Verbrecher aller Art und eine Gruppe Berufsverbrecher.« Von den meisten von ihnen habe »eine soziale Gemeinschaft nichts Gutes zu erwarten«. Zum Zeitpunkt des Berichts im Jahre 1936 begann die SS bereits mit der Planung und Errichtung neuer Konzentrationslager (Sachsenhausen

1936, Buchenwald 1937, Flossenbürg und Mauthausen 1938, Ravensbrück 1938/39). Nachdem anfangs die politische Repression Hauptzweck der Lager gewesen war, stand nun die »völkische« Sozialpolitik im Vordergrund, die dauerhafte Internierung von Menschen aus rassenpolitischen Gründen. Vor allem für Juden, Sinti und Roma gab es

> ### Jetzt schmeißen sie das kleine Kind da auf den Wagen
>
> Wir haben ja gesehen, wie sie die Juden abholten, die Kleinen, die uns lieb waren, die mit uns lebten wie andere auch. Mein Vater – das war im Morgengrauen –, der stand am Fenster, hinter der Gardine, sah das und sagte: »Jetzt schmeißen sie das kleine Kind da auf den Wagen, und die alte Frau, die kommt da gar nicht hoch, der haben sie die Krücken weggenommen – Eigentlich müßte man da runter gehen und was sagen.« Aber meine Mutter, die hat ihn mit angstgeweiteten Augen angesehen. »Ja, ja, geh du da man runter. Überlegst du dir, was du da sagst? Du bist der Nächste, der auf dem Wagen liegt, wenn du dagegen einschreitest!« Mein Vater hat mit den Achseln gezuckt. Klar, was sollte er gegen die, die sie da abholten, ausrichten? »Naja,« sagte er, »man hätte früher...« Aber früher...   *Gerda Szepanski, * 1925*

von vornherein keine Chance, jemals in die Volksgemeinschaft integriert zu werden, statt dessen wurde der Terror gegen sie immer brutaler. Doch wurde die Arbeitskraft der »Volksschädlinge« weiterhin für die Gemeinschaft, vor allem aber für die Vorbereitung des Krieges in Anspruch genommen und ausgebeutet.

Es scheint, als habe sich das gesamte Deutsche Reich in den dreißiger Jahren zu einer riesigen Lagerzone entwickelt, in der das »Menschenmaterial« entweder geformt und »veredelt« oder verbraucht und zerstört werden sollte. Und ganz Deutschland befand sich im Dauerzustand des Appells.

Volksgemeinschaft als Leistungsgemeinschaft

Die Umorientierung der Wirtschaft auf die Produktion von Rüstungsgütern, namentlich im Vierjahresplan von 1936 festgeschrieben, wurde von sozialpolitischen Absicherungsmaßnahmen begleitet, wobei die Industriekonzerne eng mit der NS-Führung zusammenarbeiteten. Genau einen Tag nach dem spektakulär inszenierten 1. Mai 1933 besetzten SA-Leute reichsweit die Gewerkschaftshäuser, führende Gewerkschafter wurden inhaftiert. Mit der am 10. Mai 1933 unter Führung von Robert Ley gegründeten »Deutschen Arbeitsfront« (DAF) sollte die Aufhebung der sozialen Schranken zwischen Arbeitnehmer und Arbeitgeber vollzogen werden, in Wirklichkeit diente diese Zwangsgewerkschaft der Kontrolle der Arbeiterschaft. Die DAF propagierte die »Bildung einer wirklichen Volks- und Leistungsgemeinschaft aller Deutschen«. Die einzelnen Ämter und Aktivitäten der

DAF (Reichsberufswettkämpfe, Vergabe der Auszeichnung »NS-Musterbetrieb«, »Schönheit der Arbeit« usw.) sollten kollektive und individuelle Leistungsbereitschaft der Arbeitnehmer anregen. »Arbeit adelt«, hieß die Devise, während der nicht Leistungsfähige oder -willige mit dem Stigma des »Arbeitsscheuen« oder »Asozialen« belegt wurde.

> ### Zeugnis für die »Vorbildliche Hausfrau«
>
> Das hat den Frauen doch imponiert, denn Hausfrau und Mutter war ja immer so ein bißchen von der Gesellschaft – naja, Hausfrau, was ist denn schon eine Hausfrau. Aber die Nazis haben die Hausfrauen auf eine hohe Stufe gestellt, und das war für viele ein Grund, sie auch sympathisch zu finden. Es gab so Lehrgänge, und da gab es ein Zeugnis für die »Vorbildliche Hausfrau«. *Gerda Szepanski, * 1925*

Das DAF-Amt »Schönheit der Arbeit« kümmerte sich um die Gestaltung von Werkshallen, Kantinen, betriebseigenen Sportstätten und Erholungszonen. Leistungsprämien, Werksrenten oder der verstärkte Bau von Werkswohnungen wurden von vielen Arbeitnehmern als Verbesserungen der Arbeitswelt empfunden.

Schließlich integrierte die NS-Sozialpolitik auch den Freizeitbereich, etwa mit der NS-Gemeinschaft »Kraft durch Freude«, eine Art Vorläufer des modernen Massentourismus. Zwar blieben Arbeiter bei den Reise-, Bildungs- und Unterhaltungsangeboten unterrepräsentiert, und die propagandistisch in den Mittelpunkt gerückten Kreuzfahrten nach Madeira oder Italien konnten nur wenige in Anspruch nehmen; doch entsprachen solche Angebote realen Bedürfnissen und vermittelten den Arbeitnehmern das Gefühl, die Volksgemeinschaft erfordere nicht nur Pflichten und Leistungen, sondern gewähre auch Rechte und Belohnungen.

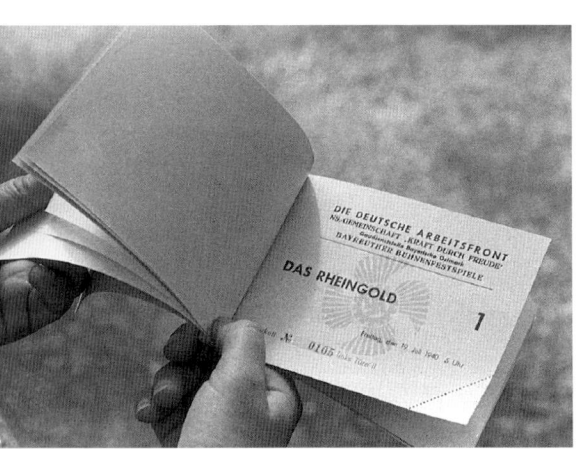

Gutscheinheft der DAF für die Bayreuther Festspiele 1940. Eingeladen waren Beschäftigte aus Rüstungsbetrieben.

»Ballastexistenzen«

Selbstverständlich waren die Bereiche Arbeit und Soziales den bevölkerungspolitischen Zielen der Nationalsozialisten untergeordnet. Alle Aktivitäten galten nur den »rassereinen«, den leistungsfähigen, »wertvollen« Mitgliedern der Volksgemeinschaft. Auch der »Ausländereinsatz« für die Kriegswirtschaft – die Beschäftigung von teils angeworbenen, größtenteils gewaltsam verschleppten Arbeitskräften und Kriegsgefangenen aus den besetzten Ländern – unterlag einer rassisch definierten Hierarchie: Ganz oben rangierten die Arbeiter aus den verbündeten Nationen und die Angehörigen »germanischer Rassen«; am unteren Ende standen Polen und sowjetische »Ostarbeiter«, die in eigenen, bewachten Lagern untergebracht waren, eine Kennzeichnung tragen mußten und denen ein privater Kontakt mit den Deutschen strengstens untersagt war.

Rassenpolitische und volkswirtschaftliche Aspekte lagen auch der Ausgrenzung bestimmter Minderheiten der eigenen Bevölkerung zugrunde. Vor allem die Vertreibung der jüdischen Deutschen erwies sich als überaus gewinnbringend: Von der Ausschaltung der Konkurrenz und der Aneignung (»Arisierung«) jüdischen Eigentums profitierten zahllose »Volksgenossen«. Der Rassismus der Nationalsozialisten hatte keineswegs nur eine ideologische, sondern auch eine pragmatische und finanzielle Komponente. Unproduktive und kostenverursachende »Ballastexistenzen« sollten den »gesunden Volkskörper« nicht länger belasten. »Asoziale« und »Arbeitsscheue« wurden in Konzentrationslagern interniert, bereits seit 1933 reduzierten die Behörden Pflegemaßnahmen für psychisch Kranke und Behinderte, Insassen von Altersheimen und Fürsorgezöglinge. Sonderschullehrer sollten ihre Aufgabe »weniger in methodisch pädagogischer, sondern in rassehygieni-

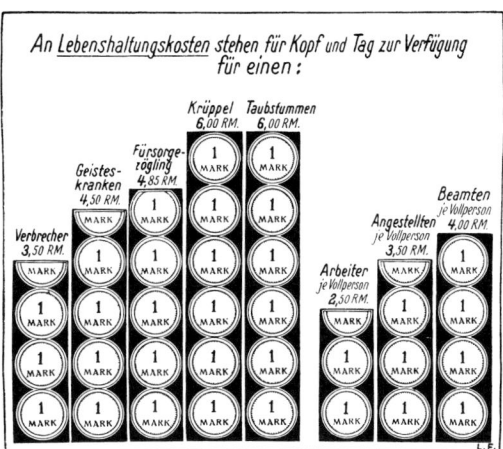

Tabelle mit einer Aufstellung der Lebenshaltungskosten im Rahmen der NS-Kampagne gegen »lebensunwertes Leben«.

scher, volkswirtschaftlicher und völkischer Richtung« sehen: »Unsere Hauptaufgabe hat darin zu bestehen, in ernster, verantwortungsbewußter Arbeit dafür zu sorgen, daß das in unseren Schulanstalten noch reichlich vorhandene für die Zukunft unserer Nation völlig untaugliche Schülermaterial, das die gesunde deutsche Jugendkraft zu erdrosseln drohte, ausgemerzt und daß das Volksvermögen, das duch unverantwortlich hohe, unnütze Ausgaben verschleudert wurde, vor weiterer Ausbeutung geschützt wird. (...) Wir Sonderschullehrer begrüßen daher mit großer Freude das Gesetz zur Verhütung erbkranken Nachwuchses« (Reichszeitung der deutschen Erzieher, Nr. 8, 1934). Zwangssterilisationen und schließlich die »Euthanasie«-Aktion, bei der zwischen Ende 1940 und Mitte 1941 etwa 122.000 Menschen systematisch ermordet wurden, kennzeichneten das NS-Prinzip der eugenischen »Auslese«.

Opfergaben

Dieses Selektionsprinzip galt auch für die NS-Volkswohlfahrt (NSV), neben der DAF die größte nationalsozialistische Massenorganisation. Rassisch, eugenisch oder sozial Ausgegrenzte wurden der öffentlichen Minimalfürsorge überlassen. Nicht Bedürftigkeit, sondern der »Wert« des Hilfsbedürftigen für das »Volksganze« war entscheidend. An die Stelle von Mitgefühl für alle Lebewesen trat die Opferbereitschaft für die »rassenreine« Volksgemeinschaft. NSV-Kindergärten, das von der NSV organisierte Hilfswerk für Mutter und Kind oder die Kinderlandverschickung kamen deshalb nur den »rassisch Wertvollen« zugute.

Am 13. September 1933 wurde die erste Sammelaktion für das Winterhilfswerk (WHW) ausgerufen. Die WHW-Idee hatte zwar Vorläufer in der Weimarer Republik, wurde jedoch als originäre Idee des Führers zur Bekämpfung der Folgen der

hohen Arbeitslosigkeit ausgegeben. Im Jahr 1933/34 kamen Geld- und Sachspenden im Wert von 358 Millionen Reichsmark zusammen, im Jahr 1941/42 waren es über 1,2 Milliarden. Die Spendenbereitschaft der Deutschen war allerdings nicht nur ihrer Solidarität, sondern auch dem enormen propagandistischen Aufwand der WHW-

Eintopfsonntage

›Eintopfsonntage‹ war ja eine Aktion der NS-Volkswohlfahrt, das war eine Teilorganisation der NSDAP. Man sollte dann eben das, was man beim Eintopf spart, für die Winterhilfe oder für andere Dinge spenden. Es gab Listen. Mit diesen Listen waren die Hauseigentümer ausgestattet worden. Man mußte dann von Tür zu Tür gehen, und die Leute mußten sich in diese Listen eintragen. Meistens ist man zu dem gegangen, von dem man wußte, daß er am meisten spendet. Der trug sich dann mit seinem Namen und mit zwei Mark oder drei Mark ein. Und dann sagten andere. »Naja, dann kann ich nicht 20 Pfennig spenden, dann muß ich auch eine Mark geben.« Und dadurch sind natürlich Sammelergebnisse erzielt worden, die ziemlich hoch waren.   *Heinz Schön, *1926*

Aktionen zu verdanken. Und es wurde ein öffentlicher Druck erzeugt: Die bekannten WHW-Plaketten waren ein sichtbarer und notwendiger Ausweis für die geforderte Opferbereitschaft. Die Motive der Anstecker – betont unpolitisch gehalten – versuchten, die nationale Identität und das Selbstwertgefühl der Volksgemeinschaft zu stärken: Porträtgalerien berühmter Deutscher von Dürer über Goethe bis Hitler oder die idyllische Darstellung bäuerlichen Lebens transportierten auf subtile Weise die NS-Ideologie von der Höherwertigkeit der Deutschen und ihrer großen historischen Vergangenheit.

Rassekundeunterricht in einem Schulungslager für Schulhelferinnen in Nutringen, 1943

Mobilisierung des »fanatischen Siegeswillens«

In den Jahren nach der Machtübernahme war es dem NS-Regime gelungen, den geplanten Krieg volkswirtschaftlich und wehrtechnisch vorzubereiten und dabei gleichzeitig die Bedürfnisse der (»arischen«) Bevölkerung nicht zu vernachlässigen. Offensichtlich waren Führer-Mythos, Volksgemeinschaftsideologie und der Traum vom großdeutschen Reich durchaus auf Resonanz gestoßen. Sofern sie sich nicht in einer der zahlreichen Organisationen aktiv beteiligten, kennzeichnete zumindest eine passive Loyalität die Mehrzahl derer, die sich zu den deutschen Volksgenossen zählen durften. Der totalitäre Formierungsprozeß war weit fortgeschritten. Auch der zunehmende Umfang der Aufrüstung seit dem Vierjahresplan von 1936 änderte daran wenig. Den Höhepunkt der Popularität des Führers stellte der »Anschluß« Österreichs am 13. März 1938 dar. Die Propagandaparole »Ein Volk – Ein Reich – Ein Führer« schien sich zu erfüllen; die anschließende Einverleibung des Sudetenlandes und schließlich die Einrichtung des »Protektorats Böhmen und Mähren« ließen Hitler als großen Staatsmann und Imperator erscheinen, der die »Rückeroberung alten deutschen Lebensraumes« tatsächlich verwirklichte.

Plakat zum Eintopfsonntag des Winterhilfswerks, 1. Oktober 1933. Jeweils am ersten Sonntag der Monate Oktober bis März sollten alle Bürger mittags nur ein Eintopfgericht für 0,50 Reichsmark essen und den eingesparten Betrag spenden.

2

Sparen, Schuften und Denunzieren

Mit dem Überfall auf Polen sahen viele Deutsche den inzwischen erreichten Wohlstand in Gefahr, und die Kriegsbegeisterung im September 1939 blieb eher verhalten. Auch war die Erinnerung an den Ersten Weltkrieg in Deutschland noch lebendig. Unmittelbar nach Beginn des Krieges wurde die Zivilbevölkerung bereits mit spürbaren Zwangsmaßnahmen konfrontiert: Rationierung von Lebensmitteln, Kürzung der Löhne bei gleichzeitiger Aufhebung der geltenden Arbeitszeitregelungen oder Betriebsstillegungen zugunsten kriegswichtiger Betriebe. Gleichzeitig verschärfte die NS-Führung die geltende Strafgesetzgebung und damit

> ### Eine Seite mit Witzen gegen Hitler
>
> Wir hatten einen Bekannten, der arbeitete beim Berliner Rundfunk, und der hatte einen Witz erzählt, nicht nur erzählt, er hatte ihn schriftlich – so eine Seite mit Witzen gegen Hitler – und die hat er weitergegeben. Der ist zum Tode verurteilt worden, obwohl er eine Frau und drei kleinere Kinder hatte. Und ich muß sagen, so etwas sprach sich einfach rum. Ja, das hat natürlich dazu geführt,daß man sich selber lieber auf die Lippen gebissen hat, als irgendeinen Witz zu erzählen.   *Gerda Szepanski, *1925*

die Repressionen gegen »innere Feinde«. Der Tatbestand der »Wehrkraftzersetzung« etwa, der bereits 1938 erlassen worden war, wurde nach Kriegsbeginn erweitert. Wer privaten Kontakt mit Kriegsgefangenen hatte, machte sich der Wehrkraftzersetzung schuldig, ebenso wer ausländische Sender abhörte. Der Begriff Volksschädling, bisher eine allgemeine Bezeichnung für Menschen, welche die Volksgemeinschaft und den Nationalsozialismus angeblich gefährdeten, galt nun offiziell für Straffällige, die ihre Taten unter

Ausnutzung des Kriegszustandes begangen hatten; gemeint waren beispielsweise Diebstähle während eines Fliegeralarms. Dafür drohte die Todesstrafe. Auch für sogenannte Kriegswirtschaftsverbrechen, zumeist Schwarzschlachtungen, Horten von Lebensmitteln oder Bezugsscheinbetrug, konnte seit dem 4. September 1939 die Todesstrafe verhängt werden.

Die Sondergerichte, die in einem beschleunigten Verfahren aburteilen sollten und schon 1933 hauptsächlich zur Bestrafung von Kritikern des NS-Regimes eingerichtet worden waren, erhielten nun weitreichende Kompetenzen. Sie kümmerten sich vornehmlich um die zahllosen, durch Denunziationen aus der Bevölkerung in Gang gekommenen Verfahren. Die gezielte Förderung des Denunziantentums, die vorgeblich der Erhaltung der Volksgemeinschaft diente, verstärkte die soziale Kontrolle innerhalb der Bevölkerung und wurde nicht selten auch für private Racheakte genutzt; schnell konnte ein Volksgenosse zum Volksfeind abgestempelt werden. Auch dies verdeutlicht, daß die Volksgemeinschaft als solidarische Gemeinschaft von Bürgern nicht existierte, sondern in Wirklichkeit auf Bespitzelung, Mißtrauen und der permanenten Furcht vor Ausgrenzung basierte.

Für die im Reich verbliebenen jüdischen Deutschen bedeutete der Kriegsbeginn eine weitere Verschlechterung ihrer Situation. Ihre Lebensmittelzuteilungen wurden gekürzt und durften nur in speziellen Geschäften eingelöst werden. Seit März 1940 wurden die Lebensmittelkarten mit einem »J« gekennzeichnet. Die Einziehung ihrer Radiogeräte, der Wegfall der Kleiderkarte, Ausgangssperren oder die Kündigung ihrer Telefonanschlüsse Ende September 1940 sind nur einige der Maßnahmen, mit denen die Ausgrenzung und Kriminalisierung der Juden als Feinde der Volksgemeinschaft vollzogen wurde.

Nach dem englischen Luftangriff vom 19./20. Juli 1940 auf Rothenburgsort mußten zahlreiche Familien evakuiert werden. Die Essenausgabe an die Betroffenen wurde publikumswirksam inszeniert, um die Ängste der Bevölkerung zu zerstreuen.

2

»Ein ganzes Volk ist jetzt im Kampf«

Die »Blitzkrieg«-Strategie der deutschen Wehrmacht zwischen 1939 und Sommer 1941, mit der
nacheinander Polen, Dänemark und Norwegen, die
Niederlande, Belgien, Frankreich und schließlich
Jugoslawien und Griechenland unterworfen werden konnte, verschaffte Hitler zunächst das Vertrauen vieler Deutscher und nährte die Hoffnung
auf einen schnellen »Endsieg«. Knapp vier Monate
nach dem deutschen Überfall auf die Sowjetunion,
am 3. Oktober 1941, beschwor Hitler wieder einmal das Zusammenwirken von Wehrmacht und

Zivilbevölkerung: »Wenn ich Ihnen aber nun so
nur in wenigen Sätzen ein Bild der einmaligen Leistungen unserer Soldaten gebe und all derer, die
heute hier im Osten kämpfen oder tätig sind,
dann möchte ich auch den Dank der Front der
Heimat übermitteln (...) Denn hinter dieser Front
des Opfers, des Todesmutes und des Lebenseinsat-
zes steht ja auch eine Front der Heimat, eine
Front, die gebildet wird von Stadt und Land (...)
Wir können wirklich sagen, zum erstenmal in der
Geschichte: ein ganzes Volk ist jetzt im Kampf,
teils an der Front, teils an der Heimat.« Mit orga-

Nach dem erfolgreichen Frankreichfeldzug gab es in vielen deutschen Städten Siegesparaden. Wie hier in Hamburg wurden
die heimkehrenden Soldaten von der Zivilbevölkerung offensichtlich stürmisch gefeiert und mit Blumen begrüßt.

nisierten Briefschreibeaktionen auf speziellen Vordrucken oder den Aufrufen zum Versenden von Feldpostpäckchen an unbekannte Frontsoldaten sollte der emotionale Kontakt zwischen Soldaten und Zivilbevölkerung intensiviert werden. Ein anderes Mittel, um das Zusammengehörigkeitsgefühl zwischen Front und Heimat zu stärken, waren die zwischen 1939 und 1944 im Rundfunk ausgestrahlten sonntäglichen Wunschkonzerte. Zwischen Schlagern und Volksliedern konnten Grüße von Soldaten an die Familienangehörigen und umgekehrt übermittelt werden. Den Höhepunkt stellte der Programmteil »Geburtenregister« dar, der mit Säuglingsgeschrei eingeleitet wurde, und in dem Soldaten von der Geburt ihrer Kinder erfuhren. Propagandaminister und Wehrmacht kontrollierten die Sendungen vor der Ausstrahlung. Mit den »Sondermeldungen«, die das jeweilige Programm unterbrachen, wurde die Heimatfront zudem laufend über die Erfolge der Wehrmacht informiert.

Doch auf die Wirkung derartiger Meldungen oder die Denunziationsbereitschaft allein wollte sich die NS-Führung nicht verlassen. Seit Ende 1939 fertigte der Inlandsnachrichtendienst zwei- bis dreimal wöchentlich Berichte für die NS-Führung an. Die »Meldungen aus dem Reich« sollten Aufschluß über die Stimmung innerhalb der Bevölkerung, deren Reaktionen auf bestimmte Kriegsereignisse und Propagandaaktionen geben und wurden einem Kreis von wichtigen Parteifunktionären vorgelegt. Die Dienststellen und Vertrauensleute des Sicherheitsdienstes (SD) der SS waren für die Abfassung der Berichte zuständig, unterstützt von den Blockleitern der NSDAP, die die Bewohner in den ihnen unterstellten Wohnblöcken (im allgemeinen etwa 40 bis 60 Haushalte) zu bespitzeln hatten und ihrerseits über zahlreiche Zuträger verfügten.

Lale Andersen beim Wunschkonzert, 1943. Mit dem Lied »Lili Marleen« wurde sie zur populärsten Sängerin der NS-Zeit.

Nach der Niederlage bei Stalingrad

Aus den Stimmungsberichten des SD geht hervor, daß sich der Glaube an einen raschen Sieg nach dem Überfall auf die Sowjetunion am 22. Juni 1941 und dem darauffolgenden Winter allmählich verflüchtigte. Spätestens mit der deutschen Niederlage bei Stalingrad im Januar 1943 war die Kriegswende offensichtlich. Die Flächenbombardements der Alliierten seit 1942, deren erklärtes Ziel die Demoralisierung der Zivilbevölkerung war, verwandelten die Volksgemeinschaft in eine Bunkergemeinschaft. Im SD-Bericht Nr. 349 vom 11. Januar 1943 heißt es: »Die Luftangriffe, die besonders in den letzten Tagen auf verschiedene Städte erfolgten, lösten (...) erhebliche Bedrückkung aus. Namentlich sind es die Frauen, bei denen sich wiederholt fast verzweifelte Stimmen über das Ausmaß der Luftangriffe und der dadurch bedingten Zukunftsaussichten bemerkbar machten.« Auch die Luftabwehr schien nicht mehr zu funktionieren: »Besorgte Stimmen werden in den betroffenen Gebieten auch darüber laut, daß die Flaksicherung angeblich in letzter Zeit bedeutend vermindert worden sei.«

Die Verordnung zur »Heranziehung von Schülern zum Kriegshilfeeinsatz der deutschen Jugend in der Luftwaffe« vom Januar 1943 verpflichtete Schüler ab dem Jahrgang 1926 zum Hilfsdienst an Flakgeschützen der Luftwaffe und der Marine.

Mit solchen Plakaten wurde die Zivilbevölkerung aufgefordert, ihren Beitrag für den »Endsieg« zu leisten.

Im Sommer 1944 sollen etwa 56. 000 Luftwaffenhelfer im Einsatz gewesen sein.

Die Ausrufung des »totalen Krieges« durch Joseph Goebbels am 18. Februar 1943, die auf einer Großkundgebung im Berliner Sportpalast noch einmal massenwirksam inszeniert wurde – 18 Tage nach der Kapitulation der 6. Deutschen Armee in Stalingrad – brachte weitere Belastungen für die Zivilbevölkerung: die Dienstverpflichtung von Männern (vom 16. bis zum 65. Lebensjahr) und für Frauen (vom 17. bis zum 45. Lebensjahr) für »Aufgaben der Reichsverteidigung«. Zahlreiche nicht kriegswichtige Handelsbetriebe und Gaststätten wurden geschlossen, ebenso Theater und andere Unterhaltungsstätten. In den Rüstungsbetrieben mußten die Beschäftigten teilweise bis zu vierzehn Stunden arbeiten, trotz des Einsatzes der größtenteils zwangsweise verpflichteten ausländischen Arbeiter und Kriegsgefangenen, deren Zahl bis zum Herbst 1944 auf fast 7,8 Millionen anwuchs (hinzu kamen etwa 500.000 KZ-Häftlinge).

Der Führer bleibt unsichtbar

Es machte die besorgniserregende Situation nicht einfacher, daß sich Hitler nur noch selten in der Öffentlichkeit zeigte. Die Berichterstattung in der Presse oder in den Wochenschauen präsentierte ihn seit Kriegsbeginn zumeist nur noch im Kreise von Soldaten, als genialen Feldherrn, Eroberer von Feindesland oder fürsorglichen Truppen- und Lazarettbesucher; die Begegnungen zwischen Führer und Volksgemeinschaft hingegen fanden immer seltener statt. Auch Bilder aus dem Privatleben Hitlers wurden aus den Medien verbannt. Dem Volk sollte ein stets für den Sieg arbeitender Führer präsentiert werden: »Der Führer fordert von keinem Deutschen mehr, als er selbst jederzeit zu geben bereit«, war im Völkischen Beobachter am 20. September 1939 zu lesen. Mit dem Beginn des Rußlandfeldzuges aber war von Siegen und Eroberungen immer seltener zu berichten. Die Ikone Hitler hatte ihren festen Platz in den Köpfen der Deutschen, doch die bildliche Präsenz des Staats- und Parteiführers in der Öffentlichkeit ging immer mehr zurück. Die allmähliche Entfremdung Hitlers von seinem Volk stellte die Propaganda vor große Probleme. Die illustrierte Presse mußte auf ältere Führerbilder zurückgreifen, die Abwesenheit des Idols war zunehmend erklärungsbedürftig. Goebbels versuchte, Hitler als Inbegriff des Opferwillens und der Pflichterfüllung zu präsentieren: »Der Führer hat seit Beginn des Krieges und lange vorher nicht einen Tag Urlaub gehabt. Wenn also der erste Mann im Staate seine Pflicht so verantwortungsvoll auffaßt, dann muß das für jeden Bürger und Bürgerin des Staates eine stumme, doch unüberhörbare Aufforderung sein, sich auch danach zu richten«, erklärte Goebbels in seiner Rede zum »totalen Krieg«.

Im März 1943 erschien im Völkischen Beobachter die letzte Aufnahme von einem Truppenbesuch Hitlers. Vorausgegangen war die Rückeroberung Charkows durch deutsche Panzerdivisionen und eine SS-Panzergrenadierdivision. Die SD-Berichte fielen daraufhin etwas zuversichtlicher aus, anscheinend glaubte die Bevölkerung für kurze Zeit an eine Wendung zum Positiven. Aber immer wieder verlangte sie auch nach unmittelbarem Kontakt mit ihrem Führer. In den »Meldungen aus dem Reich« vom 19. April 1943 heißt es: »Von positiven und urteilsfähigen Volksgenossen werde darauf hingewiesen, daß es nicht gut sei, wenn der Führer allzulange ›unsichtbar‹ bleibe. Das Volk wolle sein nahes, persönliches Vertrauen zum Führer dadurch bestätigt sehen, daß es recht oft etwas von ihm mitgeteilt erhalte.« Goebbels sah schließlich sogar eine »Führerkrise« heraufziehen und befürchtete eine ernste Schwächung des

»Führerglaubens«. Auf den veröffentlichten Bildern wurde der genaue Aufenthaltsort Hitlers deshalb meist nicht angegeben. Das Volk sollte glauben, der Führer weile von früh bis spät in seinem Führerhauptquartier im Osten.

Der Bombenkrieg über Deutschland

Mit der Ausweitung des Bombenkrieges gegen Deutschland wurden die Geheimberichte des SD immer pessimistischer, und der Leserkreis mußte eingeschränkt werden, um dem gefürchteten Defätismus nicht auch noch in den eigenen Reihen Vorschub zu leisten. Allein im Monat März 1943 gingen über Deutschland 130.000 Tonnen Bomben nieder; dies war mehr als die deutsche Luftwaffe während des gesamten Krieges eingesetzt hat. Ende Juli 1943 kostete die »Operation Gomorrha« der alliierten Bomberverbände, die in

> **Und hier war es mausestill**
>
> Der beherrschende Eindruck war die ungewöhnliche Stille in einem Stadtteil, der sonst von pulsierendem Leben erfüllt ist. Und hier war es mausestill. Wir haben ganze Menschenhaufen gefunden, die hinter einer Hausecke Schutz gesucht hatten und vom Feuer erfaßt worden sind. Die sind abgebrannt, da waren nur noch ein paar Schädelknochen und ein paar Beinknochen, sonst ist alles andere weg gewesen. Aber eine Demoralisierung der Bevölkerung, so wie sich die Alliierten das vorgestellt hatten, und wie es ihr Bombenziel war, das habe ich nicht so erlebt. *Hans Brunswig, *1908*

Hamburg orkanartige Feuerstürme auslöste, mehr als 30.000 Einwohnern das Leben. Trotz der akuten Bedrohung des eigenen Lebens, der Zerstörung historischer Städte, den unzähligen Gefallenenmeldungen von der Front, trotz Lebensmittelknappheit, Kohlenmangel und Obdachlosigkeit: Offener Widerstand an der Heimatfront blieb die Ausnahme, Apathie hingegen die Regel. Die wenigen Menschen, die versuchten, gegen die Barbarei des Regimes vorzugehen, fanden offensichtlich keine Unterstützung in der Bevölkerung. Ein SD-Bericht kurz nach dem 20. Juli 1944 bestätigt diese Annahme, wenn auch die »Meldungen aus dem Reich« zunehmend von Schönfärberei geprägt gewesen sein mögen: »Die Bevölkerung atmet erleichtert auf, daß der Führer dem Anschlag nicht zum Opfer fiel. Fast durchweg ist die Bindung an den Führer vertieft und das Vertrauen zur Führung gestärkt worden, die sich als

Trotz vernagelter Ladenfronten wurden zum 54. Geburtstag Hitlers die Hakenkreuzfahnen gehißt, 1943.

Herr der Lage gezeigt hat. (...) Dagegen macht sich allgemein eine Erhöhung des Kampfgeistes und des Willens zum unbedingten Durchhalten bemerkbar.« (SD-Bericht vom 28. Juli 1944)

Zuverlässige Informationen über die Situation an der Front wurden der Bevölkerung allerdings nach wie vor systematisch vorenthalten. Inwieweit die Menschen deshalb das verbotene Abhören von Feindsendern praktizierten, läßt sich nur schwer überprüfen. Auch die von den Alliierten in immer größerer Zahl abgeworfenen Flugblätter waren eine verbotene, aber begehrte Informationsquelle. Mit Angaben über die Stärke der feindlichen Verbände und der Entlarvung von deutschen Propagandalügen über angebliche militärische Erfolge versuchten die Alliierten, den Durchhaltewillen der Bevölkerung zu untergraben. Gefälschte Lebensmittelkarten, die ebenfalls über dem Reich abgeworfen wurden, sollten zudem die Lebensmittelversorgung sabotieren; nach Aussagen von Zeitzeugen wurden sie von manchen Findern erfolgreich eingelöst.

»Ernst, aber nicht hoffnungslos«

Unmittelbar nach Fliegerangriffen registrierte der SD ab 1944 »mehr als früher Schimpfereien und Angriffe gegen führende Persönlichkeiten, die für den Krieg verantwortlich gemacht werden«. (SD-Bericht vom 15. Februar 1944)

Die Menschen waren in den letzten beiden Kriegsjahren vor allem mit dem Kampf ums Überleben beschäftigt. Es herrschte ein permanenter Ausnahmezustand, besonders in den Großstädten und Industriegebieten. Zwar war ein Großteil der Bevölkerung im Reichsluftschutzbund organisiert und hatte schon in der Vorkriegszeit Luftschutzmaßnahmen eingeübt, es gab die Luftschutzhausapotheke und spezielle Schutzanzüge für Kinder. Doch die Sicherheit war nur vorgetäuscht. Es exi-

stierten viel zu wenig Luftschutzbunker. Die Feuer-
löscheinrichtungen reichten in den meisten Städten nicht aus, um Flächenbrände zu löschen, und
mit Löschsandtüten oder Feuerpatschen konnte
man gegen die durch den Bombenhagel entfessel-
ten Feuerstürme wenig ausrichten.

Stalingrad war schlimm

*Das war eigentlich die Wende. Doch waren
da immer noch welche, die schrien: »Wir
siegen! Wir siegen!« Aber die Volksmeinung
war da nicht mehr so ganz sicher. Stalingrad war schlimm.* Gerda Szepanski, *1925

Mindestens ebenso katastrophal war die Versorgungslage. Gegen Ende des Krieges wurde in den
»Richtlinien für die Volksgesundheit« empfohlen,
Schnecken und Frösche zu sammeln zur Verbesserung der Eiweißgrundlage; im März und April
1945 lag der Kaloriengehalt der Rationen für
»Normalverbraucher« bei 1602 Kilokalorien und
damit unterhalb des Existenzminimums. Vor allem
den Frauen fiel die Aufgabe zu, trotz des allgegen-
wärtigen Mangels für eine gewisse Normalität zu
sorgen und damit auch die Fortdauer des »totalen
Krieges« mit zu ermöglichen. Hamsterfahrten aufs
Land, Einfallsreichtum bei der Erfindung neuer
Kochrezepte oder der Verwertung von Abfällen
und Ersatzstoffen für eine notdürftige Kleider-
und Schuhherstellung wurden überlebenswichtig.
Außerdem mußten Frauen nun vermehrt die Plät-
ze der Männer in den Betrieben einnehmen; der
Einsatz von Fremdarbeitern reichte nicht aus, um
den ständig steigenden Waffen- und Munitions-
bedarf zu decken.
Neben den Propagandaversprechen, die immer
noch den nahen Endsieg verkündeten und der
Gefahr, in den Verdacht der Wehrkraftzersetzung
geraten zu können, verhinderte eine andere Be-

drohung die Auflösung der Heimatfront: Vor
allem im Osten des Reiches fürchtete man, der
Roten Armee in die Hände zu fallen. Diese schien
den Krieg besser im Griff zu haben als die Wehrmacht: »In den Meldungen zur Stimmung und
Haltung der Bevölkerung fallen in letzter Zeit die
zahlreichen Vergleiche auf, die von den Volksgenossen zwischen der deutschen Wehrmacht und
der bolschewistischen Kriegsführung angestellt
werden. Man haßt (...) den Bolschewismus, bewun-
dert aber die Fähigkeit, den Krieg ›wirklich total‹
zu führen. (...) Stalin ist ein Begriff für kompromiß-
lose und radikale Maßnahmen: ›So etwas könnte
in Rußland nicht passieren‹.« (SD-Bericht vom 1.
Juni 1944)
Als sich die Front Ende 1944 immer weiter der
Heimat näherte und die Rote Armee im Januar
1945 ostpreußischen Boden erreicht hatte, versuchte die NS-Führung, die letzten Kräfte der
Bevölkerung zu mobilisieren und eine Art Fe-
stungsmentalität zu beschwören. Die Volksgemeinschaft sollte sich dem drohenden Untergang
als Schicksalsgemeinschaft entgegenstellen. In
den Anweisungen des Propagandaministeriums
vom 28. März 1945 für den Runkfunk heißt es:
»Sie müssen diesen fanatischen Siegeswillen mit
ihrem Programm in das Volk hineintragen. Sie
müssen das Volk zu einer wilden Entschlossenheit
bringen (...) Der Nachrichtendienst muß kämpferi-
scher sein. Die Leute, die heute an den Nachrich-
tendiensten arbeiten und im Rundfunk sprechen,
müssen, wenn sie das Volk aufrichten wollen, persönlich auch an den Sieg glauben (...) Wenn ich
selbst schon meine Koffer gepackt habe und dauernd nach hinten, nach Westen oder nach Süden
denke und im Innern nur sage, ja, wie bringe ich
das noch schnell bei – hoffnungslos ist es sowieso
– dann werde ich natürlich damit keine Wirkung
haben. Sondern das kann ich nur erzielen, wenn

ich persönlich sage: Ja, sie ist ganz bescheiden, die Lage, sie ist ernst, aber nicht hoffnungslos.«

Doch weder die geistige noch die militärische Mobilmachung letzter Reserven konnten die drohende Niederlage abwenden. Eine direkte Einbeziehung der Heimatfront in das Kampfgeschehen war der »Volkssturm«, mit dem alle 16- bis 60jährigen Männer zur militärischen Verteidigung der Heimat verpflichtet wurden. Im entsprechenden Erlaß vom September 1944 findet sich eine Begründung dieser Maßnahme: Der Feind »strengt seine Kräfte an, um unser Reich zu zerschlagen, das deutsche Volk und seine soziale Ordnung zu vernichten. Sein letztes Ziel ist die Ausrottung des

deutschen Menschen. (...) Dem uns bekannten totalen Vernichtungswillen unserer jüdisch-internationalen Feinde setzen wir den totalen Einsatz aller deutschen Menschen entgegen«.

Da fast alle männlichen Angehörigen der mittleren Jahrgänge bereits an der Front waren, betraf

Es sind ja deine Befreier

Vielleicht muß es so sein, müssen sie kommen. Es sind ja deine Befreier von einem Terrorsystem, das Menschen vernichtet. Es ist ein wahnsinnig schwieriger Zwiespalt, den ein Mensch durchmacht, wenn er auf der einen Seite sein Land liebt – das hat ja nichts mit dem Dritten Reich zu tun –, aber es wiederum beherrscht wird von einer verbrecherischen Clique, von der sie sagen: »Wie soll man sie anders wegkriegen?« Das ist ein unglaublicher Zwiespalt. *Hans Hirschfeld, * 1920*

NS-Frauenschaft beim Broteschmieren für Flüchtlinge und Ausgebombte im Berliner »Excelsior«, Feb./März 1945.

der Volkssturm-Erlaß hauptsächlich Jungen und alte Männer. Mit Nahkampfwaffen wie Panzerfäusten, Gewehren, Handgranaten, teilweise aber auch nur mit Spaten ausgerüstet und völlig unzureichend ausgebildet, unterstand der Volkssturm den Gauleitern in Verbindung mit der Partei, der SS, SA, des NS-Kraftfahrerkorps und der Hitlerjugend. Er wurde hauptsächlich zu Sicherungs- und Bewachungsaufgaben eingesetzt. »Bis zum letzten Mann und bis zur letzten Patrone«, lautete die Parole, die viele in diesen letzten Kriegstagen noch treu zu erfüllen suchten. Immense Verluste zeugen von der Sinnlosigkeit des Volkssturms; insgesamt 175.000 Volkssturmangehörige gelten als vermißt.

Eine der letzten »Meldungen aus dem Reich« vom 10. April 1945 über die Stimmung in der Reichshauptstadt Berlin verdeutlicht die Verfassung der deutschen Volksgemeinschaft kurz vor Kriegsende:

»Im Mittelpunkt aller Gespräche und Unterhaltungen steht die nach allgemeiner Ansicht katastrophale Lage an den Fronten. Die Lage wird durchweg als aussichtslos bezeichnet. (...) Selbst Menschen, von denen man wisse, daß sie immer gläubig gewesen seien, hätten jetzt so gut wie jede Hoffnung aufgegeben. Es werden häufig Termine ausgesprochen, wann der Krieg vorbei sein werde (...). Und so hört man auch immer öfter, daß Schluß gemacht werden solle. Alle weiteren Opfer seien sinnlos. Besser ein Ende mit Schrecken als ein Schrecken ohne Ende. (...) Die deutsche Presse und Propaganda begegnet immer stärkerem Mißtrauen. Zuviel Parolen hätten sich nicht bewahrheitet. (...) Man könne an nichts mehr glauben.« Nicht nur alle Hoffnungen hatten sich zerschlagen, auch die öffentliche Ordnung an der »Heimatfront« hatte sich aufgelöst. Nachdem das Rationierungssystem im April 1945 zusammengebrochen war, wurden vielfach Vorratslager von der Bevölkerung geplündert, die meisten handelten in dieser Zeit nach dem Motto: Rette sich, wer kann.

Ohne den Führer hätte der Mythos von der Volksgemeinschaft niemals funktioniert. Hitler war das alles überstrahlende Leitbild, eine Identifikationsfigur, die die Volksgemeinschaft ideologisch zusammenhielt und auf gemeinsame Wünsche und Ziele hin ausrichtete. Als genialer Visionär oder bodenständiger ›Mann des Volkes‹, als martialischer Feldherr oder väterlicher Beschützer ließ er sich in wechselnden Rollen präsentieren. Einer solchen ›Ausnahmegestalt‹ konnte und mußte man bedingungslose Gefolgschaft erweisen, so glaubten viele. Ebenso verführerisch war die Vorstellung von einer klassenlosen, harmonischen Gesellschaft Gleichgesinnter, in der jeder die ihm erteilten Befehle ausführte, die Verantwortung jedoch der nächsthöheren Instanz überlassen konnte. Zumindest bis 1939/40 schienen sich der Traum vom Großdeutschen Reich und die Vision einer befriedeten deutschen Volksgemeinschaft tatsächlich zu erfüllen. Daß dieser Traum auf der Grundlage eines mörderischen Rassismus und Krieges verwirklicht werden sollte, schien nur wenige zu stören. Im Gegenteil: Gemeinsame und klar umrissene Feindbilder – die Juden, die Kommunisten, die Homosexuellen oder die Behinderten – stärkten den Zusammenhalt derer, die sich zu den Volksgenossen zählen durften. Erst als die versprochenen Siege ausblieben und die Zivilbevölkerung zunehmend mit den Auswirkungen des Krieges zu kämpfen hatte, verwandelte sich die anfängliche Euphorie in Apathie. Die Wahrnehmung vieler Deutscher blieb jedoch bis in die letzten beiden Kriegsjahre hinein durch den »schönen Schein« getrübt; dafür sorgte die ununterbrochen arbeitende staatliche Propagandamaschinerie, die bis zum bitteren Ende den Mythos von Volk, Reich und Führer lebendig erhielt. *Ursula Breymayer*

3 arbeitsschlacht

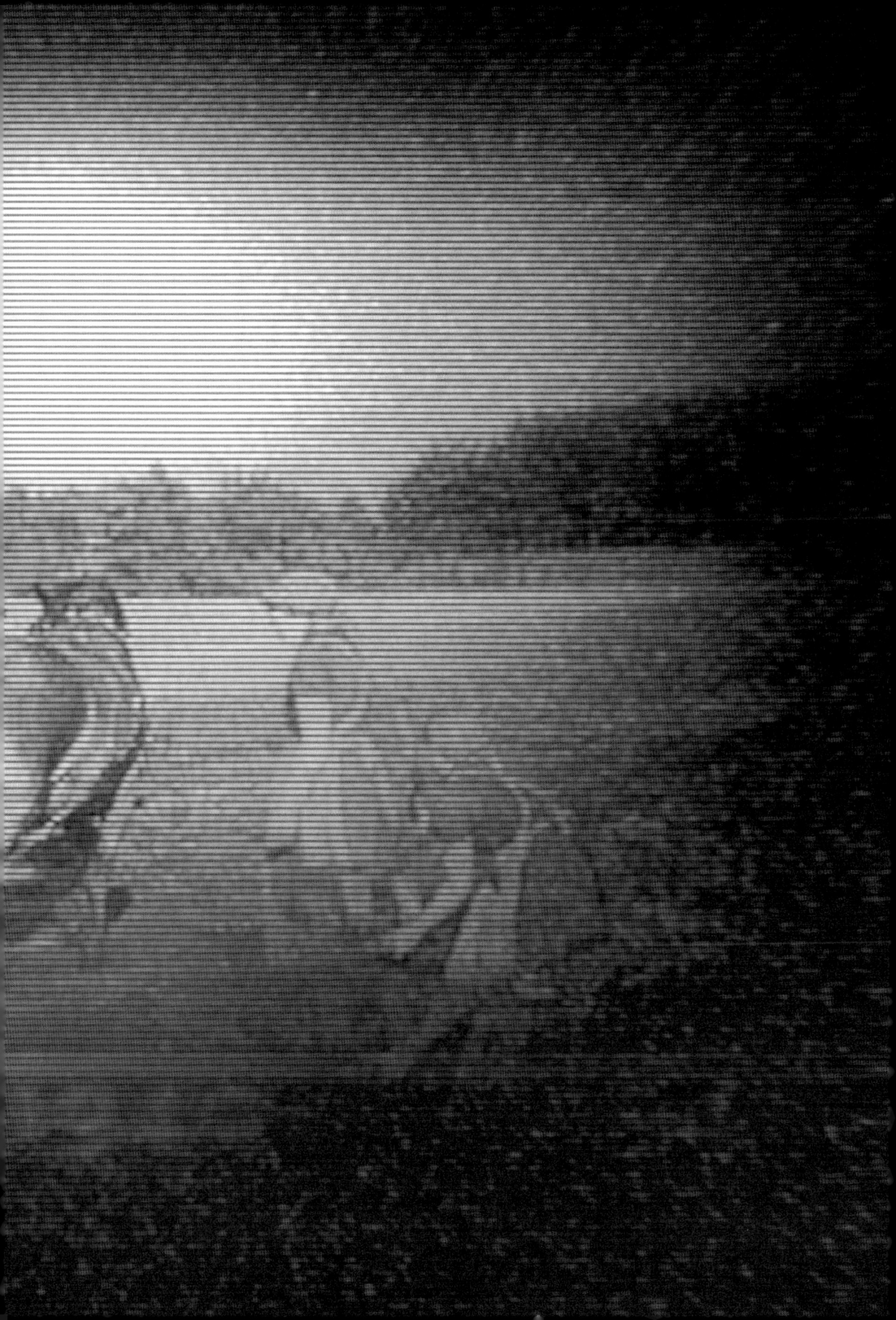

3 arbeitsschlacht

Deutschlands Wirtschaft auf dem Weg in den Krieg

Von außen betrachtet erschien das nationalsozialistische Deutschland 1939 als hochgerüstete Nation, deren wirtschaftliche Kraft auf die Vorbereitung eines lang andauernden Krieges ausgerichtet war. Die Aufrüstung war der wichtigste Faktor der öffentlichen Investitionen zur Arbeitsbeschaffung und Wirtschaftsbelebung. Finanziert wurde sie allerdings durch eine ständig steigende Staatsverschuldung.

Die Schlagzeile vom »Lebensraum im Osten« gab die Stoßrichtung des geplanten Angriffskrieges vor: Die Kornkammern der Ukraine, die Rohstoffvorkommen auf dem Balkan und die Ölvorkommen im Süden der Sowjetunion sollten erobert werden und Deutschland in die Lage versetzen, unabhängig von Importen notfalls auch einen langen Krieg gegen England und die USA durchzustehen. Aus den Erfahrungen des Ersten Weltkrieges, als die britische Blockade die Zufuhr von Nahrungsmitteln und kriegswichtigen Rohstoffen (z.B. Salpeter) wirksam behinderte, wurde der Schluß gezogen, das Reich durch eine Autarkiepolitik möglichst unabhängig zu machen.

Kampf um »Nahrungsfreiheit«

Die nationalsozialistischen Autarkiebestrebungen sicherten der Landwirtschaft einen wichtigen Platz in der wirtschaftlichen Kriegsvorbereitung. »Nahrungsfreiheit für das deutsche Volk« – um dieses Ziel zu erreichen, wurde bereits im September 1933 der gesamte Agrarbereich im Reichsnährstand zusammengefaßt. Tatsächlich war die deutsche Landwirtschaft, die 1939 mehr als einem Viertel aller Beschäftigten Arbeit gab, bei Kriegsausbruch vom Ziel der Selbstversorgung nicht weit entfernt: Brotgetreide, Kartoffeln, Zucker und auch Fleisch gab es durchaus genügend, nur die »Fettlücke« machte Probleme: Lediglich 57% der nötigen Mengen wurden selbst erzeugt. Schon 1935 wurde daher der Genuß von »Volksmarmelade« und Zucker als Alternative zum »ewigen Butterbrot« propagiert. Dem »Normalverbraucher« ging es 1939 durchweg besser als zur Zeit der Wirtschaftskrise, wenn auch nicht so gut wie 1928, dem wirtschaftlich besten Jahr der Weimarer Republik.

Die meisten Landwirte, bei denen die nationalsozialistische »Blut-und-Boden-Propaganda« zunächst großen Anklang gefunden hatte, gehörten einkommensmäßig zu den Stiefkindern des NS-Regimes: Erst 1938/39 erlösten sie auf dem Markt so viel wie zehn Jahre zuvor. Die durch das Reichserb-

Für das Ziel der Selbstversorgung mußten alle möglichen Kräfte mobilisiert werden, Plakat um 1939.

1934 ordnete das Reichsministerium für Erziehung und Volksbildung die nachschulische Ausbildung für Stadtkinder in Landheimen mit dem Namen »Auf dem Wege zur Landarbeit« an, Finkenkrug in Brandenburg 1935.

hofgesetz von 1933 vorgegebene Struktur der Betriebsgrößen verhinderte eine umfassende Mechanisierung. Der Mangel an Arbeitskräften konnte auch durch die Ernteeinsätze von Schulen, Wehrmacht und Parteigliederungen, durch den Landdienst von HJ und BDM, durch das im Februar 1938 eingeführte Pflichtjahr von ledigen Frauen unter 25 Jahren sowie – allerdings in sehr begrenztem Umfang – den Einsatz von ausländischen Arbeitskräften nicht überwunden werden.

Kontrolle der Rohstoffimporte

Die Unabhängigkeit vom Ausland galt als Zielvorgabe in noch größerem Maße für die Industrie. Kriegswichtige Rohstoffe sollten – so die Forderung Hitlers – soweit wie möglich im Inland erzeugt oder dafür Ersatzstoffe zur Verfügung gestellt werden. Um dieses Ziel zu erreichen, suchte das NS-Regime eine enge Kooperation mit der Großindustrie.

Durch die Ausschaltung der freien Gewerkschaften, gezieltem Terror gegen die ehemaligen Mitglieder von SPD und KPD und die Volksgemeinschaftspropaganda des NS-Sozialwerks »Kraft durch Freude« (KdF) sorgte das Regime für weitgehende Ruhe in den Betrieben. Hinzu kam die »Arisierung«, die rassenideologisch motivierte Ausschaltung des jüdischen Unternehmertums. Die Konzentration nahm somit sprunghaft zu: 1939 besaßen 2,8% der Gesellschaften 70,9% des Kapitals. Auch das Volkseinkommen war höchst ungleich verteilt: Im Jahr 1938 verdiente ein Prozent der Steuerzahler jährlich mehr als 50.000 Reichsmark und verfügte damit über 21% der Gesamteinkommen.

Um angesichts der geringen deutschen Devisenvorräte die Rohstoffimporte zu sichern, galten im Außenhandel seit September 1934 die vom Reichsbankpräsidenten Hjalmar Schacht im »Neuen Plan«

die

Deutsche Woche

Groß-Berlin

Im zweiten Monat der Arbeitsschlacht des Jahres 1934 ruft die

Reichshauptstadt

durch zwei wuchtige Veranstaltungen uns allen zu:

Ehrt die deutsche Arbeit!

Laßt die schaffenden Stände wieder verdienen, indem Ihr bei Euren Einkäufen das deutsche Erzeugnis vor dem ausländischen bevorzugt.

Das ist uns Hausfrauen oft gesagt worden,
werden Sie einwenden,
doch jetzt bleibt es nicht beim Reden:

Nationalsozialismus heißt

handeln!

Er weist uns den rechten Weg, wie der deutschen Wirtschaft zu helfen ist.

Aufruf, nur deutsche Waren zu kaufen, vom »Institut für Deutsche Wirtschaftspropaganda«, Berlin 1934.

Lebensmittelkarten

Was sich bemerkbar gemacht hat, das waren die Lebensmittelkarten und die Spinnstoffkarten. Spinnstoff war alles, was man anzog. Das machte sich natürlich im Essen bemerkbar, aber nicht so, daß man darbte, daß der Krieg sich gewaltig bemerkbar machte. Das änderte sich später, als der Krieg nicht mehr so vorwärts ging. *Peter Maurer, *1922*

festgelegten Devisen- und Mengenkontingentierungen. Fortan sollte nur noch eingeführt werden, was dringend erforderlich war und in erster Linie aus den Ländern, die deutsche Ware im Rahmen von Kompensationsgeschäften als Gegenleistung annahmen.

Die Kontrolle der Rohstoffimporte wurde ergänzt durch den Versuch einer staatlichen Lenkung der Investitionen zu Lasten jener Bereiche, die in kriegswirtschaftlicher Hinsicht weniger bedeutend waren, z.B. die Textilindustrie. Auch das Kleingewerbe galt eher als Reservoir für die Beschaffung von Arbeitskräften denn als erhaltenswertes Element des Wirtschaftslebens. Im Februar 1939 wurde sogar eine Art Berufsverbot für Kleinhandwerker verkündet. Sie sollten statt dessen zum Arbeitseinsatz in der Industrie gemeldet werden. Im März 1939 folgte eine entsprechende Verordnung für das Kleingewerbe.

Die wirtschaftliche Aufrüstung machte insbesondere die I.G. Farben – vor 1933 ein beliebtes Agitationsziel der Nazis bei ihren Attacken gegen das »internationale Finanzkapital« – zu einem vorrangigen Ansprechpartner. Am 14. Dezember 1933 schlossen die Reichsregierung und der I.G. Farben-Konzern den »Benzinvertrag«. Die IG sollte ihre Hydrieranlagen zur Treibstoffgewinnung in Leuna rasch ausbauen, dafür garantierte das Reich die Abnahme aller Mengen zu großzügigen Preisen. Dieser Vertrag legte nicht nur den Grundstein für die Gewinnung synthetischen Treibstoffs, sondern wurde auch wegweisend für die künftige Kooperation zwischen Staat und privatem Unternehmertum im Bereich der Investitionslenkung.

Von 1939 bis 1942 stieg der Anteil der Rüstungsproduktion von 12% auf 26%. Herstellung von Geschossen, 1940.

1936: In vier Jahren kriegsbereit

Angesichts dieser Position war es kein Wunder, daß die I.G. Farben bereits im März 1935 in einer Denkschrift eine »wehrwirtschaftliche Neuorganisation« forderte, die »den letzten Mann und die letzte Frau (...) in einen straff militärisch geführten wirtschaftlichen Organismus eingliedert.«

Im August 1936 verkündete Hitler in einer geheimen Denkschrift: »Das Ausmaß und das Tempo der militärischen Auswertung unserer Kräfte können nicht groß und nicht schnell genug gewählt werden! (...) Die endgültige Lösung liegt in einer Erweiterung des Lebensraumes bzw. der Rohstoff- und Ernährungsbasis unseres Volkes. (...) Die Erfüllung dieser Aufgaben in Form eines Mehr-Jahres-Plans der Unabhängigmachung unserer nationalen Wirtschaft vom Ausland wird es aber auch erst ermöglichen, vom deutschen Volk auf wirtschaftlichem Gebiet und dem Gebiete der Ernährung Opfer zu verlangen. (...) Ich stelle damit folgende Aufgabe: I. Die deutsche Armee muß in 4 Jahren einsatzfähig sein. II. Die deutsche Wirtschaft muß in 4 Jahren kriegsfähig sein.«

3

Am 9. September 1936 ließ Hitler auf dem Reichsparteitag in Nürnberg den Vierjahresplan verkünden, ein Wirtschafts- und Rüstungsprogramm, das die Unabhängigkeit Deutschlands vom Ausland bei der Produktion von Eisen und Stahl, synthetischem Treibstoff und Kautschuk (Buna) sowie Zellwolle sicherstellen sollte. Zum Beauftragten des Vierjahresplans wurde kein Industrieller ernannt, sondern der Reichsluftfahrtminister und »alte Kämpfer« Hermann Göring. Auf sein Betreiben hin gründete der NS-Wirtschaftsfunktionär Paul Pleiger im Sommer 1937 – ohne Rücksicht auf die damit verbundenen hohen Kosten – die »Reichswerke Hermann Göring« zur Verhüttung der Eisenerzvorkommen im Raum Salzgitter.

Durch die Entsendung führender Manager in die Vierjahresplan-Organisation sicherte sich die Industrie maßgeblichen Einfluß auf die Planungsinstanzen. Auch hier schritt die I.G. Farben, die durch die Fülle der von ihr hergestellten Erzeugnisse für die deutsche Aufrüstung unverzichtbar geworden war, voran: 1938 wurde ihr Vorstandsmitglied Carl Krauch »Generalbevollmächtigter Chemie« und sorgte dafür, daß der Vierjahresplan von den Interessen der I.G. geprägt wurde. Das erste deutsche Buna-Werk ging im Frühjahr 1939 in Schkopau in Betrieb. Die Kosten für Kunstkautschuk lagen dreimal höher als die für Naturkautschuk, was allerdings keine Rolle spielte.

Lebensstandard ohne viel Zuwachs

Der geringe Auslastungsgrad der deutschen Wirtschaft Anfang der dreißiger Jahre erlaubte eine Aufrüstungspolitik ohne die rasche Überlastung der wirtschaftlichen Hilfsquellen. Der Index der industriellen Produktion überschritt erst 1936 deutlich das Niveau von 1928/29. Im gleichen Jahr galt die Vollbeschäftigung als wiederhergestellt. Maßgeblich dazu beigetragen hatten die

von großem propagandistischen Getöse begleiteten Maßnahmen zur Arbeitsbeschaffung, z.B. der im September 1933 begonnene Bau der Reichsautobahnen. Gleichfalls 1933 wurden die ersten Ehestandsdarlehen vergeben, wodurch nicht nur die Eheschließung staatlich gefördert, sondern auch das Ausscheiden der Frauen aus dem Beruf forciert wurde.

Für die Arbeitnehmer bedeutete dieser Aufschwung keineswegs mehr Wohlstand, sondern das allmähliche Wiedererreichen eines Lebensstandards wie vor Beginn der Weltwirtschaftskrise. Selbst 1939 blieben die durchschnittlichen tariflichen Stundenlöhne noch unter dem Stand von 1932. Außer Steuern und Sozialabzügen schmälerten auch noch »freiwillige« Beiträge und Spenden (z.B. für das Winterhilfswerk) den Geldbeutel.

Dennoch war es den Nationalsozialisten gelungen, die deutsche Arbeiterschaft durch materielle Verbesserungen in den Staat zu integrieren. Zu den Schattenseiten der Vollbeschäftigung zählten allerdings eine beträchtliche Arbeitsbelastung und der weitgehende Verlust von Freizügigkeit. Schon in den letzten Vorkriegsjahren konnte von einem Arbeitsmarkt nicht mehr gesprochen werden. Im Juni 1938 wurde sogar – im Zusammenhang mit dem Bau des Westwalls – die Möglichkeit einer Dienstverpflichtung eingeführt. Ab März 1939 waren Arbeitsaufnahme und Wechsel des Arbeitsplatzes von der Zustimmung des Arbeitsamtes abhängig.

Strategische Folge der Knappheit an Rohstoffen und Arbeitskräften war das Konzept des »Blitzkrieges« sowie die Auslegung der Rüstungsindustrie auf hohen Waffenausstoß und nicht auf einen Kapazitätsausbau. Für die Wirtschaft bedeutete das Konzept der Blitzkriege, mit denen die an Deutschland angrenzenden Klein- und Mittelstaaten in raschen Feldzügen niedergeworfen werden sollten, keine grundsätzliche Umorientierung und kein höheres Maß an Verpflichtungen, als sie bereits der Vierjahresplan vorsah.

Im Vergleich zu allen potentiellen Gegnern befand sich Deutschland 1939 somit in einer sehr hohen Kriegsbereitschaft – allerdings nur für eine Reihe begrenzter Feldzüge, nicht für eine längere Auseinandersetzung. Bis 1941/42 sollte dieses Konzept Erfolg haben.

1939 – 1941: Kriegsausbruch und Blitzkrieg

Sicherstellung der Ernährung

Noch vor dem Angriff auf Polen am 1. September 1939 signalisierte die am 27. August bekanntgegebene Bezugsscheinpflicht für den Grundbedarf an Lebensmitteln, Seife, bestimmten Textilien sowie Hausbrandkohle, daß der befürchtete Krieg nun tatsächlich vor der Tür stand. Die Ausweiskarten für die ersten vier Kriegswochen erlaubten pro Person und Woche u.a. den Kauf von 700 g Fleisch,

Wer ist KOHLENKLAU?

Ein Bösewicht, vor dem wir uns sehr hüten müssen, weil er uns und unsere Kriegswirtschaft gefährdet.

Was tut Kohlenklau?

Es zieht kalt ins warme Zimmer. Im leeren Zimmer brennt Licht. Das Radio spielt ohne Zuhörer. Der falsch geheizte Ofen wärmt schlecht ... Überall, wo wertvolle Kohle, Strom und Gas vergeudet werden, hat Kohlenklau seine Hand im Spiel! Er nützt unsere kleinste Gedankenlosigkeit und Nachlässigkeit für sein kriegsverbrecherisches Treiben aus. Es ist toll, wie raffiniert er uns überall reinlegen will.

Wie machst du ihn unschädlich?

Kohlenklau ist beobachtet worden, man kennt seine Tricks! In der nächsten Zeit wirst du hier lesen, wie und wo du ihn fassen kannst. Du und ich und wir alle tun uns jetzt zusammen, und es wäre doch gelacht, wenn wir den Burschen nicht aufs Kreuz legen.

Die Jagd auf Kohlenklau geht los!

Tageszeitungs-Anzeige, mit der erstmals der Wirschaftsschädling »Kohlenklau« vorgeführt wurde, Herbst 1942.

> ⌐ Jede Sondermeldung ein neuer Sieg
>
> Das ganze Klima damals, nicht nur in der Fabrik, sondern auch außerhalb, war – fast möchte ich sagen – friedlich. Die Erklärung ist ziemlich einfach: Der Krieg, der fand zunächst einmal nicht an der Westfront statt. Freiburg liegt ja ganz nahe am Rhein, und man hatte zunächst einmal gedacht, daß die Franzosen vielleicht einmarschieren nach der Kriegserklärung. Das hat natürlich alles nicht stattgefunden, denn die französische Armee war auf den Krieg überhaupt nicht vorbereitet. Und im Osten ging alles ruckzuck vorwärts. Jede Sondermeldung brachte einen neuen Sieg, so daß eigentlich gar keine Veranlassung war, irgendwie in negative Kriegsstimmung zu geraten in der Heimat. *Peter Maurer, *1922*

110 g Marmelade und 280 g Zucker. Brot, Kartoffeln und Mehl waren zunächst noch frei verkäuflich. In der folgenden »Zuteilungsperiode« vom 25. September bis 22. Oktober gab es u.a. 2400 g Brot, 500 g Fleisch, 80 g Butter und 62,5 g Käse oder Quark. Am 20. November folgte die Ausgabe der ersten, bis 31. Oktober 1940 gültigen Reichskleiderkarte.

Verglichen mit dem Ersten Weltkrieg, in dem die Behörden mit Höchstpreisverordnungen die Ernährungslage mehr schlecht als recht in den Griff zu bekommen versucht hatten, waren die Rationen bis Anfang 1942 noch verhältnismäßig reichlich. Allerdings entsprachen die nun angebotenen Lebens- und Genußmittel qualitätsmäßig meist nicht mehr der »Friedensware«. Um den unterschiedlichen Belastungen gerecht zu werden, gab es Karten für Normalverbraucher, Schwer- und Schwerstarbeiter, ab 20. November auch für Langzeit- und Nachtarbeiter.

Der ungewöhnlich strenge Winter 1939/40 mit den damit verbundenen großen Transportproblemen war vor allem in den größeren Städten Ursache für Versorgungsengpässe. Obst und Gemüse waren auch in den Sommer 1940 hinein vielfach knapp. Bis zum Sommer 1941 blieben die Versorgungslücken regional begrenzt, allgemein spürbar

Auch ich helfe dem Führer

Metallspende des Deutschen Volkes zum 20. April 1940

Plakataufruf zur zweiten, großangelegten Schrottsammelaktion anläßlich des »Führergeburtstages« im April 1940.

wurden sie nach den Kürzungen der Rationen am 2. Juni 1941. Mit der 24. Zuteilungsperiode sank jetzt die wöchentliche Fleischration um jeweils 100 g. Normalverbraucher bekamen nur noch 400 g, Schwerarbeiter 800 g und Schwerstarbeiter 1000 g Fleisch pro Woche. Als »Ausgleich« gab es eine Sonderration von 125 g Kunsthonig. Auf diesem Niveau blieb die Versorgung bis April 1942. Im September 1941 folgte der Aufruf, nur noch Pellkartoffeln zu verzehren, um so den »Schälverlust« von rund 15% zu vermeiden.

Nach einer vorübergehenden Entspannung 1940 verschlechterte sich auch die Situation bei der Versorgung mit Textilien und Schuhen. Im Bereich der Hausbrandversorgung kam es schon Anfang 1941 zu spürbaren Engpässen. Mit der Aufforderung, den »Kohlenklau« zu bekämpfen, wurden die Verbraucher trotz eisiger Kälte zum Energiesparen zugunsten der Rüstungsindustrie ermuntert.

»Friedensähnliche« Kriegswirtschaft

Durch die schon lange laufenden Vorbereitungen vollzog sich der Übergang von der Friedens- zur »friedensähnlichen« Kriegswirtschaft ohne besondere Schwierigkeiten. Das Prinzip der »Breitenrüstung« machte es möglich, daß bei den begrenzten Kriegen keines der notwendigen strategischen Materialien knapp werden konnte und das deutsche Rüstungsarsenal dem jeweils gegnerischen stets überlegen war. Zunächst lebte die Rüstungsindustrie gewissermaßen von der Hand in den Mund: Dank der schnellen Siege (zuerst über 1939 Polen, dann 1940 Dänemark und Norwegen sowie die Benelux-Staaten und Frankreich) wurden die entstandenen Lücken zwischen den einzelnen Feldzügen weitgehend wieder aufgefüllt. Die Rüstungsproduktion im engeren Sinne umfaßte 1939 erst 12% der gesamten industriellen Produktion. Demgegenüber wurde in England bereits 1939 die Wirtschaft in ungleich höherem Maße für Kriegszwecke in Anspruch genommen. 1942 erreichte der Anteil in Deutschland 26%, 1943 waren es 37% und erst 1944 wurde mit einem Anteil von 48% die Rüstungsproduktion wesentlich zu Lasten des zivilen Sektors ausgeweitet.

Die Ausbeutung der eroberten Gebiete trug in großem Maße dazu bei, die Belastungen des Krieges für Deutschland zu verringern. Die Lebensmittelimporte besserten die Rationen auf, die Beschlagnahme von Wirtschaftsgütern erhöhte die Leistungsfähigkeit der deutschen Betriebe.

Von den deutschen Kriegszügen profitierte die deutsche Großindustrie auch unmittelbar. Schon während des »Anschlusses« von Österreich im März 1938, der Annexion des Sudetenlands (Oktober 1938) und der Besetzung der »Rest-Tschechei« (März 1939) hatte sich die Industrie – allen voran die I.G. Farben – die wertvollsten »Beutestücke« gesichert.

Von großer Bedeutung waren auch die Lieferungen aus den neutralen Staaten (z.B. Schweden, Schweiz und Spanien) und bis Sommer 1941 auch aus der Sowjetunion. Als gravierend erwies sich aber weiterhin der Rohstoffmangel. Aus diesem Grund wurden die Volksgenossen z.B. im März 1940 zu einer Metallsammlung aufgerufen (»Metallspende für den Führer«), nach dem Vorbild der großen Schrottsammelaktionen der Parteiorganisationen im Jahr 1938.

Die Strategie des Blitzkrieges beherrschte noch bis 1942 die Rüstungswirtschaft. Nach den großen Anfangserfolgen in Rußland wurde die Produktion gedrosselt. War Moskau erst gefallen, sollte die Rüstung auf die Erfordernisse von Marine und Luftwaffe – auf die Niederwerfung Englands – umgestellt werden. Als Anfang Dezember 1941 die ersten russischen Gegenangriffe begannen,

hatte das deutsche Heer den niedrigsten Anteil an der gesamten Munitionsproduktion seit Anfang des Krieges erhalten.

Erst Ende 1942 wurde versucht, die eroberten Volkswirtschaften im Westen nicht bloß auszuplündern, sondern wiederzubeleben und in den Dienst der deutschen Rüstungsanstrengungen zu stellen. Ihren Höhepunkt erreichte diese Politik beim Besuch des französischen Produktionsministers Jean Bichelonne im September 1943 in Berlin. In einem Abkommen wurde Frankreich, im November 1943 auch Belgien, in das für die deutsche Kriegswirtschaft geltende Zuteilungssystem von Rohstoffen und die Vergabe von Aufträgen einbezogen. Allerdings wurden die Produktionsziele nicht erreicht.

Die Planungsinstanzen

Bei Kriegsausbruch gab es drei verschiedene Gruppen des Hitlerschen Machtapparates, die für kriegswirtschaftliche Fragen zuständig waren: das Reichswirtschaftsministerium (Walther Funk), das Wehrwirtschafts- und Rüstungsamt der Wehrmacht (General Georg Thomas) und die Vierjahresplanbehörde von Göring, der am 30. August 1939 Vorsitzender des Ministerrats für die Reichsverteidigung geworden war. Zu diesen miteinander rivalisierenden Gruppen stieß durch Führerbefehl am 17. März 1940 noch das Reichsministerium für Bewaffnung und Munition unter Fritz Todt, den Leiter der nach ihm benannten paramilitärischen Arbeitsorganisation, die zunächst für den Autobahnbau, dann für die Errichtung des Westwalls geschaffen worden war.

General Thomas hatte von Beginn an mit einer langen Kriegsdauer gerechnet und sich daher für die »Tiefenrüstung« eingesetzt. Die dafür notwendigen Kapitalinvestitionen in eine Rüstungsproduktion hätten gleich mit Kriegsbeginn die Umstellung eines größeren Teils der Wirtschaft auf kriegswirtschaftliche Erfordernisse bedeutet. Doch dazu war Hitler zunächst noch nicht bereit. Erst das Stocken der deutschen Ostoffensive Anfang Dezember 1941 vor Moskau erzwang eine Straffung der Befehlsstrukturen. Nachdem die Blitzkrieg-Strategie durch den »Führerbefehl zur Rüstung 1942« am 10. Januar 1942 aufgegeben worden war, sollte Todt den Übergang zur vollen Kriegswirtschaft vorbereiten. Doch er kam bei einem Flugzeugunfall am 8. Februar 1942 ums Leben.

Finanzierung des Krieges

Mit Rücksicht auf den Leistungswillen und die Stimmung in der Bevölkerung wurde – nach den schlechten Erfahrungen des Ersten Weltkrieges – auf die Ausgabe von Kriegsanleihen sowie übermäßige Kriegszuschläge auf Einkommens- und Verbrauchssteuern verzichtet. Für die Deckung der Rüstungskosten sorgte durch die Ausgabe von Schatzwechseln und Schuldverschreibungen zunächst die Reichsbank, an deren Spitze Schacht am 19. Januar 1939 durch Reichswirtschaftsminister Funk (seit 1931 Parteigenosse) ersetzt wurde. Zehn Tage zuvor hatte sich das Reichsbankdirektorium bei Hitler über die »hemmungslose Ausgabenwirtschaft der öffentlichen Hand« beschwert. Die Reichsbank verlor am 15. Juni 1939 endgültig ihre Selbständigkeit. Von den gesamten Reichsausgaben zwischen 1939 und 1945 in Höhe von etwa 685 Milliarden Reichsmark wurden 350 Milliarden durch Neuverschuldung aufgebracht. Eine maßgebliche Folge davon war ein ständig wachsender Kaufkraftüberhang.

Der Geldumlauf stieg 1933 bis 1939 von 5,7 auf 14,5 Milliarden Reichsmark, bis Februar 1945 sogar auf 56,7 Milliarden. Um inflationären Tendenzen entgegenzuwirken, wurde am 31. Oktober 1941 das Instrument des »Eisernen Sparens« ge-

schaffen. Die Beiträge (bis zu 26 RM im Monat) wurden von den Bruttolöhnen abgezogen und auf besondere Konten eingezahlt. Das Geld sollte mit Ausnahme der Zinsen erst nach Kriegsende verfügbar sein.

Etwa 200 Milliarden Reichsmark kamen durch Steuern ein und 40 Milliarden durch sonstige Reichseinnahmen. Etwa 95 Milliarden Reichsmark und damit ein beträchtlicher Teil der gesamten Militärausgaben (rund 510 Milliarden RM) wurde auf die besetzten Gebiete und die Bündnispartner abgewälzt (Kontributionen, Naturallieferungen und sog. Matrikularbeiträge der verbündeten Länder). Zwar brachte nicht jedes eroberte Land Gewinn, doch insgesamt waren die militärischen Eroberungen höchst profitabel. Am einträglichsten erwies sich die Methode, »Besatzungskosten« zu erheben, deren Höhe weit über den zum Unterhalt der deutschen Truppen nötigen Summen lag. Vor allem Frankreich wurde ausgeplündert: 1943 entsprachen die Zahlungen an Deutschland rund einem Drittel des französischen Bruttosozialprodukts von 1938.

Beschaffung von Arbeitskräften

1939 gab es im Altreich 35,8 Millionen Erwerbspersonen (einschließlich Wehr- und Arbeitsdienstpflichtige). Damit waren 67,7% der Männer und 36,2% der Frauen erwerbstätig. Die Einberufungen zur Wehrmacht über den Bestand an Soldaten von etwa 1,4 Millionen Mann im Frühjahr 1939 hinaus machte sich in einem spürbaren Arbeitskräftemangel bemerkbar. Bis Kriegsende wurden mehr als elf Millionen Männer eingezogen, dies war knapp die Hälfte aller männlichen Beschäftigten.

Von der Möglichkeit der Dienstverpflichtung wurde natürlich weiterhin Gebrauch gemacht. Vor Kriegsbeginn unterlagen 800.000 Arbeiter der

Dienstpflicht, bis zum 12. September 1939 kam eine halbe Million hinzu. Sehr beliebt war der Dienst aufgrund der schlechten sozialen und finanziellen Bedingungen jedoch nicht. Das Gerangel der Betriebe um die Zuweisung der raren Arbeitskräfte versuchten deshalb viele Arbeiter auszunutzen, um sich mit Hilfe der Arbeitsämter aus der Dienstverpflichtung zu befreien und sich selbst einen Arbeitsplatz zu suchen.

Ein zu Kriegsbeginn unternommener Versuch, die lukrativen Zuschläge für Mehrarbeit, Sonn-, Feiertags- und Nachtarbeit zu annullieren, die Normalarbeitszeit von acht auf zehn Stunden zu verlängern und den Urlaub zu streichen, mußte wieder zurückgenommen werden. Bei einer fast allge-

Im Grunde war das reine Spielerei

Wenn junge Leute normalerweise drei, vier Jahre brauchen, das zu lernen, dann ging das ja nicht in drei Monaten. Ich habe nie gelernt, ein Werkstück grade zu feilen. Und eine Freundin von mir, die sollte Elektroschweißen, hat's auch nie gelernt. Also, im Grunde war das reine Spielerei. Wir kriegten auch nichts bezahlt dafür, sondern, glaube ich, nur die Fahrkarte und in der Kantine mittags ein warmes Essen. Von Zeit zu Zeit gab's irgendwelche Sachleistungen, z.B. Unterhöschen oder mal ein Paar Strümpfe.   *Johanna Krüger, *1923*

mein zehnstündigen Arbeitszeit galt weiterhin die Achtstundennorm mit Lohnzuschlag für Überstunden. Im Ruhrbergbau war zum 1. April 1939 bereits eine um eine Dreiviertelstunde auf acht Stunden und 45 Minuten verlängerte Untertageschicht eingeführt worden.

Lohnerhöhungen wurden nach Möglichkeit untersagt. Die besondere Aufmerksamkeit galt dabei den »Locklöhnen«, mit denen Firmen sich qualifizierte Arbeitskräfte sichern wollten. Dagegen soll-

ten die sogenannten Reichstreuhänder der Arbeit – Reichsbeamte, die der Dienstaufsicht des Arbeitsministers unterstanden, an Weisungen der Reichsregierung gebunden waren und für »die Aufrechterhaltung des Arbeitsfriedens« sorgen sollten – energisch einschreiten.

Durch ein im April 1940 beschlossenes Stillhalteabkommen erreichte man einen Verzicht der Wehrmacht auf die Einberufung bestimmter Jahrgänge. Ab dem 1. April 1941 wurden dann kriegswichtige Betriebe zu Spezialbetrieben erklärt, womit diese Fertigungsstätten für den Wehrmachtsbedarf von Einberufungen ausgenommen wurden. Mit diversen Maßnahmen – der Stillegung von kriegsunwichtigen Betrieben oder dem »Auskämmen« von Arbeitskräften – wurde versucht, die Zahl der im Rüstungsbereich tätigen Arbeiter zu erhöhen. Ein weiteres Mittel war die ab Herbst 1940 angeordnete Überführung von »Rüstungsurlaubern« von der Front in die Industrie. Allerdings führte dies zu Spannungen, denn bis zum Sommer 1941 galt der Wehrdienst im Vergleich zur Industriearbeit als leichter und lukrativer. Die Attraktivität des Soldatseins verschärfte zugleich das Nachwuchsproblem in den Betrieben. Schon 1939 gab es mehr Lehrstellen als schulentlassene Jugendliche.

Durch das Anlernen und Umschulen von Arbeitskräften wurde versucht, leistungsfähigeres Personal zu gewinnen. Bis Ende November 1941 wurden rund 350.000 Arbeiter auf diese Weise qualifiziert. Dies entsprach einem Anteil von 4% der Industriebeschäftigten.

Der hohe Bedarf an Arbeitskräften erleichterte die ungenehmigten Arbeitsplatzwechsel, nicht selten eingeleitet durch aufsässiges Verhalten im Betrieb zum Provozieren einer Kündigung. Ein anderer Weg, um eine besser bezahlte Stellung zu erlangen, war ein zeitweiliger Wechsel in das »Generalgouvernement«, das von den deutschen Truppen besetzte Polen. Die verbesserte Verhandlungsposition der Arbeiter führte ab Frühjahr 1940 vermehrt zu Forderungen nach höheren Löhnen. Um den staatlich verordneten Lohnstopp zu umgehen, entwickelten die Betriebe zahlreiche halblegale Auswege, um durch Lohnaufbesserungen qualifizierte Arbeiter zu halten. Die Bruttoverdienste der Arbeiter stiegen zwischen 1939 und 1942 an, wovon die Beschäftigten im Bergbau und in der eisenschaffenden Industrie mehr profitierten als etwa im Baugewerbe.

Maßnahmen bei Disziplinlosigkeiten

Bei Problemen mit unzufriedenen Arbeitern wandten sich viele Betriebe bereits in den ersten Kriegs-

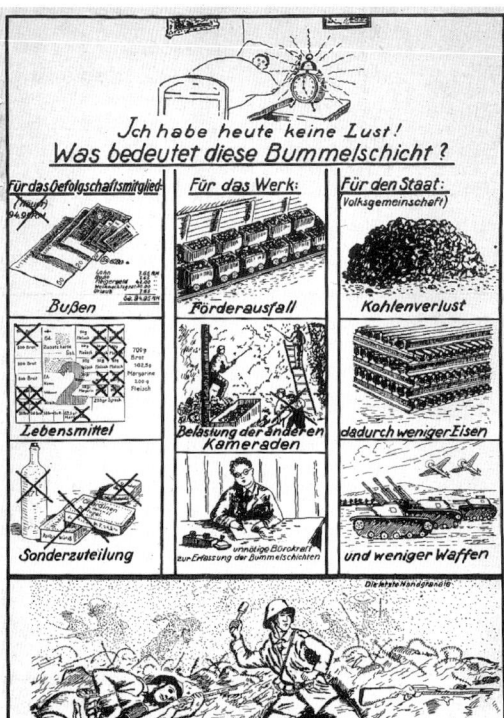

Flugblatt gegen Bummelantentum. Auffallende Arbeitsversäumnisse wurden vielfach der Gestapo gemeldet.

monaten nicht an die zuständigen Treuhänder der Arbeit, sondern direkt an die Gestapo. Die von dem Reichssicherheitshauptamt am 4. November 1939 festgelegten staatspolizeilichen Maßnahmen sahen vor, daß in »den Fällen von Arbeitsniederlegung, Arbeitsversäumnis, Arbeitssabotage usw.« durch »sofortiges Einschreiten der staatspolizeilichen Organe (...) dafür Sorge getragen« werden sollte, daß »etwaige Weigerungen oder Versuche rücksichtslos unterdrückt und alle auffällig gewordenen Personen unverzüglich festgenommen werden«. Ferner hieß es: »Die zur möglichst restlosen Klärung des jeweiligen Falles erforderlichen Ermittlungen werden sofort aufgenommen, wobei in erster Linie geprüft wird, auf welche (wirtschaftliche, politische oder sonstige) Beweggründe das disziplinwidrige Verhalten der Festgenommenen zurückzuführen ist; das politische und kriminelle Vorleben, die wirtschaftlichen und sonstigen persönlichen Verhältnisse der festgenommenen Arbeitnehmer werden dabei einer gründlichen Prüfung unterzogen.« Mit Blick auf mögliche »Zersetzungsversuche« kommunistischer Kreise sollte »nicht nur der Einzelfall bereinigt« werden, sondern grundsätzlich geklärt werden, »ob und inwieweit hier staatsfeindliche Kräfte am Werke sind, um die etwaigen Drahtzieher ans Tageslicht zu bringen und – wenn nötig – brutal zu liquidieren.« Disziplinlosigkeiten, »Bummelantentum«, übermässiges und ungerechtfertigtes Krankfeiern blieben auch in den folgenden Jahren ein Problem für Firmenleitungen und Behörden. Allerdings kam der Sicherheitsdienst der SS in einem Bericht vom 22. April 1941 zu dem Ergebnis, daß im »großen und ganzen« von »einer Lockerung der Arbeitsdisziplin und einem schlechten Verhalten gegen die Betriebsgemeinschaft nicht in dem Sinne gesprochen werden kann, daß davon das gesamte Wirtschaftsleben ernstlich bedroht sei.«

Durch einen Erlaß Görings vom 22. August 1941 wurde bei groben Pflichtversäumnissen die Zusammenfassung von widersetzlichen Arbeitern in »Arbeitssonderkommandos« gebilligt. Mit den Arbeitserziehungslagern kam ein neues Repressionssystem hinzu. Die Haft war eine Erziehungsmaßnahme, der Häftling galt anschließend nicht als vorbestraft. Die Lebens- und Arbeitsbedingungen in den Lagern waren überaus hart: Mindestens zehn, höchstens zwölf Stunden wurde – auch an Sonn- und Feiertagen – gearbeitet, oftmals in kriegswichtigen Betrieben. Abgesehen von einem Entgelt von 0,50 Reichsmark pro Tag gab es keinen Lohn. Bei weiterem pflichtwidrigen Verhalten drohte die Verbringung in ein Konzentrationslager.

Ab 1942 wurde immer wieder versucht, die Löhne den verringerten Verbrauchsmöglichkeiten anzupassen, also den Lohn zu kürzen. Zugleich sollte durch die Einführung einer stärkeren Lohndifferenzierung (Leistungslohn) ein Anreiz für höhere Leistung gegeben werden. Allerdings gelang nur in großen Betrieben der metallverarbeitenden Industrie die Durchsetzung neuer Lohnstufen.

Bedenken gegen die Frauenarbeit

Im Gegensatz zum Ersten Weltkrieg nahm die Beschäftigung von Frauen nach dem Kriegsbeginn zunächst ab (von 14,6 auf 14,1 Millionen zwischen 1939 und 1941) und stieg erst 1944 auf 14,9 Millionen. Eine verstärkte Einbeziehung der

Entgegen dem nationalsozialistischen Idealbild von der Frau als Mutter, forderte Hitler im Mai 1941 die Frauen auf, ihren Beitrag für die Kriegswirtschaft zu leisten. Arbeiterinnen beim Kesselausblasen an Lokomotiv-Kesselrohren, 1941.

Frau ins Arbeitsleben widersprach der nationalsozialistischen Ideologie, wonach die Frau der Familie erhalten bleiben und sich der Aufzucht der Kinder widmen sollte. Zugleich minderte die gegenüber den Männern schlechtere Bezahlung und die

Kriegsbesessenheit – keine Spur

Die Frauen waren Hausfrauen, die dienstverpflichtet waren und die außer einem Bügeleisen noch nie irgendwelches technisches Gerät in der Hand hatten. Sie mußten angeleitet werden, beim Bohren von Werkstoffen die richtige Technik anzuwenden, die richtigen Bohrflüssigkeiten zuzugeben. Daß an Kriegsbesessenheit oder Nazibesessenheit unter den Frauen sich etwas ausbreitete – keine Spur. Die waren alle total sauer, daß sie da diese Arbeit verrichten mußten. Peter Maurer, *1922

Tatsache, daß viele Frauen von den Unterhaltsgeldern, auf die alle Soldatenfrauen Anspruch hatten, besser leben konnten als von den geringen Löhnen, die Neigung zur Erwerbsarbeit. Auch nachdem Hitler persönlich am 4. Mai 1941 von den deutschen Mädchen und Frauen einen zusätzlichen Beitrag für die Kriegswirtschaft gefordert

hatte, blieb die Bereitschaft zur freiwilligen Meldung für den Arbeitseinsatz gering. Selbst im September 1944 gab es in Deutschland noch immer etwa 1,3 Millionen weibliche Hausangestellte, während in England die Haushaltsarbeit als Beschäftigungsquelle fast gänzlich verschwunden war. Großbritannien war das einzige Land, in dem die Regierung Frauen zum Dienst einziehen konnte. Auch war hier die finanzielle Unterstützung von Kriegerfamilien relativ niedrig, was die Frauen weitaus eher zu einer Erwerbstätigkeit nötigte.

»Leistungsfähige Arbeitskräfte billigst zur Verfügung stellen«

Der weitgehende Verzicht auf das weibliche Arbeitskraftreservoir sorgte trotz der etwa zwei Millionen UK-Stellungen (uk = unabkömmlich) für deutsche Facharbeiter dafür, daß die Nationalsozialisten ihre Vorbehalte gegen den Einsatz von »Fremdarbeitern« aufgeben mußten. 1939 zählte man im »Großdeutschen Reich« gerade einmal 301.000 zivile ausländische Arbeitskräfte, was einem Anteil von 0,8% aller Beschäftigten entsprach.

Nach dem Sieg über Polen wurden bis Anfang 1940 fast 300.000 Kriegsgefangene zur Arbeit –

Die Einberufung der Männer führte zu einem akuten Arbeitskräftemangel in der deutschen Wirtschaft, so daß die Betriebe immer stärker auf Frauen angewiesen waren. Aus einem Werbeschaufenster der Deutschen Reichsbahn, März 1943.

fast ausschließlich in der Landwirtschaft – nach Deutschland gebracht. In derselben Zeit wurden rund 40.000 Landarbeiter angeworben. Dies reichte jedoch bei weitem nicht aus, so daß Göring am 16. November 1939 den Masseneinsatz von Polen im Reich befahl: »Ihr Einsatz und ihre Entlohnung müssen zu Bedingungen erfolgen, die den deutschen Betrieben leistungsfähige Arbeitskräfte billigst zur Verfügung stellen.« Um die verlangte Zahl von einer Million Land- und Industriearbeiter zu erreichen, wurde zu Zwangsmaßnahmen gegriffen: Razzien in Stadtteilen und Städten; Repressalien gegen Dörfer, in denen sich dienstverpflichtete Polen der Arbeit im Reichsgebiet durch Flucht entzogen hatten. Dennoch arbeiteten im Sommer 1940 – einschließlich der Kriegsgefangenen – erst

etwa 700.000 Polen im Reichsgebiet. Durch den schnellen Sieg über Frankreich im Sommer 1940 kamen in großem Umfang französische Kriegsgefangene – Ende Oktober 1940 waren es 1,2 Millionen – hinzu. Auch die Franzosen wurden zunächst überwiegend in der Landwirtschaft eingesetzt. Die kriegsgefangenen Dänen, Norweger und auch Belgier hingegen wurden zum großen Teil wieder entlassen.

Umgang mit Fremdarbeitern

Für den Einsatz polnischer Zivilarbeiter galten die am 8. März 1940 herausgegeben »Polen-Erlasse« von Reichsführer-SS Heinrich Himmler, die jegliche Kontaktaufnahme zwischen Deutschen und Polen unter Strafe stellten.

Anwerbung von Landarbeitern im besetzten Polen – bei der Anmusterung in der Landarbeiter-Sammelstelle Lobzow bei Krakau gibt es zwölf Zigaretten für jeden Mann, der sich zur Arbeit in Deutschland verpflichtet, April/Mai 1940.

In dem Merkblatt »Wie verhalten wir uns gegenüber den Polen?« als Anlage zu einer Anordnung vom 15. März 1940 (Betrifft: Verhalten deutscher Volksgenossen gegenüber polnischen Landarbeitern und Landarbeiterinnen) von Rudolf Heß, dem »Stellvertreter des Führers«, heißt es u.a.:

»Werdet nicht zu Verrätern an der deutschen Volksgemeinschaft!

Die Polen gehören nicht zur deutschen Volksgemeinschaft. Wer sie wie Deutsche behandelt oder gar noch besser, der stellt seine eigenen Volksgenossen auf eine Stufe mit den Fremdrassigen. (...) Wenn es nicht zu vermeiden ist, daß sie mit Euch unter einem Dach wohnen, dann bringt sie so unter, daß jede engere Berührung mit Eurer Familie ausgeschlossen ist.

Laßt Polen nicht mit an Eurem Tisch essen!

Sie gehören nicht zur Hofgemeinschaft, noch viel weniger zur Familie. Ihr sollt ihnen zwar genügend zu essen geben, sie sollen aber getrennt von Euch essen.

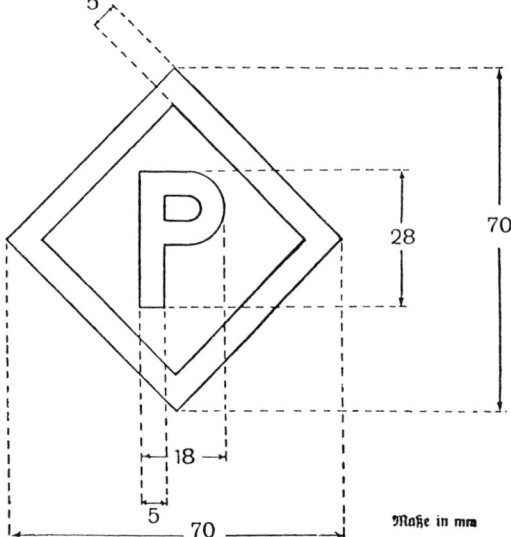

Grafik aus dem Reichsgesetzblatt über die vorgeschriebene Gestaltung des Kennzeichens für polnische Zwangsarbeiter.

Bei Euren Feiern und Festen haben die Polen nichts zu suchen!

Wir wollen in unseren Feiern und Familienfesten unter uns sein. Die Polen sind ein fremdes Volk. Sie werden unter sich ihre eigenen Feiern veranstalten.

Nehmt die Polen nicht in Eure Gasthäuser mit!

Sie werden es Euch nicht danken. Es wird dafür gesorgt werden, daß bestimmte Gasthäuser an einem Tag der Woche ausschließlich den Polen zur Verfügung stehen.«

Die Zunahme privater Beziehungen zwischen deutschen Frauen und ausländischen Zwangsarbeitern und auch Kriegsgefangenen machte den Behörden zunehmend Sorgen. So meldete der Sicherheitsdienst (SD) am 20. November 1939: »Obwohl bereits verschiedene Partei- und Staatsstellen Richtlinien über die Behandlung polnischer Kriegsgefangener herausgegeben haben, laufen noch immer täglich zahlreiche Meldung über ein allzu freundliches Verhalten eines Teiles der Bevölkerung gegenüber polnischen Kriegsgefangenen ein. (...) Aus vielen Berichten geht hervor, daß besonders auf dem Lande der Abstand zwischen der bäuerlichen Bevölkerung und den polnischen Kriegsgefangenen nicht genügend gewahrt wird.«

Vor allem zur Unterbindung des sexuellen Umgangs zwischen Polen und Deutschen griffen die Behörden zum Mittel gnadenloser Verfolgung bis hin zur öffentlichen Hinrichtung polnischer Arbeiter und Repressionen der betreffenden Frauen. Sie wurden mit abgeschnittenen Haaren und einem entsprechenden Schild um den Hals öffentlich an den Pranger gestellt.

Der sich gleichfalls entwickelnde relativ vertrauliche Umgang zwischen Deutschen und kriegsgefangenen Franzosen wurde ebenfalls, wenn auch nicht mit ganz so rigiden Methoden, zu unterbinden versucht.

Kriegswende 1942/43

Das Ministerium Speer

Als Nachfolger des verstorbenen Todt ernannte Hitler den Architekten Albert Speer, Erbauer der Reichskanzlei und Organisator der Nürnberger Parteitage, am 8. Februar 1942 zum Reichsminister für Bewaffnung und Munition und ab 2. September 1943 – mit erweiterten Kompetenzen – zum Reichsminister für Rüstung und Kriegsproduktion. Mit Rückendeckung Hitlers überspielte der politisch geschickte und organisatorisch hochbegabte Speer – noch nicht 37 Jahre alt – seine Rivalen, Göring ebenso wie Thomas. Das Wehrwirtschafts-

und Rüstungsamt gliederte Speer in den wichtigsten Teilen seinem Ministerium an.

Unter Speers Führung stieg die Rüstungsproduktion auf breiter Front an. Nachdem im Herbst 1941 per Führerbefehl aus dem Ersatzheer und den rückwärtigen Einheiten Soldaten entlassen und die Produktion von Kriegsgütern nicht mehr ausgeweitet worden war, kurbelte Speer die Fertigung massiv an. Die Preisgabe der Blitzkrieg-Strategie war zugleich aber der Beginn eines hoffnungslosen Kampfes gegen eine wirtschaftliche Übermacht der Gegner. Auch die Hoffnung, eine qualitative Überlegenheit in der Waffentechnik zu erreichen, erfüllte sich nicht.

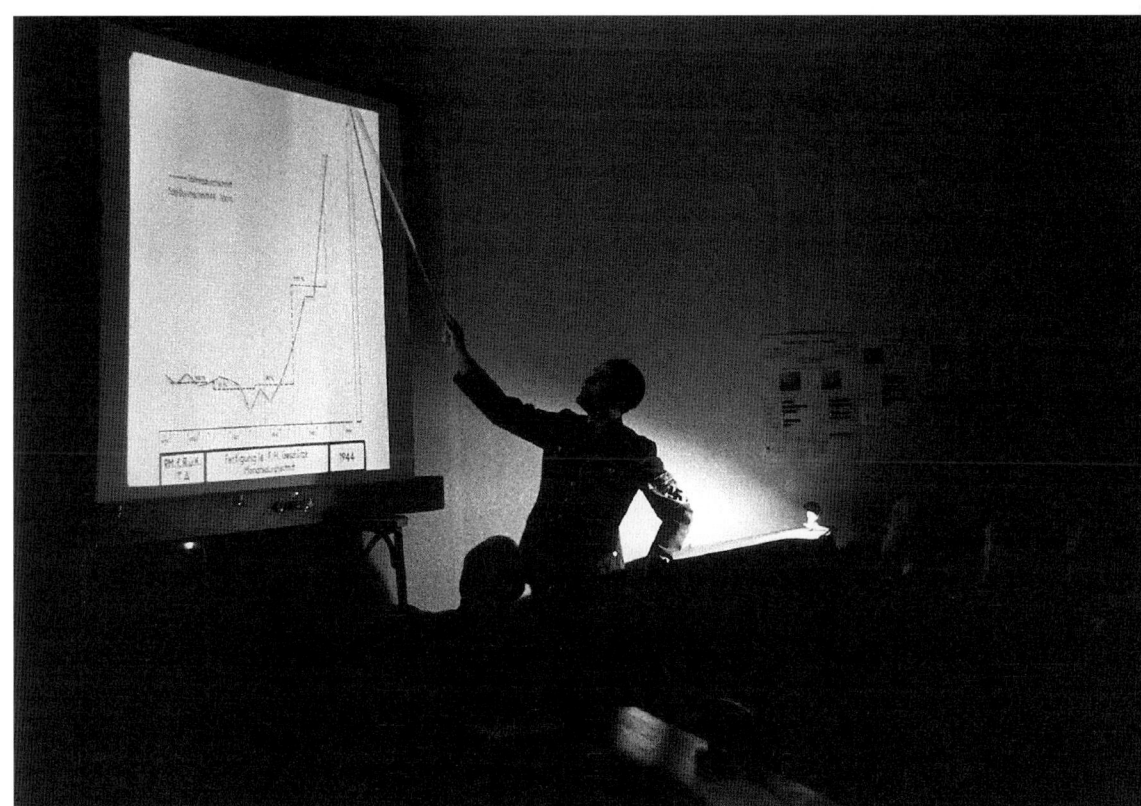

Albert Speer, seit September 1943 Reichsminister für Rüstung und Kriegsproduktion, demonstriert die Entwicklung der deutschen Geschützproduktion bei einer Arbeitstagung mit Wehrwirtschaftsführern in St. Florian bei Linz, 1943.

Lenkung der Kriegswirtschaft

Der organisatorische Kerngedanke der Indienstnahme der Industrie für die Kriegsproduktion war der Grundsatz der wirtschaftlichen Selbstverwaltung. Auf Anweisung Speers wurden Ausschüsse für die Erzeugung der einzelnen Kriegsgüter (z.B. für Panzer oder LKW) und Ringe für die Koordination der Herstellung bestimmter Warengattungen (z.B. Zahnräder) gebildet. Die Leitung lag jeweils in den Händen eines aus der Wirtschaft kommenden Koordinators. Diesen Mitarbeitern wurden – so Speer in einer Rede im Berliner Sportpalast im Juni 1943 – »Vollmachten für ihre Arbeit mitgegeben, die ihnen gestatteten, beliebig in die Fertigung sämtlicher Betriebe einzugreifen, diese vollständig neu aufzugliedern, die Verlagerung von Aufträgen zur Bereinigung des Auftragsbestandes vorzunehmen oder ganze Betriebe stillzulegen.« Speers Bestreben, die ganze Rüstung zentral zusammenzufassen, stieß allerdings immer wieder auf den Widerstand von Görings Vierjahresplanapparat. Zudem erschwerte das Prinzip der deutschen Industrieproduktion – mit komplizierten Mehrzweckmaschinen hochqualifizierte Artikel herzustellen – eine auf Massenausstoß einzelner Artikel ausgerichtete Fließbandfertigung. Demgegenüber erreichte die Rüstungsfertigung in den USA ihre hohes Produktivitätsniveau gerade durch den Einsatz von Spezialwerkzeugmaschinen.

Verzicht auf Zukunftsinvestitionen

Von 1942 bis 1944 wurde der Ausstoß an Gewehrmunition verfünffacht, die Zahl der hergestellten Panzerkampfwagen mehr als verdoppelt, und die Flugzeugproduktion stieg um mehr als das Dreifache an. Zugleich wurden aber die Prioritäten ständig geändert. Der von Karl Dönitz – ab 1943 Großadmiral und Oberbefehlshaber der Kriegsmarine – geforderte massive Ausbau der

U-Boot-Waffe blieb aus, ebenso alle Forschungen, die nicht unmittelbar Auswirkungen auf die Rüstungsproduktion hatten. Zwar gelang den deutschen Wissenschaftlern Otto Hahn und Fritz Straßmann schon im Dezember 1938 der experimentelle Nachweis für die Kernspaltung, doch verwirklicht wurde die Atombombe unter großem finanziellen und technischen Aufwand 1945 in den USA. Der Düsenjäger, der in Form des Strahlturbinenflugzeugs Heinkel He 178 bereits am 27. August 1939 erstmals erfolgreich erprobt worden war, gelangte erst zum Einsatz, als die Luftschlacht über Deutschland schon verloren war. Auch bei der Radartechnik war Deutschland – nach vielversprechenden Anfängen – dem Gegner immer einen Schritt hinterher.

Achillesferse Treibstoff

Der große Schwachpunkt der Rüstungsproduktion blieb trotz der Bemühungen um künstliches Benzin (Hydrierwerke) der Treibstoffmangel. Besonders bedeutsam waren in diesem Zusammenhang die rumänischen Ölfelder im Raum Ploesti. Die Vermehrung der U-Boot-, Luft- und Panzerwaffe erhöhte ständig den Bedarf. So ergab sich für die wirtschaftliche Kriegführung eine entscheidende Wende, als es im Spätsommer 1942 nicht gelang, die Ölfelder von Maikop, Baku und Grosny im Kuban-Schwarzmeer-Gebiet zu gewinnen. Bereits im Vorfeld des Angriffs auf die Sowjetunion am 22. Juni 1941 kreisten die Gedanken der deutschen Führung immer wieder um die Ölfelder im Kaukasus. So hieß es in den geheimen Anordnungen Görings über die Ausplünderung der Sowjetunion vom Juni 1941: »Soviel wie möglich Lebensmittel und Mineralöl für Deutschland zu gewinnen, ist das wirtschaftliche Hauptziel der Aktion. (...) Was Art und Umfang der in den besetzten Gebieten zu erhaltenden, wieder herzustellenden

Zeitschriftenwerbung von Mercedes-Benz mit Wehrmachtsfahrzeugen und –flugzeugen. Wie alle großen deutschen Industrie-unternehmen, konnte auch Mercedes-Benz seine Produktion nur mit Hilfe von Zwangsarbeitern aufrechterhalten.

oder neu zu ordnenden gewerblichen Produktion anlangt, so ist auch das in allererster Linie nach den Erfordernissen zu bestimmen, die die Ausnutzung der Landwirtschaft und der Mineralölwirtschaft für die deutsche Kriegswirtschaft stellt.«

»Aktion 2 für 3« und »Panzerschichten«

1942 wurden in dem »Großdeutschen Reich« (einschließlich Österreich, Sudeten- und Memelland sowie annektierte polnische Gebiete) noch 33,1 Millionen deutsche Arbeitskräfte gezählt, knapp sechs Millionen weniger als zu Kriegsbeginn. Bis 1944 ging die Anzahl noch einmal um 2,7 Millionen zurück. Mit der Kampagne »2 für 3« wurde Anfang 1942 versucht, die Leistungen trotz vermehrter Einberufungen aufgrund der Verluste im

Rußlandfeldzug zu steigern: Zwei Arbeiter sollten die Arbeit von dreien erledigen. Damit verbunden war der Versuch einer Durchsetzung der Zwölfstundenschicht.

Es stellte sich jedoch bald heraus, daß die Verlängerung der Arbeitszeit keine entsprechende Leistungssteigerung bewirkte, steigende Ausfallzeiten wegen Krankheit hoben die Arbeitsverlängerung praktisch wieder auf. Auch der Versuch Speers, aus Anlaß des »Tages der Nationalen Arbeit« am 2. Mai 1942 durch Aussetzung von Prämien – der

> ### Das gehörte eben zum totalen Krieg
>
> Das Leben war nur noch Fabrik, entweder Tagschicht oder Nachtschicht, wobei Tag und Nacht wechselten, was natürlich sehr unangenehm war. Wenn man sich mal darauf eingestellt hatte, nachts zu schlafen, dann mußte man in der nächsten Woche tags schlafen und umgekehrt. Aber das gehörte eben zum totalen Krieg. *Peter Maurer, *1922*

»Speer-Spende« (Alkohol und Tabak) – die Leistungsbereitschaft zu fördern, war eher ein Mißerfolg: Allzuviele Arbeiter gingen dabei leer aus.

In der Folgezeit kam es trotz der geringen Erfolge der Arbeitszeitverlängerungen immer wieder zu Einzelaktionen, z.B. bei den »Stalingrad-« oder »Panzerschichten« 1943. Zuerst im Kohlenbergbau, später auch in anderen Bereichen, wurden die Arbeiter aufgefordert, zusätzliche unbezahlte Arbeit an den Sonn- und Feiertagen zu leisten, um die Materialverluste durch den Untergang der 6. Armee bei Stalingrad 1943 auszugleichen.

Im Zusammenhang mit der Gründung des »Jägerstabes« am 1. März 1944, einem Koordinationsgremium für die gesteigerte Produktion von Jagdflugzeugen als Reaktion auf die anglo-amerikani-

Propagandaplakat zur Stärkung der Arbeitsmoral in den Betrieben der Rüstungsindustrie, 1944.

Kameraden der Heimatfront! Vermeidet Ausschuß u. fehlerhafte Arbeit! Jedes Ausschußstück lähmt unsere Kampfkraft!

schen Flächenbombardements, wurde die Arbeitszeit in der Luftfahrtindustrie massiv ausgeweitet: Sie betrug nun 72 Stunden (reine Arbeitszeit 69 Stunden) für Männer und 60 Stunden für Frauen und Jugendliche. Zwar wurden als Anreiz für mehr Produktivität wiederum Sachprämien in Aussicht gestellt, doch die erhoffte 20prozentige Leistungssteigerung stellte sich nicht ein. Vielfach erreichten die Arbeiter nicht einmal die Leistungen der 60stündigen Arbeitszeit, und der Ausschuß stieg beträchtlich an.

Hinzu kam die Belastung durch die Luftangriffe: Im Sommer 1942 starben jeden Monat im Durchschnitt 750 Menschen durch Bombenangriffe, 1943 waren es 7000, 1944 etwa 5500. Die steigende Intensität der Angriffe bedeutete für die Belegschaftsangehörigen auch vermehrte Verpflichtungen beim Werksluftschutz, der Werksfeuerwehr und der 1942 gegründeten »Heimatflak«. 1943 wurde damit begonnen, in größerem Umfang ganze Betriebe in weniger bombengefährdete Gebiete zu verlagern.

Die am 13. Januar 1943 durch einen Erlaß Hitlers eingeführte Registrierpflicht für Männer (zwischen 16 und 65) und Frauen (zwischen 17 und 45 Jahren) und die Stillegungsvollmacht für kriegsunwichtige Betriebe verfehlte das Ziel einer Mobilisierung der deutschen Arbeitskräfte. Nur 20% der insgesamt 3,5 Millionen Registrierten wurden tatsächlich zur Arbeit herangezogen. Erfolgreicher war die Rekrutierungsaktion des Generals Walter von Unruh: 600.000 erwachsene

Infolge verstärkter Luftangriffe der Alliierten mußten Betriebe der Rüstungsindustrie in unterirdische Räume verlegt werden. Produktionshalle in einem Straßentunnel in der Nähe von Garmisch-Partenkirchen, 1944/45.

3

Männer und 550.000 17jährige kamen 1943 unter Waffen. In den deutschen Betrieben führten ab 1942/43 Überfremdung und Überalterung sowie der zunehmend sich verschlechternde Gesundheitszustand der Beschäftigten zu einem spürbaren Rückgang der Leistungsfähigkeit.

Ein bemerkenswerter Störfaktor

Das Bombardement war ein bemerkenswerter Störfaktor, obwohl ich bei Moskito-Angriffen weiter gearbeitet habe, wir arbeiteten ja auch in der Nacht. Ich will nicht sagen, daß man sich daran gewöhnt, aber man mußte es hinnehmen. Der Frontsoldat mußte viel Schlimmeres hinnehmen im Kampf. Unsere Arbeit war insofern eine Schlacht, als daß sie unter kriegerischen Bedingungen gemacht werden mußte. Es war diktiert von der Tatsache, daß man das Äußerste in diesem Kampf, in diesem Krieg zu geben hatte, ähnlich wie die Soldaten an der Front.   *Walter David, *1908*

Ausbeutung ohne Grenzen

Als Generalbevollmächtigter für den Arbeitseinsatz organisierte der thüringische Gauleiter Fritz Sauckel ab dem 21. März 1942 die rücksichtslose Ausbeutung der Fremdarbeiter. Wegen seiner Verantwortlichkeit für die Deportation und den Zwangseinsatz eines Millionenheeres von Arbeitssklaven wurde er 1946 vom Internationalen Militärgerichtshof in Nürnberg zum Tode verurteilt und hingerichtet.

Der Einsatz russischer Kriegsgefangener und Zivilarbeiter im Deutschen Reich begann erst Ende 1941, als die Aussicht auf einen raschen Sieg im Osten endgültig geschwunden war. Zu diesem Zeitpunkt waren schon etwa 60% der bis dahin 3,35 Millionen russischen Kriegsgefangenen durch Hunger und Seuchen ums Leben gekommen. Von den insgesamt 5,7 Millionen sowjetischen Solda-

ten in deutscher Kriegsgefangenschaft starben etwa 3,3 Millionen. Angesichts dieser Zahlen gingen die deutschen Behörden auch zur Anwerbung (besser zum Einfangen) sowjetischer Zivilarbeiter über, um den Arbeitskräftebedarf zu decken.

In Viehwaggons nach Mannheim

Es war der 2. September '44, ich wurde festgenommen. Wir wohnten in Baracken in Dachau. Wir sind isoliert worden, eine Quarantäne, die dauerte eine Woche. Dann kamen zwei Vertreter von Daimler-Benz aus Mannheim. Und sie haben uns ausgesucht zur Arbeit in den Daimler-Benz-Werken in Mannheim, besonders junge Leute und Fachleute. Ich hatte damals noch kein Fach, aber ich war jung. Wir sind in Viehwaggons nach Mannheim gefahren. Zu Fuß mußten wir nach Sandhofen gehen. Die Bevölkerung von Sandhofen hat uns »begrüßt« – mit Steinen und Abfällen beworfen. Wir wohnten in zwei Etagen einer Schule, die Daimler-Benz für uns gemietet hatte, in 16 Klassenzimmern für 1060 Leute! Wir haben nur Drei-Etagen-Pritschen gehabt, kein Stuhl, gar nichts, nur Pritschen. Appell war um vier Uhr und dauerte eine Stunde, dann haben wir einen halben Liter Ersatzkaffee, also Kornkaffee, bekommen, das war alles. Dann mußten wir zu Fuß zum Werk marschieren, das waren fünf bis sieben Kilometer. Dort arbeiteten wir zwölf Stunden, jeden Tag. Wir haben nur eine kurze Pause gehabt für das Mittagessen, so nannten sie dieses Essen, das wir bekommen haben: eine Suppe aus Rüben und manchmal Kartoffeln, ohne Fleisch, ohne Fett. Und um sechs Uhr mußten wir wieder nach Sandhofen marschieren. Dann gab es wieder einen Appell. Wir haben jeden Tag ein Brot für zwei oder drei Leute bekommen, das waren 200 oder 300 Gramm, ein kleines Stückchen Margarine und manchmal einen kleinen Löffel Marmelade aus roten Rüben.   *Eugeniusz Szobski, *1924*

Am 2. Februar 1942 erließ das Reichssicherheits-hauptamt die »Ostarbeitererlasse«. Sie entsprachen denen für die polnischen Arbeitskräfte, gingen aber – was die Ahndung von Vergehen anging – noch darüber hinaus. Schon bei Anzeichen auf Disziplinlosigkeiten drohte die Verbringung in ein Konzentrationslager oder »Sonderbehandlung«, das bedeutete Hinrichtung.

Mit welchen Methoden Arbeitsverwaltung, Wehrmacht und SS bei der Rekrutierung von Ostarbeitern vorgingen, zeigt ein Bericht der Auslandsbrief-Prüfstelle Berlin vom November 1942: »Männer und Frauen einschließlich Jugendlicher vom 15. Lebensjahr ab wurden auf der Straße, von den Märkten und aus Dorffestlichkeiten herausgegriffen und fortgeschafft. Die Einwohner halten sich

deshalb ängstlich verborgen und vermeiden jeden Aufenthalt in der Öffentlichkeit. Zu der Anwendung der Prügelstrafe ist nach den vorliegenden Briefen seit etwa Anfang Oktober das Niederbrennen der Gehöfte bzw. ganzer Dörfer als Vergeltung für die Nichtbefolgung der an die Gemeinden ergangenen Aufforderungen zur Bereitstellung von Arbeitskräften getreten. Die Durchführung dieser letzten Maßnahme wird aus einer ganzen Reihe von Ortschaften gemeldet.«

Auf diese Weise gelang es, in kurzer Zeit riesige Menschenmassen aus der UdSSR nach Deutschland zu bringen. Allerdings war die tatsächliche Entlastung der unter Hochdruck produzierenden Betriebe durch die Beschäftigung der Russen erheblich geringer als veranschlagt, nicht zuletzt

Arbeiter aus den eroberten Ostgebieten in einem Rüstungsbetrieb in Süddeutschland, zur Kennzeichnung dienten numerierte Armbinden. Zum »Tragen eines Kennzeichens« waren »Ostarbeiter jederzeit und bei jeder Gelegenheit« verpflichtet, 1943.

wegen der besonders schlechten Arbeits- und Lebensbedingungen vor allem im Ruhrbergbau. Selbst die deutschen Betriebsleitungen wiesen darauf hin, daß »die Tagesrationen der Verpflegung« in »keiner Weise ausreichend« seien, »umso mehr nicht, als diese Fachkräfte zum größten Teil Schwer- und Schwerstarbeiter sind.«

»Vernichtung durch Arbeit«

Abgesehen von Zulieferbetrieben für die Bauwirtschaft wurde die Arbeitskraft der KZ-Häftlinge bis 1939 kaum wirtschaftlich genutzt. Erst nach Kriegsausbruch wurden den Lagern regelrechte Betriebe (z.B. für die Herstellung von Textilien) angegliedert, die zunächst vorwiegend für den KZ-Bedarf, später auch für die Waffen-SS arbeiteten. Wichtiger als die Beschäftigung von Häftlingen in SS-eigenen Betrieben wurde seit Sommer 1942 ihr Einsatz in der Rüstungsindustrie.

Seit 1943 stieg die Zahl der Häftlinge vor allem durch die Inhaftierung von Juden, Polen und sowjetischen Zivilarbeitern trotz sehr hoher Sterblichkeitsraten stark an; im Dezember 1942: 88.000; 15. Januar 1945: 511.537 Männer und 202.674 Frauen, darunter nur noch etwa 10% Deutsche, die Übrigen, Menschen aus den besetzten Gebieten. Die Hauptfunktion der Lager bestand nunmehr in der Rekrutierung von Arbeitskräften und in deren »Vernichtung durch Arbeit«. Dies führte zur Zusammenfassung der SS-Wirtschaftsunternehmen in dem im März 1942 gegründeten SS-Wirtschaftsverwaltungshauptamt (WVHA) unter Leitung von SS-Obergruppenführer Oswald Pohl. Am 12. März 1943 erfolgte die Gründung des SS-Unternehmens Ostindustrie GmbH zur wirtschaftlichen Ausbeutung jüdischer Häftlinge.

Außer in SS-eigenen Betrieben wurden die Häftlinge zunehmend von Firmen der Rüstungsindustrie beschäftigt, denen sie gegen Bezahlung (an die SS) zur Verfügung gestellt wurden. Zu diesem Zweck wurden zahlreiche Nebenlager und Außenkommandos der Stammlager gebildet oder, wie in Auschwitz, Rüstungsbetriebe unmittelbar beim Stammlager errichtet. Das Konzentrations- und Vernichtungslager Auschwitz wurde ursprünglich von den I.G. Farben als Standort für den Ausbau der Treibstoff- und Buna-Produktion geplant. 900 Millionen Reichsmark wollte die I.G. in dieses bisher größte Einzelobjekt investieren und baute dafür mit Monowitz sogar ein eigenes Konzentrationslager. Die I.G. Farben sorgte für die Unterbringung, die SS übernahm die Organisation und Überwachung, die Bestrafung und schließlich den Nachschub der Häftlinge.

Dabei wurden die Gefangenen zu einem mörderischen Arbeitstempo angetrieben. Der ehemalige KZ-Häftling Gustav Herzog sagte darüber aus: »Es ist die hundertprozentige Schuld der I.G.-Leitung, daß unzählige Tausend nicht mehr einsatzfähiger Häftlinge vergast worden sind. Die Methode der I.G. Farben, nur voll Arbeitsfähige in Buna zu belassen, hat weitaus mehr Todesopfer gekostet als die individuellen Morde in anderen KZ.«

Zu normalen Arbeitsleistungen waren die chronisch unterernährten und ständiger Willkür der Wachmannschaften ausgesetzten Häftlinge (Arbeitszeit 11–12 Stunden täglich) nicht mehr fähig. Die Lebensdauer eines Häftlings wurde in der »Rentabilitätsberechnung« der SS mit neun Monaten veranschlagt. Bei einem durchschnittlichen täglichen Verleihlohn von sechs Reichsmark (abzüglich Ernährung von 0,60 RM) ergab dies inklusive dem Erlös aus der rationellen Verwertung der Leiche einen Gesamtgewinn in Höhe von 1631 Reichsmark. Je mehr sich die Kriegslage verschärfte, desto mehr verschlechterten sich die Lebensbedingungen im KZ, ging man zunehmend dazu über, nicht mehr arbeitsfähige Häftlinge zu töten. Die Gesamtzahl der Menschen, die in den Konzentrationslagern der SS umkamen, betrug mindestens 500.000, viele davon starben im Chaos der letzten Wochen des Krieges.

Häftlingseinsatz in der Rüstung

Auch an der Fertigung der deutschen Raketenwaffen – den »Vergeltungswaffen« V 1 (amtliche Typenbezeichnung Fi 103) und V 2 (A 4), die ab Juni bzw. September 1944 als Vergeltung für alliierte Luftangriffe hauptsächlich gegen London eingesetzt wurden – waren KZ-Häftlinge beteiligt. Die Flugbombe V 1, von der knapp 33.000 Stück gefertigt und 22.384 abgeschossen wurden, war ein Rüstungsprojekt der Luftwaffe unter Beteiligung der Fieseler Flugzeugwerke, der Argus

Motoren GmbH und anderen. Gebaut wurde die »Wunderwaffe« zum Stückpreis von rund 5000 Reichsmark ab Herbst 1943 im Volkswagen-Werk Fallersleben, später in Mittelbau bei Nordhausen. Technisch wesentlich aufwendiger war die 130.000 Reichsmark teure A 4, eine seit den dreißiger Jahren von der Heeresversuchsanstalt Peenemünde auf der Halbinsel Usedom entwickelte Flüssigkeitsrakete. Von der V 2, die 976 kg Sprengstoff – nur wenig mehr als die V 1 – ins Ziel bringen und von der britischen Luftabwehr nicht bekämpft werden konnte, wurden etwa 6500 Stück gefertigt, von denen 3170 zum Einsatz kamen.

Unmittelbar nach dem ersten schweren Luftangriff der Royal Air Force auf Peenemünde in der Nacht zum 18. April 1943, bei dem 735 Men-

Nach den Luftangriffen auf Peenemünde wurde die Produktion deutscher Raketenwaffen in einen Bergwerkstollen bei Nordhausen verlegt. KZ-Häftlinge als Zwangsarbeiter bei der Fertigung von einer der Geräteklappen der V2, 1944.

schen – zumeist sowjetische Kriegsgefangene und polnische Zwangsarbeiter aus dem Lager Trassenheide – ums Leben kamen, begann in den Stollen des Kohnsteins bei Nordhausen die Einrichtung eines unterirdischen Hauptmontagewerkes für die V 2. Am 27. August wurden die ersten KZ-Häftlinge aus Buchenwald dorthin in Marsch gesetzt. Insgesamt entstanden drei Arbeitskommandos: Mittelbau I – Dora (Salza/Thüringen), Mittelbau II – Erich (Ellrich/Kreis Grafschaft Hohenstein) und Mittelbau III – Hans (Harzungen, ab 1. April 1944). Im Februar 1945 erreichte Mittelbau mit 41.766 Häftlingen die Höchstbelegung. Die Überlebenschancen dort waren noch geringer als in anderen Konzentrationslagern. Allein im Februar und März 1945 starben in Mittelbau 4850 Häftlinge.

Überlebende Insassen sagten darüber aus: »Die Häftlinge wurden (...) zum Arbeiten wie auch zum Schlafen in diesen Kammern untergebracht, wo sie auf nackten Steinen ohne Stroh, ohne Decken kampieren mußten. Durch die andauernden Sprengungen (...) konnten die Gase nicht abziehen. Ent- oder Belüftungsanlagen waren überhaupt nicht vorhanden. Die Arbeitszeit betrug 12 Stunden. Die Verpflegung bestand aus einem Stück Brot, etwa 20 g Margarine und einem Liter warmer Suppe, die aber nur alle zwei bis drei Tage verabreicht wurde.« Nach der Zeugenaussage gingen täglich rund 200 Häftlinge elend zugrunde.

»Totaler Krieg« und Zusammenbruch 1943–1945

Der »totale Krieg«

Nach der Niederlage bei Stalingrad verkündete Reichspropagandaminister Joseph Goebbels am 18. Februar 1943 im Berliner Sportpalast den »totalen Krieg«, er selbst wurde am 25. Juli 1944 zum »Generalbevollmächtigten für den totalen Kriegseinsatz« ernannt. Die gesamte Bevölkerung, insbesondere auch Frauen und Kinder, sollten in den Dienst der Rüstung gestellt werden. Damit wurde der Eindruck erweckt, als könne jetzt – nachdem an allen Fronten die Initiative längst auf die Alliierten übergegangen war – das Blatt durch eine einzige Kraftanstrengung noch gewendet werden. Die immer dringender werdenden Aufrufe – z.B. der Appell Sauckels an Pensionäre und Frauen zum »freiwilligen Ehrendienst« in der Kriegswirtschaft (16. 2. 1944) und die am 7. März 1944 beginnende große Werbeaktion der NS-Frauenschaft – zeigten den anhaltenden Arbeitskräftemangel. Durch eine Anhebung der Altersgrenze für Frauen auf 50 Jahre (Juli 1944), eine Steigerung der Wochenarbeitszeit von 48 auf 60 Stunden für Männer am 31. August 1944 (Frauen und Jugendliche: 56 Wochenstunden, Jugendliche unter 16 Jahren: 48 Stunden in der Woche) und verschärften Strafandrohungen bei Bummelantentum (ab September 1944) sollten die letzten Reserven ausgeschöpft werden.

Auch dieser letzte Versuch, noch einmal Höchstleistungen zu erzwingen, bewirkte allerdings wenig, weil – wie es in einem Bericht hieß – jeder »langsamer arbeitet, so daß eher weniger als mehr herauskommt, als in 8 Stunden.« Vielfach erzwang auch der Mangel an Strom, Kohle und Rohstoffen eine Verkürzung der Arbeitszeit.

Ab Herbst 1944 sank der Anteil der deutschen Arbeitskräfte zusätzlich durch die verstärkte Einberufung zur Wehrmacht und zum Volkssturm sowie zu Schanzarbeiten. Unter den 1,5 Millionen Männern, die 1944 eingezogen wurden, waren auch zahlreiche Facharbeiter. Alle Männer von 16 bis 60 Jahren sollten nach einem Führererlaß vom 25. September 1944 zum Volkssturm antreten.

Ab 1942 nahm die Intensität von Disziplinierungsmaßnahmen drastisch zu. Im Juni 1942 wurden von der Gestapo 7311 Menschen aus arbeitsdisziplinarischen Gründen verhaftet, im Juni 1944 waren es 43.505. Im Jahr 1942 waren davon in fast 80% der Fälle Ausländer die Opfer, bis 1944 stieg der Ausländeranteil auf 95%. Die Zahl der Hinrichtungen stieg von 139 bei Kriegsbeginn 1939 auf 5764 im Jahr 1944.

Steigerung der Rüstungsproduktion

Sommer 1944 war der Höhepunkt der Rüstungsproduktion erreicht (Index Anfang 1942 = 100, Juli 1944 = 322). Nur deshalb führte die überwältigende alliierte Überlegenheit noch nicht zum Sieg. Von da an ging der Produktionsstand zurück, eine Folge der zunehmenden Luftangriffe, der Offensiven der Sowjets und des Vorrückens der Alliierten in Frankreich und Italien. Speer sagte bei den Nürnberger Prozessen aus, daß es ihm bis zum Herbst 1944 gelungen sei, »trotz der Fliegerangriffe eine laufende Steigerung zu erzielen. Diese war, um es in einer Zahl zu sagen, so groß, daß ich im Jahre 1944 130 Infanteriedivisionen und 40 Panzerdivisionen vollständig neu ausstatten konnte. Das war die Neuausstattung für zwei Millionen Menschen. Allerdings wäre sie 30 Prozent höher gewesen, wenn die Fliegerangriffe nicht gewesen wären. Wir hatten die Höchstleistungen im ganzen Kriege im August 1944, soweit sie Munition anbetrifft, im September 1944 bei den Flugzeugen und im Dezember 1944 bei den Waffen und bei den neuen U-Booten.« Dennoch war der Rüstungswettlauf für Deutschland aussichtslos.

Höhepunkt der Ausländerbeschäftigung

Am 31. Mai 1944 arbeiteten im Großdeutschen Reich 7.126.000 ausländische Arbeitskräfte. Bis Herbst 1944 stieg die Zahl auf gut 7,7 Millionen; damit war jede fünfte Arbeitskraft ein Ausländer. Von ihnen kamen – so Sauckel am 1. März 1944 –

»keine 200.000 freiwillig«. Als sich nach den ersten, noch einigermaßen erfolgreichen Anwerbemaßnahmen herumgesprochen hatte, unter welchen Umständen der Arbeitseinsatz im Reich erfolgte, ließ die Bereitschaft rasch nach.

Menschen aus 20 europäischen Ländern arbeiteten in Deutschland für die Kriegswirtschaft. Die Sterblichkeit vor allem unter den sowjetischen Gefangenen und den »Ostarbeitern« war außerordentlich groß. Außer den über 1,9 Millionen Kriegsgefangenen gab es 5,7 Millionen zivile Arbeits-

> **Dann ist er auch kein Untermensch**
>
> Man brachte das gar nicht deckungsgleich – in dem Augenblick, wo Sie, wie ich, die Stascha, den Stanislaus, den Ludwig kennenlernten – als ich die kennenlernte, da waren das ja Menschen. Und dann kriegten wir ja auch noch einen Russen. Der war so harmlos und so dankbar für seinen Brei, den er da immer löffeln durfte. Das konnten Sie nicht mit diesen Untermenschen, oder was einem da – das brachten Sie nicht zusammen. In dem Augenblick, wo Sie die kennen. – Das war wie mit unseren Kaninchen: Wenn man weiß, wie es heißt, kann man es nicht mehr essen. Wenn Sie wissen, der Untermensch heißt Stascha oder Ludwig, dann ist er auch kein Untermensch mehr. *Johanna Krüger, *1923*

kräfte, von denen die meisten nach Deutschland verschleppt worden waren. 2,8 Millionen stammten aus der Sowjetunion, 1,7 Millionen aus Polen, 1,3 Millionen aus Frankreich und etwa 600.000 aus Italien. Nach dem Sturz Benito Mussolinis im Juli 1943 wurden die italienischen Soldaten, die sich weigerten, für Deutschland weiterzukämpfen, in Arbeitslager ins Reich gebracht. Hier standen sie – als »Badoglio-Schweine« beschimpft – auf den unteren Stufen der Rassenhierarchie.

Über die Hälfte der Zivilarbeiter aus Polen und der UdSSR waren Frauen, ihr Durchschnittsalter lag bei etwa 20 Jahren. Mehr als ein Drittel der Ausländer wurde in der Landwirtschaft eingesetzt; ohne die 2,7 Millionen dort tätigen »Fremdarbeiter« und Kriegsgefangenen wäre die Versorgung mit Lebensmitteln schon viel früher zusammengebrochen. Im August 1944 waren 5,7% der Beschäftigten im Bergbau, 22,2% in der Metallindustrie und 3,3% in der Chemieindustrie tätig. 6,3% arbeiteten in der Bauindustrie und 5% im Bereich Verkehr.

Im Ausländereinsatz fand die Ideologie von der deutschen »Herrenrasse« ihren bildhaften Ausdruck: Die eigenen Kräfte konnten geschont werden, weil andere zur Verfügung standen. Sie sollten nach den Worten Sauckels vom 20. April 1942 »bei denkbar sparsamstem Einsatz die größtmögliche Leistung hervorbringen.« Nur durch den Ausländereinsatz gelang es dem NS-Regime, den Krieg weiterzuführen, als die deutschen Arbeitskräfteressourcen schon lange erschöpft waren.

»Germanen« ganz oben, »Ostarbeiter« ganz unten

Die Abstufungen innerhalb der nationalsozialistischen Werteskala verdeutlicht ein streng vertrauliches Merkblatt der Geheimen Staatspolizei in Dresden vom 16. November 1942. Zur Abwendung »volkspolitischer Gefahren« sollte beim Umgang mit den »fremdvölkischen Arbeitskräften« folgende Hierarchie beachtet werden:

»1.) Arbeitskräfte germanischer Abstammung: Flamen, Holländer, Dänen, Norweger.

2.) Arbeitskräfte sonstiger uns verbündeter bzw. befreundeter souveräner Staaten, z.B. Italiener, Spanier, Slowaken, Kroaten, Bulgaren, Ungarn.

3.) Arbeitskräfte aus den besetzten Gebieten im Westen. Hierzu gehören die Wallonen und Belgier und alle aus Frankreich kommenden Arbeitskräfte, gleich welchen Volkstums.

4.) Arbeitskräfte aus den besetzten Gebieten des Südostens: z.B. Serben und Griechen.

5.) Arbeitskräfte aus dem Protektorat Böhmen und Mähren nichtdeutscher Abstammung (Protektoratsangehörige).

6.) Arbeitskräfte aus den ehemaligen baltischen Staaten (Litauer, Esten und Letten).

7.) Arbeitskräfte nichtpolnischen Volkstums aus dem Generalgouvernement und den eingegliederten Ostgebieten (Ukrainer, Weißruthenen, ferner Kaschuben, Masuren, Slonsaken...)

8.) Arbeitskräfte polnischen Volkstums aus dem Generalgouvernement und den eingegliederten Ostgebieten (Polen).

9.) Arbeitskräfte aus den altsowjetrussischen Gebieten: Ostarbeiter.«

Ferner waren zum »Tragen eines Kennzeichens jederzeit und bei jeder Gelegenheit« verpflichtet: Polnische Zivilarbeiter (Kennzeichen »P«) und die Ostarbeiter (»Ost«). Für alle übrigen »fremdvölkischen Zivilarbeiter« wurde keine Kennzeichnung eingeführt. Zum Zeitpunkt der Kapitulation 1945 befanden sich rund 8,5 Millionen »Displaced Persons« (DP) auf deutschem Boden. Zum größten Teil wurden sie in ihre Heimat repatriiert, etwa 800.000 wanderten nach Übersee aus, andere blieben – als »heimatlose Ausländer« – in Deutschland.

Zusammenbruch der Treibstoffversorgung

Lange Zeit hatten die Flächenbombardements – im Vergleich zu den dafür aufgewendeten Mitteln – wenig Wirkung auf die deutsche Wirtschaft. Auch die Moral der Zivilbevölkerung blieb davon lange unbeeindruckt, wenngleich Abwehrerfolge wie beim Angriff auf Schweinfurt (Kugellagerfabriken) am 14. Oktober 1943, als von 291 Bom-

Um die Ernährung der Bevölkerung während der Kriegsjahre zu gewährleisten, mußten alle Reserven genutzt werden.
Auf den Grünanlagen des Berliner Alexanderplatzes wurden keine Blumen, sondern Gemüse angepflanzt, Juli 1943.

bern der 8. US-Luftflotte 60 abgeschossen wurden und weitere 17 beim Heimflug verloren gingen, die große Ausnahme waren.

Von entscheidender Bedeutung war allerdings die Luftoffensive auf die deutschen Treibstoffwerke im Mai und Juni 1944, denn die Mineralölproduktion brach weitgehend zusammen. Im August 1944 gingen auch die rumänischen Ölfelder verloren.

Schon nach dem ersten schweren Angriff auf die Leuna-Werke am 12. Mai 1944 gab Speer im Führerhauptquartier zu Protokoll: »Der Gegner hat uns an einer unserer schwächsten Stellen getroffen. Bleibt es dieses Mal dabei, dann gibt es bald keine nennenswerte Treibstoffproduktion mehr.«

Noch im Mai 1944 wurden in Deutschland 156.000 t Flugbenzin hergestellt, bis September sank die Produktion auf 10.000 t ab, stieg dann – als die Wetterbedingungen für die Luftangriffe schlechter wurden – im November 1944 noch einmal auf 49.000 t an und kam im März 1945 schließlich ganz zum Erliegen.

Ernährung und Einkauf

Das Stocken der »Winterschlacht im Osten« und die enttäuschte Erwartung, daß Ende 1941 der Krieg vorbei sei, führte 1941/42 zunächst zu einer psychologischen Krise in der Bevölkerung, der im April 1942 auch eine Ernährungskrise folgte.

Lebensmittelkarten gab es bereits seit Kriegsbeginn, doch mit Verschärfung der Nahrungsmittelknappheit mußten auch die Rationen ständig verringert werden. 1945 entsprach die Zuteilung pro Kopf und Tag des Normalverbrauchers 1600 Kalorien.

Die Zuteilungen wurden ab dem 6. April 1942 um 20 bis 25% gesenkt. Nach den Feststellungen des Sicherheitsdienstes der SS löste diese Maßnahme »große Enttäuschung« aus und führte »insbesondere in Arbeiterkreisen zu einer nicht unbeträchtlichen Beunruhigung«. Die Stimmung in diesen Bevölkerungskreisen sei auf einem im Verlauf des Krieges bisher noch nicht festgestellten Tiefpunkt angelangt. Eine nochmalige Senkung mit Beginn der 36. Zuteilungsperiode bewirkte, daß die Normalverbraucher nun 250 Kalorien weniger als zuvor bekamen, die Nacht- und Langarbeiter, Schwer- und Schwerstarbeiter sogar jeweils fast 500 Kalorien weniger. Zwar wurden ab dem 19. Oktober

---

Ein Symbol dessen, was uns bevorstand

Ich bin dann zuletzt Ende März in Berlin gewesen und bekam eine Einladung zu einem philharmonischen Konzert unter Furtwängler. Es fand nicht mehr in der Philharmonie statt, die war zerstört. Und es kamen da zahlreiche deutsche Industrieführer zusammen und auch führende Leute aus dem Rüstungsministerium, und Speer war auch da. Das Konzert begann schweigend und endete schweigend. In der Nacht hatten wir schon den Kanonendonner jenseits der Oder gehört. Das Konzert begann unter Furtwängler mit der Eroica von Beethoven. Dann kam eine Pause, und ich sah, ich saß nicht weit hinter Speer, wie Speer hinter eine Säule ging, in deren Schatten, und die Augen schloß. Wir kehrten zurück, Furtwängler erschien, und es kam die Unvollendete von Schubert: ein Symbol dessen, was uns bevorstand. Wir sind schweigend auseinander gegangen. *Walter David, *1908*

1942 die Brot- und Fleischmengen erhöht (für den Normalverbraucher von 300 auf 350 g Fleisch und von 2000 auf 2250 g Brot pro Woche), kalo-

rienmäßig blieben die Rationen jedoch weiter deutlich unter dem Stand von 1939.

War 1943 die Versorgungslage im Reichsgebiet – dank der systematischen Ausbeutung der Ressourcen besetzter Länder – noch erträglich, so wurden doch Einschränkungen beim Einkauf von Schuhen und Textilien spürbar. Die am 1. Januar 1943 herausgegebene vierte Reichskleiderkarte bedeutete aufgrund geänderter Punktezahlen eine Wertminderung um etwa 40%. Zudem wurden für immer mehr wichtige Erzeugnisse besondere Bezugscheine verlangt.

Die durchschnittliche tägliche Kalorienmenge (incl. nicht-rationierter Lebensmittel) ging im Verlauf des Krieges um ein Drittel zurück, von 2700 pro Tag in den Jahren 1939/40 auf 2450 in den Jahren 1944/45, betrug dann Anfang 1945 nur noch 2100 Kalorien – bei der nichtländlichen Bevölkerung noch weniger – und fiel kurz vor der Kapitulation auf 1600 pro Kopf und Tag des Normalverbrauchers, also jedes dritten Deutschen.

»Nero-Befehl« und Zusammenbruch

Der Hitler-Befehl vom 19. März 1945, »alle militärischen Verkehrs-, Nachrichten-, Industrie- und Versorgungsanlagen sowie Sachwerte innerhalb des Reichsgebietes, die sich der Feind für die Fortsetzung seines Kampfes irgendwie sofort oder in absehbarer Zeit nutzbar machen kann«, zu zerstören, wurde weitgehend ignoriert. Dennoch war die Wirtschaft Deutschlands im Mai 1945 auf einem Tiefpunkt angelegt. In Anbetracht der Verluste an Menschen und Produktionskapital, an landwirtschaftlicher Nutzfläche und Bodenschätzen und der ungewissen Zukunftsaussichten (Morgenthau-Plan vom 2. 9. 1944 über eine De-Industrialisierung) schienen die Aussichten auf einen Wiederaufstieg hoffnungslos.

Ernst Christian Schütt

4 familie

1940   194

4 familie

In den ersten Monaten des letzten Kriegsjahres 1918 entfernten sich zwischen 750.000 und eine Million Soldaten unerlaubt von der Truppe. Vor Kriegsende waren allein in Berlin 20.000 Fahnenflüchtige untergetaucht. Auf dem Rückweg vom Urlaub zur Front stiegen sie unterwegs einfach aus den Zügen und schlugen sich nach Hause durch. Nachdem deutlich war, daß der Krieg verloren war, daß jeder, der starb, »umsonst« starb, erhofften sich viele Soldaten einen »Heimatschuß«, um endlich dem Gemetzel zu entkommen und zu Mutter und Vater, zu Frau und Kindern heimkehren zu können. Ein durchaus nachvollziehbarer Wunsch. Nach Hause wollten sie, um jeden Preis. Während von der russischen Revolution inspirierte Industriearbeiter, die als unterste Ebene besonders unter der Hierarchie der Kriegsführung gelitten hatten, voller Bitterkeit aus dem Krieg heimkehrten, dem Offizierskorps die Verantwortung für die Niederlage anlasteten und sich von der Republik die Überwindung einer autoritären Staatsform erhofften, waren sich weite Teile des Bürgertums mit den geschmähten Offizieren in der Ablehnung dieser Republik einig und beschuldigten die »Heimtfront«, die Schuld an der Niederlage zu tragen. In der Heroisierung des Krieges in der Nachkriegsliteratur und den konservativen Medien wurde dann der Boden für einen neuen vorbereitet. Schon wenige Jahre nach dem Kriegsende war die ambivalente Realität einer demoralisierten Truppe, von Blut und Tränen, von der rettenden Heimat mythisch verdrängt.

Der Fluchtpunkt »Heimat« und »Familie«, von dem man an der Front geträumt hatte, wurde umgedeutet und erhielt nun eine vor allem negative Wertung. Der soldatische Held des Krieges, »der Überwinder, die Stahlnatur« (Ernst Jünger), sah sich im Gegensatz zur Familie, in kalter Ablehnung von Gefühlen und christlichen Humanitätsidealen. Nicht der Familie, sondern Volk und Vaterland sollte die Loyalität und Liebe des Soldaten gehören.

Militarisierung des zivilen Lebens

Mit den Rüstungsbeschränkungen des Friedensvertrags von Versailles beabsichtigten die Siegermächte die politische Schwächung Deutschlands und die Einschränkung des Einflusses des Militärs auf die deutsche Gesellschaft; dieses Ziel wurde jedoch verfehlt. Die Demilitarisierung wurde nicht begleitet von der Entstehung einer zivilen Gesellschaft; im Gegenteil. Da sie die Lebens-und Berufsplanung eines großen Teils der bürgerlichen Offiziere blockierte, suchten diese in den Freikorps nach alternativen Aufstiegs- und Führungspositionen. Diese Entwicklung führte zu einer weitreichenden zivilen Militarisierung. Zu einem unübersichtlichen Geflecht von militarisierten Organisationen gehörten neben Freikorps und Wehrverbänden, die mit der Reichswehr kooperierten, auch Vaterländische Vereine, der Stahlhelm und die SA.

Spielerisch wurde die Jugend an die zentrale gesellschaftliche Bedeutung des Militärs gewöhnt.

Die Erfahrung von Brutalität und Gewalt im Krieg scheint die Akzeptanz von Gewalt auch in innergesellschaftlichen Auseinandersetzungen befördert zu haben. Gewalt gegen Andersdenkende wurde zum Programm, politischer Mord war an der Tagesordnung. Der Weg vom »Versprengten« über den »Verschwörer« zum »Verbrecher«, wie ihn Ernst von Salomon aus dem Kreis der Mörder von Walther Rathenau in seinem Roman nachvollzog, war nicht unüblich. Lange bevor Hitler aus diesen Entwicklungen Kapital schlug, hatte sich die Gesellschaft in Deutschland an die Alltäglichkeit von Gewalt und an die Macht von militärischen Befehlsstrukturen in zivilen Institutionen gewöhnt. Die äußere Aufwertung des Militärischen in der Weimarer Republik und im »Dritten Reich« wurde begleitet von der Aushöhlung traditioneller militärischer Normen und sozialer Formen, die Teil der politischen Kultur waren. In der Zeit zwischen den zwei Weltkriegen wurde überdies die politische Elite Deutschlands ausgewechselt.

Eine frühzeitige Herauslösung aus der Familie sollte Kinder zu gläubigen Anhängern des Führers machen.

Heimatfront

Der Begriff »Heimatfront« wurde von den Nationalsozialisten zwar häufig benutzt, doch nicht erfunden; er stammt aus dem »Großen Krieg«, dem Ersten Weltkrieg, in dem deutlich wurde, daß sich der europäische Krieg verändert hatte, daß es nun eine zweite Front in der Heimat gab. Die Unterscheidung zwischen Front im Felde und Heimatfront wurde praktisch aufgehoben. Doch obwohl derselbe Krieg alle Bereiche der Gesellschaft erfaßt hatte, drifteten die Erfahrungen der Betroffenen immer weiter auseinander und machten eine Verständigung über den Krieg zwischen Frontsoldaten und ihren Familien in der Heimat schwierig.

Diese Verständigungsprobleme hatten ihre Ursache auch in einer überkommenen Vorstellung männlicher und weiblicher Rollen. Das Kriegshandwerk war die Domäne des Mannes, nur er zog gegen den Feind ins Feld, um Heimat, Haus und Hof zu schützen, dem Vaterland zu dienen und als Held aus der Schlacht siegreich heimzukehren. Er vertrat den öffentlichen Raum in Politik und Wirtschaft. Zuhause, im vorgeblich privaten Raum, empfingen Mutter und Frau, die geduldig auf die Heimkehr des Mannes und Sohnes gewartet hatten, den tapferen Soldaten, wenn er denn heimkehrte, oder sie beweinten den toten Helden. Im 20. Jahrhundert veränderte der Krieg diese Rollen, verkehrte sie sogar. Diese Erfahrung aus dem Ersten Weltkrieg wurden jedoch verdrängt und ein traditionelles Rollenverständnis restauriert.

Schon im Ersten Weltkrieg waren Frauen zum Ersatzheer in der Heimat geworden, hatten die Arbeit der im Felde stehenden Männern übernommen, an der Front z.B. als Krankenschwestern wichtige Dienste geleistet, in den Familien die abwesenden Väter und Brüder ersetzt. Die Mangelversorgung der Heimatfront zwang die Frauen nicht nur, einer Arbeit nachzugehen, sie führte auch zur Lockerung der Sitten, zu Diebstahl von Lebensmitteln, zu wilden Demonstrationen. Vor allem die Arbeiterfrauen machten in den Jahren 1916 bis 1918 mit ihren öffentlichen Protesten gegen die schlechte Ernährungslage die Heimatfront zum Nebenkriegsschauplatz. Heimkehrende

Soldaten empfanden die arbeitenden Frauen als Konkurrenz auf einem engen Arbeitsmarkt und fürchteten sich vor einem Statusverlust.

Familienpolitik

Die politische Klasse, beunruhigt über die demographische Entwicklung, befürchtete die »Vermännlichung« der Frauen und eine verminderte Gebärfähigkeit. Seit dem Ende des 19. Jahrhunderts hatte sich die Geburtenrate stetig verringert

Deswegen hat man ja Urlaube gehabt

Mein Mann erhielt erst wieder Nachricht, ein Telegramm, da stand drin: Wohnung vernichtet, Mutter und Kind gesund. Und da hat er erst erfahren, daß er Vater geworden war, daß er ein Kind hatte. Denn, naja, inzwischen war ich natürlich schwanger geworden, das war schon in Heilbronn passiert. Und das war ganz im Sinne Hitlers natürlich. Nicht? Deswegen hat man ja die Urlaube gehabt, um Kinder zu zeugen. Und ich – da war meine erste Reaktion schon eine Schock.   *Else Gillmann, *1915*

und nach 1920 halbiert: Die Zwei-Kinder-Familie setzte sich durch. Schon in der Weimarer Republik war man bemüht, Familien mit entsprechenden Programmen zu motivieren, mehr Kinder aufzuziehen, um zu verhindern, daß – wie man fürchtete – das deutsche Volk aussterben würde. Die Nationalsozialisten griffen die Reformgedanken zum Familien- und Erbrecht der Weimarer Republik auf und führten diese Politik in extremer ideologischer Ausprägung fort.

Die Familie als gesellschaftliche Institution hatte sich seit dem 18. Jahrhundert stark verändert. Prägend für das politische Verständnis von Familie war vor allem die Entstehung des Bürgertums. Die Arbeitsteilung der Geschlechter wurde als natur-

Der Bund Deutscher Mädchen übt im Gleichschritt-Marsch das kollektive Füßewaschen.

gegeben definiert; der Mann schützte und versorgte die Familie, ihm unterstanden Frau und Kinder, er allein entschied die wichtigen Fragen ihres Zusammenlebens. Die wesentlichen Aufgaben der Frau und Gattin bestanden in der Erziehung der Kinder, der Führung des Haushaltes und in der liebenden Fürsorge für den Ehemann. Die Funktionen der Frau beschränkten sich naturbedingt auf das Haus. Der aufgeklärte Mann dagegen führte die Nation politisch und wirtschaftlich in die Moderne, er machte Geschichte. Die Maximen der Aufklärung – Gleichheit, Freiheit und Brüderlichkeit – hatte man auf Frauen nicht ausdehnen wollen. Erst die Frauenbewegung verschiedener polit

ischer Couleur mit ihrer Forderung nach Gleichberechtigung, die wirtschaftlichen Zwänge des Ersten Weltkrieges, das Wahlrecht veränderten die Situation der Frauen und damit auch der Familien. Der Nationalsozialismus gab sich zwar einen modernen Anstrich, in seiner Familienpolitik tat er jedoch einen Schritt zurück ins 19. Jahrhundert. Und mehr noch: In der Propaganda der nationalsozialistischen Familienpolitik vermischten sich Frauenfeindlichkeit, Rassismus und Konkurrenzdenken. Frauen, so hieß es, seien »von Natur« aus nicht geeignet für die Politik; weder in der Partei, noch im Parlament oder in führenden Positionen des Staates sollten sie darum geduldet werden.

Eine kinderreiche deutsche Familie auf dem Weg zur Einschulung. Sie war jedoch eher die Ausnahme. Obwohl die Nationalsozialisten die Familie als »Keimzelle des Volkes« definierten, war auch im Dritten Reich die Zwei-Kinder-Familie bereits die Regel.

Diese Domäne sollten sie den dafür besser geeigneten Männern überlassen.

Zunächst wurde versucht, Frauen auch aus dem Berufsleben zu verbannen, ihnen sogar eine Ausbildung zu verweigern, doch bei bestimmten Berufen, die der »weiblichen Natur« entsprachen, wie Krankenschwester und Kindermädchen, konnte auf Frauen nicht verzichtet werden. In den sozialen Berufen nahmen sie dann auch eine sehr wichtige Stellung ein. Aber der Zugang für junge Frauen zu den Universitäten wurde eingeschränkt, Frauen aus Beamtenpositionen entlassen.

Die wichtigste Aufgabe der Frau war es, zu heiraten und möglichst viele Kinder zu bekommen. Um zu gewährleisten, daß nur gesunde, »rassisch reine« Kinder geboren wurden, erzwang der Staat die Kontrolle über die Partnerwahl und forderte ein Gesundheitszeugnis der ehewilligen Partner an, das dann die Grundlage für eine Heiratserlaubnis darstellte. Indem die nationalsozialistische Sozial-und Familienpolitik »rassisch reine« Ehen förderte, diskriminierte sie jene, die dieser Norm nicht entsprachen.

Im Falle von Erbkrankheiten wurde eine Ehebefähigung ausgeschlossen, in zahllosen Fällen nahm man Zwangssterilisierungen an Männern und Frauen vor. Nicht nur bei Verdacht auf Erbkrankheiten wurde so verfahren, sondern auch bei

Mit dem Mutterkreuz wurde zahlreiche »rassenreine« Nachkommenschaft vom nationalsozialistischen Staat prämiert. Verleihung im Kollektiv am Muttertag, 16. Mai 1943.

Fällen, in denen die Sozialfürsorge eine »moralische« Schwäche diagnostizierte: Frauen, denen häufig wechselnder Geschlechtsverkehr (hwG) nachgewiesen werden konnte, wurden von Staats wegen kontrolliert, kaserniert und im Extremfall bei Rückfälligkeit sogar in Auschwitz umgebracht. Das Eherecht stützte die Autorität des Mannes in der Ehe; es sah eine vollständige Abhängigkeit der Frau vom Willen des Ehemannes vor: Er besaß z.B. die alleinige Verfügungsgewalt über das Vermögen der Frau, eine außerhäusliche Arbeit der Frau bedurfte seiner Zustimmung. Die Beschränkung der Frau auf Haushalt und Kindererziehung wurde durch die Heroisierung dieser Rolle kompensiert. Kinderlose Ehen wurden stigmatisiert; Homosexuelle verfolgt; Junggesellen steuerlich belastet; unehelich geborene Kinder dagegen willkommen geheißen, wenn auch nur »rassisch« anerkannte Fälle. Abtreibung war bereits 1926 verboten worden und wurde mit hohen Strafen belegt. Der Nationalsozialismus nahm für sich in Anspruch, der Familie und Ehe ihre »sittliche Bestimmung« wiedergegeben zu haben, »sie von den Belastungen der liberalistisch-jüdisch-marxistischen Geisteshaltung« befreit zu haben, und Himmler erhoffte sich durch diese Maßnahmen langfristig eine Armee von 400.000 Mann. Diese ideologische Bewertung der Frauenrolle wurde nach 1937 neu diskutiert; die nationalsozialistische Familienpoltik im Krieg wurde durch die entstandenen wirtschaftlichen Zwänge praktisch gegenstandslos, Anspruch und Wirklichkeit standen in sichtbarem Widerspruch. Deutlich ist vor allem, daß der totalitäre Staat den privaten Raum nicht als solchen respektierte, sondern ihn besetzte. Der weiblichen Körper wurde zum existentiellen Bestandteil der Volksgemeinschaft, durch seine Gebärfähigkeit verantwortlich für deren Überleben.

Tatsächlich wurden nach 1933 wieder mehr Kinder geboren. Möglicherweise erhöhte die verbesserte Wirtschaftslage die Heiratsbereitschaft junger Paare, der Trend zur kleinen Familie setzte sich indessen fort. Die durchschnittliche Kinderzahl verringerte sich in den Jahren von 1930 bis 1940 von 2,2 auf 1,8 Kinder pro Familie. Die Familie wurde von den Nationalsozialisten als »Keimzelle des Volkes«, der Gesellschaft idealisiert, eine Definition, die der Wirklichkeit von Gesellschaft kaum gerecht wird. »Wenn dem so wäre«, bemerkt der Soziologe René König, »dann wäre überhaupt nicht einzusehen, wieso in der Gesellschaft Kräfte auftauchen, die der Familie insofern widersprechen, als sie sie in ihrer Existenz bedrohen (...) « In Wahrheit setze sich die Gesellschaft aus Einzelpersönlichkeiten zusammen, »die in der Familie in ihrer sozialen Funktionsfähigkeit bis zu einem gewissen Punkte vorgebildet« werden. Familie erfüllt im wesentlichen zwei Funktionen: Sie dient der biologischen Reproduktion und Erhaltung sowie dem Aufbau einer sozialkulturellen Persönlichkeit in der Bindung an eine Generationenordnung. Über die Familie erfährt der einzelne seinen sozialen Status, sie bereitet ihn vor auf die Welt außerhalb der Familie. Sie repräsentiert eine Lebensform, in der Privat- und Intimsphäre bewahrt werden, emotionale Bindungen entstehen, in der Sicherheit, Vertrauen und Geborgenheit erfahren werden. Gerade der Charakter dieser Lebensform der Familie aber wurde durch die Absicht des Nationalsozialismus, sie für die Ziele von Partei und Staat zu instrumentalisieren, gefährdet. Die moderne Familie besteht im Kern aus Eltern und Kindern. Die weiteren Verwandten verlieren immer mehr an Bedeutung. Die Auflösung von Familienstrukturen wurde auch durch die staatliche Politik im Dritten Reich nicht etwa aufgehalten, sondern gefördert. Mit der frühzeitigen Her-

4

auslösung Jugendlicher aus der Familie, durch Einbindung von Familienmitgliedern in Organisationen von Staat und Partei wurde ein weiterer Eingriff in die Autonomie der Familie unternommen. Die emotionale Bindung in der Ehe, die als Wesenskern der modernen Familie immer mehr in den Vordergrund trat, und eine enge Beziehung zwischen Eltern und Kindern wurde mit Mißtrauen betrachtet, besaß doch die Loyalität dem »Volk« gegenüber absolute Priorität. »Du bist nichts, dein Volk ist alles«, hieß die Parole.

Kriegsvorbereitungen

Die NSDAP war frühzeitig bemüht, die Bevölkerung in praktischen Fragen auf den neuen Krieg vorzubereiten, damit krisenhafte Erscheinungen an der Heimatfront zukünftig vermieden wurden. Dazu gehörten Rot-Kreuz-Kurse, Luftschutzübungen, Arbeitseinsätze, Einübung von Gehorsam und militärischer Disziplin.

Vor allem aber wurde in der Propaganda auf die besonderen Pflichten der Bevölkerung in der Heimat hingewiesen. Hitler forderte am 10. Oktober 1939 bei der Vorstellung des ersten Kriegswinterhilfswerks von der Heimatfront, »das wiedergutzumachen, was die Heimat in den Jahren 1914–1918 am deutschen Volk gesündigt hat«.

In den Jugendorganisationen, in Hitlerjugend (HJ) und Bund Deutscher Mädel (BDM) wurde ähnliches eingeübt. Das Freizeitangebot, das Reisen, Wanderungen, gemeinsames Singen von Liedern am Lagerfeuer einschloß, wurde von Jugendlichen durchaus gern angenommen; es entsprach ihrem Bedürfnis, sich abzunabeln, selbständig zu werden, mit Gleichaltrigen zusammenzusein. Hier, im Kollektiv, wurden sie vorbereitet auf den Arbeitsdienst, aufs Militär. Soziale Unterschiede sollten ausgelöscht, völkisches Bewußtsein entwickelt werden. Auch der Einsatz als Arbeitsmaid und die

fortbildende Schulung (Erziehung zur Kameradschaft, zum Nationalsozialismus, zur Arbeit) als Führerin im Reichsarbeitsdienst (RAD) hat bei vielen jungen Frauen große Begeisterung ausgelöst.

Der kriegsbedingte Einsatz von Frauen wurde im Detail geplant und vorbereitet. Im Unterschied zur Wehrpflicht des Mannes, die erst im Krieg wirksam wird, werde von der Frau auch im Frieden »Dauerdienst am Volke, auch ohne Krieg oder sonstige Katastrophen« erwartet. (Volksdienst der Frau 1937) Zwei Jahre vor Kriegsbeginn wurden Richtlinien für den Mobilisierungsfall von Frauen entworfen. Die militärischen Ordnungs- und Disziplinvorstellungen erfaßten also schon vor dem Ausbruch des Krieges alle Familienmitglieder, mit Ausnahme der Kleinkinder.

Das zielt auf einen Krieg hin

Für mich war's ja nicht unerwartet. Ich wußte ja, Hitler und Krieg, das war so ein Slogan, das hat man gleichgestellt. Außerdem, vor dem Krieg begann es ja schon. Die Rüstung lief auf Hochtouren, die Autobahnen wurden gebaut. Also, irgendwie wußte man, wenn man sich mit Politik befaßt hat damals, das zielt auf einen Krieg hin, so daß es also so sehr überraschend nicht war. Und meine Einstellung zum Krieg war damals schon ganz, ganz ablehnend. *Else Gillmann, *1915*

Tatsächlich erwies sich die Mobilmachung von Frauen für die Industriearbeit nach 1939 als ähnlich schwierig wie während des Ersten Weltkrieges. Die Industrie zog ungelernten Frauen männliche Zwangsarbeiter mit Fachkenntnissen vor. Die in der kriegswichtigen Industrie beschäftigten Frauen waren meist auch vor dem Krieg schon einer Lohnarbeit nachgegangen, sie kamen vor allem aus den unteren sozialen Schichten. Einige

Hinter diesen Gasmasken verbergen sich deutsche Nachrichtenhelferinnen, März 1943. Tausende von meist jungen Frauen waren hinter der Front in verschiedenen Funktionen im Kriegseinsatz.

4

Frauengruppen wurden während des Krieges von der Dienstpflicht ausgenommen: Mütter mit Kindern, deren Familienarbeit dem Dienst am Volk gleichgestellt und deren Unterhalt in Abwesenheit des Ehemannes vom Staat gewährleistet wurde, teilweise auch Frauen aus der Mittel- und Oberschicht, die selbst oder deren Ehemänner gegen einen solchen Zwang protestiert hatten. Die im Vergleich zum Ersten Weltkrieg bessere Versorgung der Frauen an der Heimatfront – durch den staatlich gewährten Familienunterhalt – wird häufig als Erklärung für das Stillhalten, für das Ausbleiben von kollektiven Protesten angeführt.

Wahrnehmung von Krieg

Durch die wiederholt drohende Kriegsgefahr in den Jahren 1938/39 hatten sich viele Menschen schon mit der Vorstellung eines neuerlichen Krieges beschäftigt, sich daran »gewöhnt«. Oft wurde in den Familien, infolge der Beanspruchung durch Partei und Staat, der Kriegsausbruch am 1. September 1939 noch nicht als drastische Veränderung des Alltags erfahren. Das einschneidende Ereignis, welches das Leben der Familien mit einem Mal veränderte, war meist erst die Einberufung des Mannes, Vaters oder Sohnes zum Kriegsdienst. Der Brief mit dem Stellungsbefehl, das hastige Packen notwendiger Ausrüstung, letzte

Hitlerjungen am Tag der Deutschen Polizei 1942 bei Schießübungen auf einem Berliner Kasernenhof. Der kriegführende Staat machte sich das natürliche Interesse der Jugend an Sport und Technik zunutze.

Man hatte das Gefühl, das geht nicht gut

Der letzte Abschiedsmoment, bevor mein
Mann an die Front mußte, war natürlich
betrüblich. Denn man wußte ja, nach
Rußland, da hatte man schon das Gefühl,
das geht nicht gut, es ist ein so großes
Land. Obwohl, Niederlagen gab's da noch
nicht. Die kamen dann erst. Es gab immer
noch Siege bis kurz vor Moskau. Aber trotzdem, man hatte ein laues Gefühl. Und nun
war ich natürlich auf mich allein gestellt.
Und es begannen die Ängste und das Warten auf die Post. Und die Ungewißheit. Und
dann immer wieder das Umfeld: die Bekannten, die jetzt plötzlich nicht mehr da
waren, die jüdischen Freunde, die fehlten.
Und die Fliegeralarme. Obwohl damals
noch nie was passiert war. Aber es war
beängstigend.   *Else Gillmann, *1915*

Ironie oder Überzeugung? – Oft trug erst die Einberufung
zum Wehrdienst den Krieg in die Familie, 1943.

bedrückte Stunden vor dem traurigen Weg zum
Bahnhof, das einsame Zurückbleiben der Frauen
auf dem Bahnsteig – das waren für alle Beteiligten Erinnerungen, die für immer im Gedächtnis
hafteten. Oft warf der Ausbruch des Krieges be-
rufliche Pläne über den Haufen, Hochzeiten mußten verschoben werden. Der erhoffte baldige Frieden ließ auf sich warten. So heiratete man, wenn
der Bräutigam Urlaub bekam, und viele Ehen dieser Zeit bestanden nur aus Urlaubstagen.
Es kam auch vor, daß der Ehemann oder Vater u.k.
gestellt wurde und ein kontinuierliches Familienleben weiter bestand. Vor allem in der Landwirtschaft, die für die Lebensmittelversorgung der Bevölkerung Vorrang besaß, wurden die Männer anfangs noch nicht eingezogen. Doch selbst wenn
der Ehemann in der Heimat blieb, bedeutete dies
nicht unbedingt ein vom Krieg ungestörtes Familienleben. Versetzungen in andere Ortschaften oder
Regionen waren auch in der zivilen Verwendung
der Männer an der Tagesordnung.

Versorgung im Kriegsalltag

Mit Beginn des Krieges widmete sich eine gewaltige Bürokratie der Organisation des Kriegsalltags.
Lebensmittelkarten wurden ausgegeben, um die
Versorgung zu regulieren, die zunächst vor allem
durch die Besetzung anderer europäischer Länder
und der Ausbeutung der Menschen dort gewährleistet war. Der Umgang mit Rationen mußte erst
gelernt werden. Später versuchte man beim Bauern auf dem Land Lebensmittel gegen Wertobjek-
te einzutauschen. Im letzten Kriegsjahr verbreitete
sich der nicht erlaubte Tauschhandel, ein Schwarz-
markt entstand. Als »neues Geld« setzten sich Tabak und Zigaretten durch.

4

Hausfrauen wurden angehalten, sparsam zu wirtschaften. Großmutters gesammelte Kriegsrezepte wurden hervorgeholt und umgesetzt. Im dritten Kriegsjahr kam es zu Versorgungsengpässen von Heizmaterial. Meist wurde mit Kohle geheizt, die rationiert war, teils mit Holz oder gar Torf. Die »Hexe« mit ihren Eisenringen für die verschiedenen Topfgrößen kam wieder zu Ehren; sie stand in der Küche, dem häufig einzigen warmen Raum in der Wohnung. In der Kochkiste, einem unverzichtbaren Möbelstück, wurde das Essen gegart oder warm gehalten. Die unzureichende Ernährung und oft schlechte Wohnungssituation hatten häufig Krankheiten zur Folge. Vor allem kleine Kinder waren davon betroffen; Scharlach und Diphterie grassierten oder Erkältungskrankheiten. Die medizinische Versorgung war nicht überall gut; Medikamente fehlten; die Frauen übernahmen die Pflege. Auch die Versorgung mit Kleidung und vor allem mit Schuhwerk war mangelhaft.

Unter extremen Bedingungen lebten Familien, deren Mitglieder in speziellen Rüstungsbetrieben arbeiteten. Das Daimler-Benz-Motorenwerk bei Ludwigsfelde südlich von Berlin, ein »Musterbetrieb«, beschäftigte 1939 rund 7000 Arbeiter, deren Familien in einem werkseigenen »Dorf« untergebracht waren. Für diese Belegschaft von Facharbeitern wurden Kleinsiedlungen mit 436 Einzel-

NSV-Bezirksstellen, die z.B. Bezugsscheine für Kleidung ausstellten, wurden auch in privaten Wohnzimmern eingerichtet. Mit dem Stahlhelm als Kinderspielzeug ist der Krieg auch hier gegenwärtig.

häusern errichtet, meist ohne Kanalisation oder Keller. Nach Beginn des Krieges wuchs der Bedarf an Arbeitern und Wohnraum: 552 weitere »Volkswohnungen« in Wohnblocks wurden gebaut. Für leitendes Personal war ein gesonderter Bereich mit mehr Wohnkomfort vorgesehen. Insgesamt lebten hier rund 1000 Familien unter strengster Kontrolle des Werkschutzes und, abgesehen von einem Kino, ohne Freizeitangebote. Die Siedlung, die von einem hohen Zaun umgeben war, konnte nur mit einem speziellen Ausweis betreten werden. Schule und Einkaufsmöglichkeiten waren von minderer Qualität. Die Tag und Nacht dröhnenden Motoren auf den Prüfständen verursachten

bei Kindern und Erwachsenen nervöse Störungen. Während des Krieges wurde die gesamte Siedlung bei Alarm mit einer übel riechenden Chemikalie, die Atembeschwerden und Brechreiz verursachte, eingenebelt. Am 6. August 1944 wurde das Werk bombardiert, die Siedlung blieb verschont. Da viele Facharbeiter inzwischen auch zum Wehrdienst einberufen worden waren, wurden in den letzten Kriegsjahren vor allem Kriegsgefangene und Zwangsarbeiter an die Werkbänke befohlen.

Unterhaltung und Freizeit
In den Kriegsjahren war Freizeit Mangelware. Hin und wieder ging man ins Kino oder ins Theater.

Der erste Heimaturlaub des Sohnes und Ehemannes von der Kriegsfront wurde nach dem Überfall auf Polen euphorisch von der ganzen Familie mit einer festlichen Kaffeetafel gefeiert, Dezember 1939.

4

Insgesamt aber verließen viele Menschen abends ungern das Haus, da jederzeit Alarm drohen konnte. Andererseits suchten Frauen, durch die lange Abwesenheit ihrer Männer vereinsamt, auch

Ein bißchen was wegdenken

Theater und Kino, das haben mein Mann und ich zusammen genossen, obwohl's damals in bezug auf Kunst eben schon in eine gewisse Richtung ging. Und da mußte man sich halt dann ein bißchen was wegdenken. Aber übrigens haben wir Gründgens gesehen in Berlin. Wir haben sehr schöne Aufführungen und Dinge dort erlebt, zunächst. Nach jedem Theater, also am Ende, mußte man sich erheben und das Deutschlandlied und das Horst-Wessel-Lied singen. Und das haben wir immer verweigert und sind dann mehrmals aufgefallen, wurden sogar mal bespuckt. Und es hieß: »Das sind Kommunisten, die stehen nicht auf.« Und wir mußten uns also retten, per Flucht retten. Und von da ab haben wir gesagt – das war übrigens ein Furtwängler-Konzert in Berlin – nie mehr das! Also darauf mußten wir dann verzichten. Das waren so kleine Dinge, wo man halt eben doch wußte, du lebst nicht im richtigen Staat, du bist nicht in dem Land, in dem du eigentlich leben wolltest.   *Else Gillmann, *1915*

nach neuen Kontakten und Beziehungen. Sie frequentierten Lokale, in denen sie mit Männern ins Gespräch kamen, die sie dann mit nach Hause nahmen. Kinder wurden allein gelassen.

Die Sozialbehörden beobachteten und kontrollierten solche »gefährdeten« Soldatenfrauen und suchten sie durch Beratungen in ihrem Lebenswandel zu beeinflussen. Der Gefahr der Vereinsamung von vor allem jungen Ehefrauen sollte durch häufigeren Urlaub ihrer Ehemänner abgeholfen werden, so der Vorschlag der NSV.

Um sich etwas aufzuheitern, unternahmen Familien an besonderen Tagen kleine Ausflüge oder feierten spontane Feste, besonders um die Weihnachtszeit – an den langen dunklen Abenden –, wie eine Zeitzeugin berichtet: »Manche (der Nachbarn) haben das nächtliche Zusammensein so genossen, daß sie es in den Wintermonaten richtig entbehrten und am Ersten Advent eine kleine Feier ohne Alarm im Keller veranstalteten, mit Tannenzweigen und Lichtern und kleinen Engeln und sogar Glühwein und Gebäck. Eine sonderbare Welt!«

Der Volksempfänger spielte eine große Rolle und diente der Unterhaltung, aber auch der Verbindung zur Außenwelt. Man konnte an den Siegesnachrichten teilhaben, die in den ersten Kriegsjahren viele Familien begeisterten. Andere saßen vor dem leise gestellten Apparat, um die Nachrichten des verbotenen britischen Senders BBC zu hören, der wichtigsten Quelle für glaubwürdige Informationen zum Verlauf des Krieges.

Unter günstigen Umständen waren Ferienreisen zu Beginn des Krieges zunächst noch möglich. So finden sich Tagebuchaufzeichnungen mit der Ortsangabe Paris oder Venedig, dort machten Offiziere mit ihren Frauen Urlaub »wie in Friedenszeiten«. Doch verschlechterten sich die Verkehrsverhältnisse gegen Ende des Krieges drastisch; Benzin war knapp; die Züge überfüllt, sie fuhren nicht mehr nach Fahrplan und hielten oft bei Luftangriffen auf offener Strecke.

Familienunterhalt

Um die finanziellen Belastungen der Familien durch die Einberufung der männlichen Mitglieder zum Kriegsdienst auszugleichen, erhielten die Familien entsprechend des Verdienstausfalls und der Bedürftigkeit Familienunterhaltsgeld. Wurde eine Familie ausgebombt, erhielt sie »Räumungs-Familienunterhalt«. Der NSV unterstützte hilfsbedürftige Familien, indem er ihnen z.B. ein junges Mädchen während ihres Pflichtjahrs als Hausgehilfin zuwies. Doch trotz der (am ursprünglichen Einkommen der Familien bemessenen) Unterstützungen empfanden die Betroffenen das ausgeklügelte System häufig als ungerecht. Das Thema wurde ausgiebig in der Nachbarschaft oder an den langen Kellerabenden diskutiert. Gerade die Schlechterstellung von kinderreichen Familien wurde nicht verstanden: Wieso erhielt eine Frau mit nur einem Kind mehr Unterstützung als eine mit dreien? Hier zeigte sich erneut, daß der staatliche »Pronatalismus« im Dritten Reich vor allem an die Selbstlosigkeit der Mütter und Väter appellierte, statt diese finanziell zu unterstützen.

Auf der anderen Seite ergibt eine Lektüre der Akten der zuständigen Behörden den Eindruck eines zäh geführten Kleinkrieges der Antragsteller um jede Mark Unterstützung. Nicht nur Bonzen und Privilegierte versuchten im Krieg auf ihre Kosten zu kommen, fast alle waren bemüht, »herauszuholen, was nur herauszuholen ist«.

»Es gibt kaum etwas, was nicht beantragt wird«, lautete ein Akteneintrag. »Außer Bekleidung ging es vom Klosettdeckel bis zur vollständigen Wohnungsinstandsetzung.« Die auf Befriedung und Harmonie angelegte Sozialpolitik weckte eine wachsende, nicht erfüllbare Begehrlichkeit der Familien, was zu sozialer Unzufriedenheit und Desintegration führte.

Kriegsalltag

Unterschiede wie etwa zwischen Familien, deren Männer sofort nach Ausbruch des Krieges eingezogen wurden und solchen, in denen sie aus welchen Gründen auch immer u.k. oder wehrdienstuntauglich geschrieben wurden, machen bereits deutlich, daß eine Verallgemeinerung der Situation deutscher Familien im Krieg kaum möglich ist.

Sogar im März 1945 herrschten noch geordnete Verhältnisse – der Kinderwagenparkplatz vor dem Zoo-Bunker in Berlin.

In manchen Familien wurden bei Kriegsende sämtliche männlichen Mitglieder betrauert, in anderen hatten diese nicht einmal am aktiven Kriegsgeschehen teilnehmen müssen. Auch Faktoren wie Wohnort, soziale Herkunft, Beruf, Religionszugehörigkeit oder auch politische Einstellung bestimmten das jeweilige Schicksal maßgeblich. Stadtbewohner litten jahrelang unter Bombardierungen, mußten mit dem Verlust ihrer gesamten Habe, Evakuierung, wiederholtem Arbeitsplatzwechsel leben, während sich der Alltag in den kleinstädtischen und ländlichen Bereichen lediglich gegen Kriegsende durch die Einquartierung von Flüchtlingen veränderte.

4

Was muß man eigentlich unter diesem Begriff »Kriegsalltag« an der Heimatfront verstehen? Handelt es sich bei Krieg und Alltag nicht eher um Gegensätze, die sich gegenseitig ausschließen? Doch zwangsläufig richteten sich die Menschen auch während der Kriegsjahre im Alltag ein, gewöhnten sich an die wiederkehrenden Begleiterscheinungen des Kriegszustandes: Schlangestehen, Trümmer wegräumen, Schwerstarbeit, Ortswechsel, Improvisation.

In Briefe und Tagebucheintragungen, den wichtigsten privaten Zeugnissen aus dieser Zeit, wird deutlich: Der Charakter des Alltags im Krieg ist

Versucht, nicht zu sehr zu jubilieren

Er kam dann nach Frankreich, zu einer anderen Einheit, und er kam auch zweimal in Urlaub von dort. Das war immer sehr, sehr schön. Leid getan hat mir bloß meine Bekannte. Deren Mann, ein Lehrer, ist gefallen, und sie war allein, mit vier Kindern. Sie hat sehr darunter gelitten, wenn mein Mann da war. Ich habe das verstanden, und wir haben immer versucht, nicht zu sehr zu jubilieren und das irgendwie doch ein bißchen versteckt zu halten, unsere Freude. – Die war sehr übel dran, mit vier kleinen Kindern, der Mann gefallen.   *Else Gillmann, *1915*

Der Alltag nach den Bombennächten erforderte von den Überlebenden Einfallsreichtum, Humor und den Einsatz aller Kräfte: Berliner Frauen an den öffentlichen Pumpen beim Wäschewaschen inmitten der Trümmer.

ein anderer als im Frieden. Er ist geprägt von Warten und Hoffen auf das Ende des Krieges, auf die Rückkehr von Familienangehörigen in Gefahr, von Angst vor Terror und Tod, dem Ertragen von Entbehrungen, von Unruhe und Unsicherheit. Er mutet den Menschen ungeheure physische und psychische Belastungen zu. In den Briefen an Angehörige spielt die Beschreibung des Alltags eine große Rolle. Mit der Beschwörung von Normalität wird der Versuch gemacht, eine Alltagssituation herzustellen: Alles ist wie sonst auch, fast wie im Frieden. Jeden Tag dasselbe: Bettenmachen, das Kind zur Schule bringen, Einkaufen, Essen kochen usw. Uns geht's gut, wir sind gesund und munter. Beunruhige dich nicht. Die extreme Situation des Krieges wird so ein wenig abgemildert. Andere Varianten lauten: Ich lebe noch, es geht mir wieder gut, es wird schon wieder werden. Galgenhumor, Untertreibung, Verschweigen sind Strategien, die das Leiden, die Katastrophe verharmlosen. Sie dienen so der Beruhigung der Adressaten wie des Schreibers. Was nicht formuliert wird, muß auch nicht noch einmal erlebt werden.

Die Routine des Alltags wirkte oft als Stütze. Die Versorgung der Familie, der Arbeitsrhythmus, kleine Feste oder Ausflüge füllten den Tag aus, verkürzten das Warten. Sie lenkte auch ab vom Schmerz großer Verluste, wie ein Tagebucheintrag aus dieser Zeit verdeutlicht: »Mein eigenes Leid fühle ich selbst tief in meinem Herzen, aber die Arbeit gibt ein wenig Trost. Die trüben Gedanken schwinden zuweilen und müssen den notwendigen Dingen und Fragen des Tages Platz machen.«

Die Phasen des Krieges

Der Krieg verlief über die Jahre nicht gleichförmig: Die verschiedenen Phasen mit ihren Siegesmeldungen und der schließlich folgenden Wahrnehmung vom schrecklichen Ende hatten direkten Einfluß auf die Hoffnungen und die Verzweiflung der Menschen. Und was hier Begeisterung auslöste, verursachte anderswo Bestürzung. »Bis zum Frühling 1940«, so ist im Brief einer Mutter zu lesen, »war ein Stillstand, ein Abwarten auf dem Kriegsschauplatz, man ahnte nur das Nahen der Katastrophe (...) Am 10. Mai kommt die Schreckenskunde: Die Deutschen sind in Holland und Belgien einmarschiert! (...) Wir waren nachmittags bei Franz und Irms, er in Uniform als Oberleutnant in stolzer Siegeslaune und Lulu und ich völlig verzweifelt um unsere Kinder und um Deutschlands willen. (...) So eine Familienzusammenkunft hat dann etwas Gespenstisches, klirrende Tassen, fröhliche Stimmen, große Zukunftsmusik auf der einen Seite und auf der anderen tiefste Verzagtheit wie ein Fortgeschwemmtwerden in ein weites graues Meer.«

Bis zum Sieg über Frankreich gab es noch die Illusion eines baldigen Endes; selbst Menschen, die dem Regime distanziert gegenüberstanden, waren von den ständigen Siegesmeldungen beeindruckt. Erst der Überfall Rußlands und damit die Eröffnung der zweiten Front ließ den Ernst der Lage ahnen. Nach der Aufgabe des Kessels von Stalingrad im Februar 1943 begann vielen zu dämmern, daß sich eine Katastrophe ankündigte. Die Invasion der Alliierten in der Normandie im Juni 1944 gab schließlich das Signal für die Endphase des Krieges, in der Deutschland an beiden Fronten angegriffen wurde, bis sich die Sieger aus West und Ost bei Torgau die Hand reichten. In den Familien wurden diese Entwicklungen sehr unterschiedlich wahrgenommen. Während erfahrene Militärs schon frühzeitig die sich anbahnende Niederlage erkannten, glaubten naive Gemüter noch in den letzten Wochen des Krieges an den versprochenen Endsieg. Die Befindlichkeit des einzelnen hing immer auch von der subjektiven Einschätzung der Lage ab.

4

Die Generationen

Auch die Generationen innerhalb der Familie erlebten den Krieg sehr unterschiedlich. Für das Kleinkind, das über Wochen jede Nacht mit dem ersten Alarm aus dem Schlaf gerissen und in den Keller getragen wurde, bedeutete Krieg Hektik, Schlafmangel, fremde Menschen in unvertrauter Umgebung, ungewohnte Geräusche. Vielleicht reagierte es hierauf mit Unruhe, Ängsten, Weinen. »Fritzchen hat eine Gasmaske und sieht furchtbar damit aus, wenn er sie auf seinem Dreirädchen aufhat, er soll sich daran gewöhnen«, bemerkt eine betrübte Großmutter in einem Brief. Fritzchen selbst empfand diese Übung vielleicht in Verken-

nung ihres Zwecks eher als Initiation ins Reich der Erwachsenen.

Auch auf dem Lande nahmen Kinder die Bedrohung wahr, wenn hoch über ihnen die Bombengeschwader zur nächsten Stadt hinwegzogen. Die etwas größeren Kinder lernten, der Mutter zur Hand zu gehen, sie wurden unentbehrlich in der Bewältigung des Alltags; sie fühlten sich nützlich. In ihrer Freizeit spielten sie dann ihre Version des Krieges. Schon bald kannten Stadtkinder alle Bombentypen, alle Arten von Spreng- und Brandbomben. Die Jungen wetteiferten im Sammeln von Bombensplittern; wer den größten auf den Dächern der Häuser gefunden hatte, war ein Held.

Die Kriegsumstände erzwangen oft traurige Notlösungen: Eine standesamtliche Ferntrauung mit Trauzeugen in Hamburg um 1940. Der Bräutigam befindet sich an der Front – und häufig genug kam er von dort nicht mehr zurück.

Im August 1940 antworteten die Engländer mit dem Angriff auf Berlin auf die deutsche Bombardierung von London. Nach dieser furchtbaren Erfahrung der Berliner begann man erstmals, Kinder unter zehn Jahren mit der Kinderlandverschickung (KLV) aus den großen Städten zu evakuieren. Zunächst war die Teilnahme freiwillig, die Kindergruppen standen unter der Leitung von Lehrern oder NSV-Betreuung. Doch häufig kehrten die Kinder schon nach wenigen Wochen nach Hause zurück; sie erkrankten oder litten unter starkem Heimweh; die Ernährung war häufig unzureichend oder ungewohnt, die Unterkunft und die hygienischen Verhältnisse primitiv. Erst in der zweiten Phase, nach der verheerenden Zerstörung Kölns Ende Mai 1942, wurde die KLV effizienter

Abschied von den Eltern

Der Abschied von den Eltern war natürlich grausam, weil man sich ja schon mit sieben Jahren vorstellen konnte, wie das ist, daß man vielleicht seine Eltern nie wieder sieht. Aber die Angst vor diesen Bomben, die war wesentlich größer. Und, ich kann das nicht mehr selber sagen, aber meine Mutter hat später immer erzählt, ich hätte nur gesagt: Wenn bei Tante Gertrud kein Krieg ist, dann will ich da hin.   *Annelene Raasch, *1933*

Kein Kindergarten-Ausflug! Kleinkinder unterwegs im Flüchtlingstreck aus Schlesien,1945.

und in großem Umfang von der NSV organisiert. Auch der Druck auf die Eltern, sich von ihren Kindern zu trennen, wurde verstärkt. Nun wurden die Kinder vorwiegend im Klassenverband verschickt, um dadurch die Vereinzelung zu vermeiden. Man versuchte, den regulären Unterricht in den Unterkünften fortzuführen. Während des Tages, solange die Kinder durch das Lernen oder andere Aktivitäten im Freien abgelenkt waren, mochte alles gut gehen. Doch nachts in den großen Schlafsälen weinten sie sich in den Schlaf, wurden zu

Bettnässern, hatten schlimme Träume. Auch die Lehrer fühlten sich den emotionalen Anforderungen oft nicht gewachsen. Sie mußten Mutter und Vater ersetzen, Trost spenden, ermahnen, helfen. Sie waren aus ihren Familien herausgerissen worden und bangten vielleicht um das Leben des Ehemanns im Felde oder der Verwandten an einem anderen Ort im Reich. An der KLV nahmen mehrere Millionen Kinder teil. Ein typisches Erscheinungsbild dieser Jahre war das proper gekleidete Kind auf dem Bahnsteig einer Großstadt mit kleinem Gepäck und dem (Paket-) Zettel um den Hals, auf dem Name, Geburtsdatum, Zug und Gruppe vermerkt waren.

4

Auch der Unterricht in den Schulen litt unter den vielfältigen Auswirkungen des Krieges. In den Städten wurden viele Schulgebäude durch Bomben zerstört, Lehrer wurden eingezogen, die Kohlen gingen aus. Ende 1944 wurden viele Schulen geschlossen oder aufs Land verlegt.

Jugendliche mit Schulabschluß wurden ähnlich wie Arbeiterinnen und Arbeiter im Rahmen des Reichsarbeitsdienstes (RAD) innerhalb Deutschlands, je nach dem Bedarf an Arbeitskräften, hin und hergeschoben. Ländliche Aufgaben wurden offenbar bevorzugt, da auf den Bauernhöfen die Versorgung mit Lebensmitteln besser war. Häufig

wurde bei den Arbeitseinsätzen über unzureichende Ernährung geklagt. So beobachtete ein Mädchen, wie die Lagerführerinnen sich Kuchen backten und Würste aßen, während sie selbst hungerte. »Darauf zettelte ich eine kleine Revolte an. Das Essen wurde reichlicher.«

Während einige Zeitzeugen sich an eine deutliche politische Indoktrination durch das Lagerpersonal erinnerten, war dies in anderen Fällen nicht der Fall. Die jeweilige Beinflussung hing sehr stark von den verantwortlichen Persönlichkeiten ab, denen die Jugendlichen unterstellt waren. Der Versuch der Partei, eine »Einheit der Erziehung«

Kinder übernahmen die Rollen ihrer Väter, die im Felde an der Front standen oder gefallen waren, wie hier in Düsseldorf beim Feuerlöschen brennender Häuser nach einem Bombenangriff.

über Sonderlehrgänge zu erreichen, gelang nicht vollständig. In der Vorkriegszeit wurden Sommerlager, Reichslehrgänge, Deutschlandlager, Reichskulturlager organisiert, in denen nationalsozialistisches Gedankengut, völkische Traditionen (Volksgut) und praktische pädagogische Aufgaben wie Puppenspiel erlernt werden sollten. Während des Krieges litten solche Aktivitäten unter dem Kriegsdiensteinsatz der Lehrer, deren Einteilung zur KLV und Versetzung an andere Schulen im Osten des Reiches.

Womöglich trug zum Mißerfolg der Umerziehung auch ein ständisches Denken von Lehrern der weiterführenden Schulen bei, die sich einer »Gleichmacherei« von Gymnasiallehrern mit den der NSDAP näher stehenden Grundschullehrern widersetzten. Auch außerhalb des RAD gab es vielfältige Aufgaben, zu deren Erledigung Staat und Partei aufriefen, etwa der freiwillige Bahnhofsdienst zur Betreuung von Wehrmachtstransporten. Die Frauen sammelten Lebensmittel, kochten Eintopf, backten Kuchen, um diese »Liebesgaben« an die kämpfende Truppe zu verteilen. Mit Kindern an der Hand besuchten Mütter Soldaten in den Flakstellungen der Städte, um die Solidarität der Heimatfront zu demonstrieren. Die Freizeit war ausgefüllt mit Block- und Zellenarbeit, Mitgliederversammlungen, Schulungsabenden und Appellen. Es wurde alles mögliche gesammelt: Es gab das Winterhilfswerk, die Sonderbuchaktion, Metallspende oder Warthegauspende; für den privaten Gebrauch wurden Flaschen zum Mosten gesammelt, man wanderte durch die Wälder und sammelte Pilze oder Heilkräuter.

Ab 1943 wurden ganze Familien, zumeist Frauen mit Kindern, aus den großen Städten evakuiert. Bevorzugte ländliche Regionen für ihre Unterbringung waren die östlichen Gebiete, von Mecklenburg bis nach Ostpreußen. Da man sich möglichst

Großmutter – Mutter – Tochter: Die Frauen der Familie werden evakuiert. Anhalter Bahnhof in Berlin, Februar 1944.

selbst versorgen sollte, mußte das gesamte Bettzeug und Küchengerät mitgenommen werden. Die Einheimischen waren über den Zuzug dieser Familien alles andere als begeistert. Sie mochten nichts abgeben, weder Räume noch Lebensmittel. In der Not wurde häufig gestohlen. Für viele Dorfbewohner war die Begegnung mit diesen Städtern häufig die erste Berührung mit den Folgen des Krieges. Bald jedoch sollten sie selbst auf der Flucht und auf die Hilfe anderer Familien angewiesen sein.

Die Evakuierung und ein Ortswechsel waren mit allerlei Bürokratie verbunden: Anträge auf Räumungsfamilienunterhalt mußten gestellt werden, die Wehrdienstersatzstelle informiert und Bezugsscheine für den neuen Wohnsitz umgemeldet werden. Um Familienangehörige und Freunde über den Verbleib zu informieren, wurden unzählige Briefe und Postkarten geschrieben.

Väter auf Urlaub

Die innige Gemeinschaft zwischen Eltern und Kindern wurde in dieser Zeit häufig betont, denn gerade angesichts des Krieges empfand man Kinder als großes Glück. Umsomehr bedauerten die Frauen die Abwesenheit der Väter. Für die Kinder war die Welt voller Frauen, die Ehemänner und Väter

kamen nur selten auf Heimaturlaub. Ihre Abwesenheit hatte langfristige Folgen auch für die emotionalen Bindungen innerhalb der Familien. Man vermißte die Väter bald nicht mehr. Oder man fand Ersatz.

Auch viele der Männer empfanden diese stete Abwesenheit von Zuhause als traumatisch. Ohne Familienleben erschienen ihnen die Entbehrungen des Krieges sinnlos.

In der Trennung neigte man zur Idealisierung und Mythisierung des Familienlebens. Besonders Männer an der Front entwickelten ein Gegenbild zu dem, was sie täglich erfuhren. »Und so ist die Heimat zum Traumreich geworden, voll von

Das Ende vom Heimaturlaub und Rückkehr an die Front, ein Abschied von den Lieben mit gemischten Gefühlen – oder aber Rückkehr zur »Ersatzfamilie«? Hamburger Hauptbahnhof, 1943.

blühenden Bildern, aber jedes Erwachen in die Wirklichkeit bringt abermals die graue Wildnis ins Gemüt. Ja, ihr zu Hause seid zu Inbegriffen der Phantasie geworden. Ihr seid schön und rein und gedankenvoll wie Mignon und Klärchen, Käthchen von Heilbronn.« (Aus einem Feldpostbrief vom Oktober 1941)

Im dem oft sehr kurzen Heimaturlaub versuchten die Ehepartner sich möglichst schöne Stunde zu machen. Doch blieb nicht aus, daß es Fragen und Probleme zu besprechen gab. Hier zeigte sich dann, wie sehr jeder mit sich selbst beschäftigt war. Die Männer erwarteten die volle Aufmerksamkeit der Frauen, wollten umsorgt und verwöhnt werden; die Frauen wiederum erwarteten Unterstützung bei der Lösung von Problemen und fühlten sich zunehmend mit ihren Sorgen um die Familie alleingelassen.

Während der eine in der Ferne zur Idealisierung der Frau oder Freundin neigte, setzte sich beim

---

Vom Papa keine Ahnung!

Das Wiedersehen, ja, das war schon überwältigend, vor allem tränenreich. Vor allem auch wegen des Kindes, das ja inzwischen zwei Jahre alt geworden war, und das Onkel zu ihm sagte. Es sagte zu dem Bauern Onkel, und dann dachte es, ein Mann ist ein Onkel. Also, vom Papa keine Ahnung! *Else Gillmann, *1915*

---

anderen Mißtrauen fest: Ob sich die geliebte Frau vielleicht zu Hause tröstete – mit einem anderen Mann? Man hörte so viel von Untreue. War das Kind, das man in der Heimat vorfand, auch das eigene? Und umgekehrt: Gab es an der Front nicht junge Helferinnen, die sich ihre Einsamkeit gern mit einer Soldatenliebschaft versüßten? Das Mißtrauen des Nationalsozialismus gegenüber der weiblichen Moral ging im übrigen so weit, daß man »gewisse Frauen« nicht in die vorwiegend

männlich besetzten Rüstungsbetriebe zwangsverpflichtete, da sie die Sittlichkeit gefährden konnten. »Unsittliches Verhalten« wurde von den Behörden aufgespürt und verfolgt.

Die Scheidungsrate stieg während des Krieges deutlich an, ein sicheres Anzeichen für die Entfremdung der Ehepartner durch lange Trennung, Mißtrauen und Ehebruch. Es gibt aber auch Berichte von Ehen, die solche Krisen überstanden; sogar Kinder aus außerehelichen Beziehungen wurden von heimkehrenden Soldaten toleriert. Für viele war es von größter Bedeutung, Haushalt und Familie auf jeden Fall zu erhalten.

In diesen Skizzen unterschiedlicher Familienerfahrungen wird deutlich, daß der Krieg auf den Zusammenhalt der Familie vor allem eine zentrifugale Wirkung ausübte. Aufgrund der Kriegsdienstverpflichtung der Männer, der Abordnung junger Mädchen zum Arbeitsdienst, der Kinderlandverschickung oder der Evakuierung der Frauen mit Kleinkindern befanden sich alle Familienmitglieder in familien-untypischer Bewegung quer durchs Reich und lebten oft in weit voneinander entfernten Orten. Und selbst ein reger Briefverkehr, wenn er denn möglich war, konnte kaum über die Einsamkeit und die ständigen Sorgen hinweghelfen.

Ersatzfamilien

Wo immer die einzelnen Familienmitglieder sich getrennt voneinander aufhielten, machten sie selbst oder die Gruppen, in denen sie arbeiteten, lebten und kämpften, den Versuch, familienähnliche Beziehungen und Situationen herzustellen. Eine gute Lagerführerin wurde zur Ersatzmutter der diensttuenden jungen Mädchen, sie wurde geliebt oder auch abgelehnt; sie beriet, belehrte, kritisierte, erzog, tröstete und schimpfte – wie die richtige Mutter. Die Mädchen untereinander wurden zu Vertrauten, Freundinnen, stützten einander, sie teilten nicht nur Leid und Freud, sondern auch ihre Päckchen von Eltern und Verwandten. Sie verbündeten sich gegen die ungeliebte Autorität und meckerten gemeinsam.

Nicht immer gelang es, einen Familien-Ersatz zu finden, doch war das Bedürfnis vor allem in der Fremde nach Nähe, Vertrauen, enger Beziehung offensichtlich.

Es war auch durchaus üblich, die Familie durch »Adoption« neuer Mitglieder zu erweitern. Das waren dann einzelne Freunde oder Freundinnen, Kollegen oder Nachbarn, die allein zurückgeblieben waren, schlecht versorgt oder auch von den Nationalsozialisten verfolgt wurden.

Die Großeltern wurden mobilisiert, sie kümmerten sich um die Kinder. Benachbarte Geschwister unterstützten einander, ausgebombte Tanten zogen zur Nichte; man bildete Notgemeinschaften, in denen die Rollen neu verteilt wurden. In den Jahren nach 1945 wurde, wenn man sich der guten Seiten der Kriegszeiten erinnern wollte, vor allem dieser Solidargemeinschaften gedacht.

Es kam auch vor, daß Beziehungen zu Fremdarbeitern, die als Hilfe in Haus und Hof zugeteilt waren, persönlich und eng wurden, was bei Strafe verboten war. Mancher Mann kehrte später an den Ort seiner Zwangsarbeit zurück, um die heimliche Liebe zu heiraten.

Das Heer der Arbeitsmaiden an der Heimatfront übernahm Pflichten in Hauswirtschaft, Landwirtschaft und Pflege: Die Lagerführerin begrüßt die Neuen nach ihrer Einkleidung im Arbeitslager Posen,1943.

Beim Militär fanden die Soldaten häufig in ihrer kleinsten Abteilung eine familienähnliche Geborgenheit. Ein Gefreiter, der als Abiturient eingezogen wurde, Funker wurde und erstmals einen längeren Urlaub im Elternhaus verbringen durfte, schrieb dazu in einem Brief an die Eltern: »Ich hatte in diesen beiden Wochen versucht, nicht an draußen zu denken. Es gelang mir nicht. Ich spürte, daß mein Zuhause nicht mehr bei Euch ist, sondern daß es in der Funktruppe ist. Mir fehlte das gemeinsame Arbeiten für unsere Infanterie, die gemeinsame Freizeitgestaltung und das anregende Streitgespräch. Die Nachrichtenabteilung entspricht unserem Dorf, die Funkkompanie unserer Straße, der

Zug unserem Haus, und der Funktrupp unserer Familie, der Unteroffizier ist der Vater, sein Stellvertreter ist die Mutter, und wir Funker sind die Kinder.«

Kameradschaft

Ein wichtiger Begriff des Nationalsozialismus war »der Kamerad«. Zu Beginn des Krieges vertraute ein junge Frau ihrem Tagebuch an, ihr Mann – ein Offizier – habe ihr im Streit gesagt: »(...) ich sei kein Kamerad, (...) ich sei nur eine Frau!« Eine andere Ehefrau beobachtete eine entscheidende Wende in ihrer Beziehung, als sie die Funktion einer Lagerführerin übernahm, die eine gemeinsame Ebene

Fußballfreuden im Olympia-Stadion in Berlin, 1940: Verwundete Soldaten wurden als Helden des Krieges im Krankenurlaub zu Hause durch besondere Ehrungen in der Öffentlichkeit gefeiert.

4

der Kommunikation mit ihrem Mann, einem aktiven Offizier schuf: »Daß ich jetzt auch ein Leben führte, das dem des Soldaten von ferne ähnelt, erbrachte zwischen meinem Mann und mir eine großartige Kameradschaft. Nie hätte ein gutbürgerliches Dasein das schaffen können.«

Aus diesen beiden Bemerkungen geht hervor: Das Leitbild Kameradschaft gehört in die Welt der Männer. Es ist der Inbegriff praktischer Solidarität, ein Motor egalitärer Vergemeinschaftung – eine Schule der Männlichkeit. Kameradschaft beinhaltet einen Initiationsritus, der aus Knaben »Män-

Dann ist das nicht mehr dein Kind

Es gab sehr nette Freunde und Verwandte in Bremen, die meiner Mutter große Vorhaltungen gemacht haben: »Was du da tust, ist unverantwortlich, dein Kind entfremdet sich. Wenn das wiederkommt, dann ist das nicht mehr dein Kind.« Was meinen Sie, wie meine Mutter da drunter gelitten hat, zusätzlich. Sicherlich bestand die Gefahr. Aber meine Pflegeeltern haben sehr darauf geachtet, daß der Kontakt zu den Eltern, soweit das überhaupt möglich war, immer aufrechterhalten wurde. Es wurde intensiv geschrieben, und es ist sogar zwischen meinen Pflegeeltern und meinen Eltern ein solches Vertrauensverhältnis gewachsen, daß es ein Abkommen gab: Wären meine Eltern in Bremen bei einem Bombenangriff ums Leben gekommen, hätten meine Pflegeeltern mich behalten und adoptiert. *Annelene Raasch, *1933*

ner« macht. Unter dem Druck zur Anpassung entsteht im Militär eine Gruppe von Kameraden, die »durch dick und dünn« geht, die den Dazugehörigen emotionale Sicherheit vermittelt, sie nach außen schützt, für sie einsteht. Sie bildet die Grundlage der Kampfkraft einer Truppe. Die emotionale Bindung der Männer in diesem Bund bie-

tet ein Gegengewicht zu dem im Militär üblichen Drill, der Repression, Schinderei und der Anspannung im Kampf. Im Schutz dieser Soldaritätsgemeinschaft und unter dem Druck der Anpassung wurden jedoch auch die schrecklichsten Verbrechen begangen. Gleichzeitig half diese Leidensgemeinschaft, in der bereits der Abschied von der militarisierten Männlichkeit angelegt war, bei der kollektiven Verdrängung der Kriegsverbrechen.

Seite an Seite mit den kämpfenden Soldaten befanden sich Tausende von Frauen, die sich ebenfalls als »Kameraden« begriffen, die Teil der »Brudergemeinschaft« des Krieges sein wollten. In diesen Frauen, die an der Front Dienst taten, so die vielen Krankenschwestern, zeigte sich das doppelte Bild der Weiblichkeit, wie es in den Männerphantasien vorherrschte. In den Lazaretten wurden aus Männern wieder Kinder, die sich von Krankenschwestern betreuen ließen. Sie kümmerten sich wie ein Familienmitglied um den Soldaten, inszenierten kleine Feste und konkurrierten mit der Heimatmutter. Die mütterliche Krankenschwester mutierte in der Vorstellung des Verletzten aber auch zum Schreckensbild des Todesengels, nicht nur bieten Mütter ihre Söhne, Ehefrauen ihre Männer im Krieg als Opfer dar, das weiche Weibliche gefährdet auch grundsätzlich die geforderte harte Männlichkeit des Kriegers.

Das Ideal der Kameradschaft wurde zum Organisationsprinzip vieler gesellschaftlicher Gruppierungen im Nationalsozialismus: im BDM und in der HJ, im Berufsleben und sogar in der Familie. Die solidarische Volksgemeinschaft präsentierte sich als Großfamilie, in der alle am gleichen Strang zogen, als Gemeinschaft von Kameraden. Allerdings unterliegt auch hier der vorgeblich egalitären Gemeinschaft ein hierarchisches Prinzip, das Prinzip des blinden Gehorsams. »Führer befiehl, wir folgen!«, lautete die Parole.

Alternative Jugendkultur

Jugendliche hatten auch im Krieg das Bedürfnis, unter Gleichaltrigen zu sein und sich der Kontrolle des Elternhauses, der älteren Generation zu entziehen. Dabei kam es oft zu den üblichen Generationskonflikten mit der Mutter und dem Vater, die die Aktivitäten – vor allem der Töchter – nicht guthießen. Andere standen den Veranstaltungen der HJ oder des BDM aus ideologischen Gründen distanziert gegenüber, auch fürchteten manche Eltern die homoerotischen Versuchungen der HJ-Kameradschaft.

Trotz der repressiven Kontrolle des Staates entstanden im Dritten Reich auch alternative Jugendbewegungen, die sich bewußt absetzten von der verordneten Kultur des Nationalsozialismus. Diese regimekritischen oder nicht konformen Gruppierungen wurden jedoch durch den staatlichen Terror kriminalisiert und ihre Mitglieder verfolgt.

Zu den alternativen Jugendbewegungen gehörten z.B. die Edelweiß-Piraten und die Swing-Jugend. Bei den Edelweiß-Piraten handelte es sich um Jugendliche im Alter zwischen 16 und 19 Jahren aus nachbarschaftlichen Arbeitermilieus: Jungen und Mädchen, die – angelehnt an bündische Traditionen – ihre Freizeit gemeinsam verbrachten. Die Straßen der Nachbarschaft waren das Territorium dieser Cliquen, das sie gegen Eindringlinge, vor allem HJ-Mitglieder, teilweise sogar gewaltsam verteidigten. Sie unternahmen Reisen innerhalb Deutschlands, wanderten, sangen Lieder der Jugendbewegung, suchten das Abenteuer. Das Geschlechterverhältnis war »unverkrampft«, auf den gemeinsamen Gruppenfahrten wurden auch sexuelle Erfahrungen gemacht. In der staatlichen Beurteilung galten die Edelweiß-Piraten als kriminell, verwahrlost und orgiastisch. Die Polizei wurde von den zivilen Behörden aufgefordert, dem »Gesindel das Handwerk zu legen«. Sie wurden in Arbeitslager gebracht; es kam sogar zu Morden an Mitgliedern. In der Haltung dieser Jugendlichen deutete sich ein verändertes Verhältnis zur Autorität von Eltern und Vorgesetzten an. Die meisten von ihnen waren Volksschüler und standen in einem ersten Arbeitsverhältnis. Es gab Konflikte mit dem Vorgesetzten, der Arbeitsplatz wurde häufig gewechselt. Die Väter waren meist im Krieg, oder sie waren verstorben oder gefallen.

Die Swing-Jugend rekrutierte ihre Mitglieder aus den Gymnasiasten der städtischen gehobenen Mittelschicht; sie frönte der amerikanischen Musik und Sprache sowie einem legeren Äußeren mit langen Haaren. »Lottern« nannte man das, und in jeder Beziehung widersprach diese »verlotterte« Subkultur dem deutschen Ordnungssinn. »Der Anblick der Tanzenden war verheerend«, so die bürokratische Beurteilung. »Kein Paar tanzte normal, es wurde in übelster Form geswingt. Teils tanzten zwei Jünglinge mit einem Mädel, teils bildeten mehrere Paare einen Kreis, wobei man sich einhakte und in dieser Weise dann umherhüpfte, mit den Händen schlug, ja sogar mit den Hinterköpfen aneinanderrollte und dann in gebückter Stellung, den Oberkörper schlaff nach unten hängend, die langen Haare wild im Gesicht, halb in den Knien, mit den Beinen herumschlenkerte.« Als die öffentlichen Veranstaltungen verboten wurden, zogen sich die Anhänger der Swing-Bewegung in private Nischen zurück.

Doch auch innerhalb der Familien war man entsetzt über die Unsittlichkeit des Treibens. Die Eltern, die – anders als die Arbeiterfamilien – zumeist einen autoritären Erziehungsstil pflegten und politisch deutschnational-konservativ bis nationalsozialistisch eingestellt waren, standen der Bewegung ablehnend gegenüber.

Detlef Peukert bietet einen Erklärungsversuch: Die Umstände der Sozialisation dieser Swing-Generation waren geprägt von »einer Phase höchster familiärer Desorientierung« durch die Inflation und die darauf folgende Wirtschaftskrise. Das bedeutete im individuellen Fall Vermögensverluste, Arbeitslosigkeit, Verlust der väterlichen Autorität. In der staatlich gelenkten Jugendkultur des Dritten Reiches fand diese Jugend keinen Sinn, sondern suchte in neuen Vorbildern nach einer gegen die autoritätsgläubige Ideologie des Nationalsozialismus gerichteten Identität.

Widerstand

Es gab in diesen Jahren viele Familien, die von einem bestimmten Augenblick an nicht mehr an der »Normalität« des Kriegsalltags teilhatten. Dies waren rassistisch Verfolgte, religiös Aktive, im Widerstand Tätige. Für die Tat des einzelnen wurde häufig die Familie mitverantwortlich gemacht. Der äußere Alltag der Familien, die das Regime und seine Politik zutiefst ablehnten und aktiv Widerstand leisteten, unterschied sich meist nicht wesentlich von dem ihrer Nachbarn. Innerhalb der Familien galt jedoch ein ungeschriebenes Gesetz: Nichts, was dort gesprochen wurde, durfte nach außen dringen. Briefe waren verschlüsselt, da Zensur befürchtet wurde. Fiel man auf, durch den Nachbarn nicht bekannte Gäste, unvorsichtige Bemerkungen, unterlassenen Hitlergruß, drohte Denunziation. Der Arzt, der zum Hausbesuch erschienen war und dem man glaubte trauen zu dürfen, berichtete der Gestapo von einer »defätistischen« Bemerkung des Hausherrn; der Nachbar meldete das nicht verdunkelte Fenster oder andere versäumte Pflichten. Denunziation war oft der Anfang einer Odyssee durch Gerichte, Lager, manchmal bis zur Hinrichtung. Die Zahl der auf diese Weise stigmatisierten, verhafteten, verschleppten und ermordeten Menschen ging in die Tausende. Die zurückgebliebenen Familien betrauerten ein

Opfer des nationalsozialistischen Terrors, doch für ihre Umgebung waren sie zu Verrätern geworden. Konspirative Gespräche mit Freunden über politische Pläne fanden im Schutz der Familien statt. Im Vorfeld des Attentats auf Hitler, das schließlich

Aber war doch kein »Heil Hitler«

Dann morgens, statt »Guten Morgen« sollte man als Gruß »Heil Hitler« sagen. Das habe ich lang genug vermieden, wurde dann auch denunziert und habe dann »Nei Liter« gesagt, so genuschelt. Das klingt lächerlich, gell, aber es klang dann wie »Heil Hitler«, aber war doch kein »Heil Hitler«. Man muß bedenken, ich war erst kurz über 20 Jahre alt, man sieht auch die Gefahren nicht so sehr. *Else Gillmann, *1915*

am 20. Juli 1944 unternommen wurde, waren viele solcher Gespräche notwendig, um Mitverschworene – auch für die Zeit danach – zu gewinnen. So lud Fritz Dietloff von der Schulenburg Claus Graf Stauffenberg zu sich nach Trebbow in Mecklenburg aufs Land ein, um mit ihm dort in Ruhe und von der Gestapo unbeobachtet sprechen zu können. Die Familie bot den Schutz für dieses hochpolitische Treffen, ohne daß sie den Inhalt der Gespräche oder die Pläne kannte. Die Familienmitglieder durften die beiden Männer, die sich ins Wohnzimmer zurückgezogen hatten, nicht stören; doch wurden sie ungeduldig und ersannen einen Spaß, um das lange Warten zu beenden: »Wir wickelten den langen Leutnant Klausing in viele Meter Silberbrokat aus C.U.'s kostbarer Truhe«, erinnerte sich Charlotte Schulenburg. »Unten guckten die Militärstiefel hervor und auf seinem Kopf saß ein silberner Turban. Von uns geschoben, stolperte er so ins Wohnzimmer.« Während der Gastgeber wenig begeistert war, zeigte sich Stauffenberg höchst amüsiert. Diese Details eines freundschaftlichen Besuchs auf dem Lande berichtete Gräfin Schulenburg Beamten der Gestapo, die sie nach dem mißlungenen Attentat vom 20. Juli in ihrem Haus stundenlang verhörten.

Die Familien der am Widerstand Beteiligten wurden, wenn diese verraten oder wie im Fall des gescheiterten Attentats auf Hitler am 20. Juli 1944 verhaftet wurden, öffentlich geächtet und in Sippenhaft genommen. Dabei wurde willkürlich verfahren. Nach dem 20. Juli wurden Frauen mit Kindern inhaftiert, danach die Kinder entführt. Die Gestapo teilten ihnen mit, sie müßten nun wieder zur Schule gehen. »Aber die Kinder, die dort mit uns im Heim seien, wären alles Kinder von patriotischen Eltern und wenn sie unseren Namen hörten als den von Söhnen eines Vaters, der Hochverrat am Führer begangen habe, dann würden sie uns schlecht behandeln, uns dauernd verprügeln«, erinnert sich Christoph Schwerin. Als sie den Zug bestiegen, sagte sich der Elfjährige, »daß ich meine Mutter und meinen Vater wohl nie wiedersehen würde«.

Für die Kinder und Ehefrauen von »Verrätern« bedeutete die Hinrichtung des Vaters einen doppelten Verlust: Er war nicht als Held an der Front gefallen, wie die Väter der anderen Kinder; man durfte keine öffentliche Trauer zeigen; und auch nach dem Krieg war der öffentliche Status des Widerstandes lange umstritten. Großfamilien distanzierten sich von den verfemten Angehörigen, Freunde brachen den Kontakt ab, Personal kündigte.

Desertation

Auch im Zweiten Weltkrieg wuchs gegen Ende des Krieges die Zahl der Verweigerer und Deserteure. Meist nutzten die Soldaten den Aufenthalt in der Heimat, um sich abzusetzen und zu verstecken. Sehr häufig erhielten sie dabei Unterstützung von Frauen, meist solchen, denen sie zufällig begegne-

ten, die ihnen zu essen gaben, zivile Kleidung besorgten, Unterschlupf gewährten; aber auch von Familienangehörigen, die sie schützen wollten und sich damit selbst in große Gefahr begaben. »Schütze X ist fahnenflüchtig«, hieß es in einer entsprechenden Akte: »Er verbirgt sich in der Wohnung seiner Mutter, die ihn den Gefahren des Krieges nicht länger aussetzen will und ihm aus diesem Grund Unterkunft, Nahrung und Kleidung verschafft, die die Möglichkeit geben, einen bürgerlichen Beruf auszuüben.«

Diejenigen, die den Soldaten Unterschlupf verschafften und sie ernährten, verzichteten häufig auf die Hälfte ihres Anteils an Lebensmittelmarken. Eine Ration mußte jetzt für zwei Personen ausreichen. Wilhelm H., ein geflohener Soldat, der später in der Wohnung bei seiner Frau entdeckt, angeklagt und exekutiert wurde, lebte nur von Kartoffeln und war entsprechend »heruntergekommen«. Er versteckte sich bei Bombenangriffen und Besuchen Fremder im umgebauten Kachelofen. Während seine Frau zur Arbeit in den Rüstungsbetrieb ging, wagte er sich kaum zu bewegen, aus Angst, die Nachbarn könnten mißtrauisch werden. Auch das war Familienalltag im Krieg. Tausende von Deserteuren wurden zum Tode verurteilt und hingerichtet.

Jüdische Familien

Krieg führten die Nationalsozialisten nicht nur gegen ganz Europa, sondern auch gegen Teile der eigenen Bevölkerung und Minderheiten in den Nachbarländern, vor allem gegen Bürger jüdischer Abstammung. Ab 1933 wurden die bürgerlichen Rechte dieser Familien von der Regierung Hitlers stetig weiter eingeschränkt: Die Berufsausübung jüdischer Ärzte, Anwälte, Beamten etc. wurde verboten, die Bewegungsfreiheit eingeschränkt, Besitz zwangsweise »arisiert«.

4

Während des Krieges wurden die Maßnahmen zur Verdrängung und schließlich Vernichtung von Juden drastisch verschärft. Sie durften ihre Stadtteile nicht mehr verlassen, keine Straßenbahn benutzen, nur in einem bestimmten Geschäft kaufen. Fahrräder, Radios, Schreibmaschinen usw. mußten abgeliefert werden, die Familien wurden in »Judenhäuser« umgesiedelt, ihrer Habe beraubt, ständigen Kontrollen unterworfen, bedroht, schikaniert, mißhandelt. Es begann das quälende Warten auf den Moment, an dem auch an der eigenen Tür geklingelt wurde. Mit den Deportationen wurden auch die Familien auseinandergerissen, die in den Jahren zuvor oft immer enger zusammengerückt waren. Auf dem Weg zu den Sammelplät-

Für uns alle eine Belastung

Mein Vater hat plötzlich das Gefühl gehabt, er sei für uns alle eine Belastung. Und ich weiß nur, daß ich eines Tages furchtbar viel Aufregung im Haus hörte, und da hatte er wohl versucht, sich die Pulsadern aufzuschneiden. Er sagte: »Ich wollte für meine Kinder ein anderes Leben haben, als das der frommen Juden und habe dieses christliche Mädchen geheiratet, und heute bin ich für meine Frau und meine Kinder eine Belastung.« Und er wurde auch immer stiller. Es war bedrückend. Aber gesprochen wurde nicht darüber. *Ingeborg Hecht, *1921*

zen, zu den Bahnhöfen standen am Straßenrand die »arischen« Mitbürger, höhnten und warfen mit Steinen. In den KZ fand die letzte »Selektion« statt: Während die Mutter mit der kleinen Schwester zu den Lebensunwerten gezählt und sofort in die Gaskammer geschickt wurde, blieb der ältere Sohn mit dem Vater noch am Leben, bis auch sie an der menschenunwürdigen Arbeit und den Zuständen im Lager zugrunde gingen.

Andere sozial, politisch oder religiös definierte Minderheiten wurden aufgrund der staatlichen Definition von »rassisch wertvoll« an den Rand der Gesellschaft gedrängt, in Lager verschleppt, zu einem Leben im Ghetto gezwungen. Auch hier wurden Familien auseinandergerissen, war ein Familienleben unmöglich. Dabei fanden die nationalsozialistischen Verfolgungen nicht im geheimen statt, sondern in aller Öffentlichkeit. Auch dies war Teil des Alltags an der Heimatfront.

Das Meckern

Studien über die Haltung der Heimatfront zum Krieg verdeutlichen, daß zwar viel »gemeckert« wurde, daß das Ausmaß der Unzufriedenheit der Bevölkerung jedoch begrenzt war; es kam nicht – wie im Ersten Weltkrieg – zu Unruhen oder einem Aufstand gegen das kriegsführende Regime.

Dazu beigetragen haben verschiedene Faktoren. Im Unterschied zum Ersten Weltkrieg war die Versorgung der Familien wesentlich besser. Es wurde zwar über Ungerechtigkeiten und die Umstände der Bürokratie gemurrt, doch nahm man möglichst alle Angebote der staatlichen Versorgung in Anspruch.

Eine Alternative zum herrschenden System war vielen Menschen nicht erkennbar. Kontrolle, Einschüchterung, Terror machten potentielle Kritiker mundtot. Sie verschwanden im KZ. Der Großteil der Bevölkerung hatte sich jedoch freiwillig oder zwangsläufig mit dem System arrangiert.

Gemeckert wurde vorwiegend über die unteren und mittleren Parteikader, weniger über die Parteispitze. »Wenn das Adolf Hitler wüßte«, ist eines der Worte, die eine solche Einstellung widerspiegeln. Der propagierte Führermythos scheint einem starken Bedürfnis unter den Menschen entsprochen zu haben. Der Glaube an die Allmacht Hitlers erlaubte es, über den Alltag zu schimpfen, ohne den generellen Konsens mit dem System aufzukündigen.

Ein Bericht des Sicherheitsdienstes (SD) vom November 1943 bemerkt hierzu: »Auffallend ist, daß viele Maßnahmen der Partei und führender Persönlichkeiten von den Frauen in stärkerem Maße als von den Männern kritisiert würden, jedoch stellten sich die meisten Frauen stets hinter die Person des Führers. Allgemein werde von den Frauen immer der Standpunkt vertreten, daß der Führer bestimmt Abhilfe schaffen würde, wenn er alles wüßte.«

Grund zur Sorge gab es im Übermaß. Im persönlichen Bereich fürchteten viele Frauen um den Bestand ihrer Ehe. Lange Trennung, starke persönliche Belastungen und das Unverständnis der Ehemänner für die Sorgen ihrer Frauen führten zu Streit und Ehekrisen. Oft gab es nicht genug zu essen, und auch die Evakuierungen führten zu wachsenden Protesten in der Bevölkerung. Das Auseinanderreißen der Familien ohne Besuchsmöglichkeiten wurde auf die Dauer von allen Beteiligten als untragbar empfunden. Die emotionalen und materiellen Entbehrungen der allein in den Städten verbliebenen Männer, die auf die Fürsorge ihrer Ehefrauen verzichten mußten, ließ sie alle Lust an der täglichen Arbeit verlieren. Das Familienleben wurde als wichtiger emotionaler Ausgleich für die harte Arbeit betrachtet. Als besonders gravierend wurde dabei die Trennung von den Kindern empfunden.

Gegen Ende des Krieges glaubten nur noch wenige Menschen an den propagierten Endsieg. Besonders die Frauen, hieß es in einem geheimen Lagebericht des SD, zeigten sich über den Kriegsverlauf verzweifelt. »Es geht fast über meine Kraft, jetzt den Wehrmachtsbericht zu hören (...) Ich muß einfach warten, bis wieder bessere Nachrichten kommen.« Die schreckliche Wahrheit wurde verdrängt, eine Auseinandersetzung mit ihr verschoben. Nachdenken half nicht, dann würde man nur verrückt werden! »Die Männer gehen meist stur ihrer Arbeit nach«, wurde im Bericht außerdem bedauert.

In mancher Situation half Ironie und Witz. Am Stammtisch verfiel man aufs Dichten, Galgenhumor war eine andere Variante. Junge Leute benutzten als Abschiedsgruß an Stelle von »Heil Hitler«: »Bleib übrig«!

Es wurde auch viel geträumt, vor allem vom Frieden, von Heimkehr, aber auch vom bitteren Ende. Nicht nur Außenstehende waren von der erstaunlichen Duldsamkeit der Deutschen beeindruckt, auch sie selbst: »Und ich muß mich wundern«, schrieb eine Ehemalige 1944 ihren Freundinnen ins Klassenbuch, »wie gut die Betroffenen Haltung wahren. Sie vertrauen trotz allem auf ein glückliches Ende. Wo so viel Opfer gebracht sind und sicher noch gebracht werden müssen, da kann bei einer höheren Gerechtigkeit der Lohn nicht ausbleiben, zumal wir ja nicht um eine Utopie oder gar aus Machthunger Krieg führen.«

Das Ende

In den letzten Monaten und Wochen des Krieges fing das Elend für viele Familie erst an. Das Zurückweichen der Front löste vor allem im Osten eine Fluchtwelle aus. Die Heimatfront brach zusammen; die militärische Front trieb sie vor sich her, schob sie beiseite, überrollte sie. Ganze Familien gingen am Wegrand zugrunde, Frauen verloren ihre Kinder, geschwächte Großeltern starben unterwegs. Da bitterer Winter herrschte, konnten die Toten in der steinharten Erde oft nicht einmal begraben werden. In vielen Fällen ging nicht nur Haus und Hof, sondern auch die im Treck mitgenommene Habe verloren. Die Bombardierungen der großen Städte erreichten im Februar

4

1945 mit der Zerstörung Dresdens einen letzten schrecklichen Höhepunkt. Der Kampf um Berlin schließlich dauerte mehrere Wochen und hinterließ eine Trümmerwüste. Nach dem Ende des Krieges erfolgte die millionenfache Vertreibung von Familien aus den deutschen Ostgebieten, der Tschechoslowakei und Ungarn.

Am 8. Mai 1945 war der Krieg zu Ende – offiziell. Die Waffen schwiegen. Was für die einen Niederlage des Reiches und persönliche Katastrophe war, war für andere Befreiung und Neubeginn. Doch diese Erfahrung läßt sich nicht nur an dem Datum 8. Mai festmachen; einen so klaren Bruch in der Geschichte hat es nicht gegeben. Vorherrschend war eher ein Gefühl von Untergang und Übergang.

In den Trümmern Deutschlands überlebten und lebten Familien, und das, was von ihnen übrig geblieben war: Häufig eine Gemeinschaft von Frauen, die auf verschiedene Weise miteinander verwandt waren, zusammen mit Kindern und Enkeln. Nachdem selbst die Großväter und männlichen Schulkinder zum Volkssturm und zur Flak eingezogen worden waren, blieben Frauen fast unter sich. Als das Schießen aufhörte, krochen sie aus den Kellern, hißten weiße Fahnen und hofften, oft vergeblich, auf Schonung durch die Sieger. Der Krieg mit all seinen Verbrechen an den Menschen Europas, ein Krieg der ausging von Deutschland, hatte mehr zerstört als Häuser, Kulturgüter, Landschaften und die Einheit des Staates; als Katastrophe der modernen Menschheit ging er ein in das kollektive Gedächtnis unserer Gegenwart und wirkt damit zentral an der Gestaltung unserer Zukunft mit.

Kerrin Gräfin von Schwerin

Zeichen an der Wand: Am Ende des Krieges beginnt die Suche nach den versprengten Angehörigen.

Nach einem Luftangriff in Berlin, Februar 1945. Durch alliierte Bombardements verloren in Deutschland mehr als 7,5 Millionen Menschen ihr Obdach. So waren in Köln und Würzburg bei Kriegsende 70% des Wohnraums zerstört.

5 terror

1939   1940

5 terror

NS-Herrschaft und Terror

Terror als Programm

Terror war ein unverzichtbares Element der nationalsozialistischen Diktatur. Propaganda und Korrumpierung allein hätten – so geschickt sie auch eingesetzt wurden – die verheerenden Erfolge der neuen Machthaber nicht sichern können. Wie bedenkenlos die NSDAP Gewalt für die Erreichung ihrer Ziele einsetzen würde, trat schon vor der Machtübernahme zutage. So bekannte sich ihr unumstrittener Führer bereits in den zwanziger Jahren zur Anwendung von Terror gegen politische Gegner: »Der Terror auf der Arbeitsstätte, in der Fabrik, im Versammlungslokal und anläßlich der Massenkundgebung«, so ließ Hitler in »Mein Kampf« seine Leser wissen, »wird immer von Erfolg begleitet sein, solange nicht ein gleich großer Terror entgegentritt. (...) Welchen Eindruck ein solcher Erfolg auf die Sinne der breiten Masse sowohl der Anhänger wie der Gegner ausübt, kann dann nur der ermessen, der die Seele eines Volkes nicht nur aus Büchern, sondern aus dem Leben kennt. Denn während in den Reihen ihrer Anhänger der erlangte Sieg nunmehr als ein Triumph des Rechtes der eigenen Sache gilt, verzweifelt der geschlagene Gegner in den meisten Fällen am Gelingen eines weiteren Widerstandes überhaupt.« Der Einsatz von Gewalt folgte somit einem taktischen Kalkül, er war jedoch keineswegs nur Mittel zum Zweck. Als »Lebensprinzip« im vermeintlichen »Kampf um das Dasein« war die Gewalt ein Essential der sozialdarwinistischen Ideologie der Nationalsozialisten. Für Andersdenkende bzw. »Andersartige« konnte diese Einstellung tödlich sein.

Hunderte wurden schon in der Weimarer Zeit Opfer der NSDAP sowie anderer militanter antidemokratischer Gruppierungen. Einer von zahlreichen politischen Morden, die auf das Konto der paramilitärischen Verbände der NSDAP gingen, erregte in der Endphase der Weimarer Republik sehr großes Aufsehen. Nachdem ein Beuthener Sondergericht fünf SA-Männer zum Tode verurteilt hatte, die in der Nacht zum 10. August 1932 einen kommunistischen Bergmann im oberschlesischen Potempa vor den Augen seiner Mutter bestialisch ermordet hatten, schickte Hitler den Verurteilten ein Solidaritätstelegramm. Die Freilassung der Mörder, so der NSDAP-Chef, sei »eine Frage unserer Ehre«.

Polizeiterror

Am 30. Januar 1933 ernannte der Reichspräsident Paul von Hindenburg den Mann, der seiner Sympathie mit Mördern so unverhohlen Ausdruck gab, zum Reichskanzler. Damit eröffneten maßgebliche Vertreter der konservativen Eliten den Nationalso-

---

Bewacher in einem Konzentrationslager

Da war innerhalb unserer Bekanntschaft ein Soldat, der war Bewacher in einem Konzentrationslager, und wenn der auf Urlaub kam, dann hat er erzählt, was da passierte – daß die umgebracht wurden. Das war also für mich und die Familie, die engere Familie vollkommen klar. Dann später, das war dann schon '44 oder so, sagte er uns, daß die vergast und verbrannt wurden. Ganz klar, also ohne irgendwelche Umschweife. Aber das war im kleinsten Kreis. Und da hat man natürlich einen fürchterlichen Schreck bekommen, was den Leuten so passiert, und wie das so geht. Man war zwar erschüttert und hat dann gedacht, naja, wie wird es den Leutchen gegangen sein, die man nicht so direkt gekannt hat, aber die verschwunden sind, nicht? Das war schon irgendwie schockierend, aber man mußte auf der anderen Seite auch den Mund halten, daß man sich und andere nicht gefährdet. *Horst Engelskirchen, *1928*

zialisten die Möglichkeit, ihre Politik nunmehr »legal« – und mit neuer Qualität – fortzuführen. Der Schritt vom Straßenterror zum Staatsterror war vollzogen.

Die Nationalsozialisten verfügten schon bald, auch auf der Ebene der Länder und Kommunen, über den gesamten Verwaltungsapparat. Die Entmachtung des Reichstags, der Länderparlamente, die Zerschlagung der Gewerkschaften, die Verfolgung der KPD, das Verbot der SPD und die erzwungene Auflösung aller übrigen Parteien ebneten den Weg zum Einparteienstaat. Die Nationalsozialisten hatten nun ein Machtinstrument in der Hand, das sie immer besser für ihre Zwecke zu nutzen verstanden. Im Vordergrund der terroristischen Seite der Staatstätigkeit stand der Ausbau von Polizei und Justiz, denen bei der Festigung der Macht eine besondere Bedeutung zukam. Das Augenmerk der NS-Führung lag beim Aufbau einer »Infrastruktur des Terrors« dabei vor allem auf dem Polizeiapparat, da er am direktesten und schnellsten gegen die politische Opposition eingesetzt werden konnte.

Schon vor der berüchtigten Selbstentmachtung des deutschen Parlaments durch das »Ermächtigungsgesetz« vom 24. März 1933 nutzte die von Nationalsozialisten und Konservativen gebildete Koalition, die sich nun als Regierung der »nationalen Erhebung« bezeichnete, das Weimarer Notverordnungsrecht für die Beseitigung des demokratischen Rechtsstaats. So wurden mit der Verordnung des Reichspräsidenten »zum Schutz von Volk und Staat« vom 28. Februar 1933 (»Reichstagsbrandverordnung«) die wichtigsten Grundrechte – die Freiheit der Person, das Recht auf freie Meinungsäußerung, die Vereins- und Versammlungsfreiheit – bis 1945 beseitigt. In der erschreckend schnell »gleichgeschalteten« Presse und im Rundfunk hieß es, sie seien vorläufig

SA-Mann als Hilfspolizist und ein Polizeibeamter in den Straßen Berlins während der Wahlen im März 1933.

»außer Kraft gesetzt«. Die Reichstagsbrandverordnung wurde zur Grundlage eines permanenten Außnahmezustands und zur Basis der NS-Herrschaftsordnung.

Die von den Nationalsozialisten beherrschte Polizei konnte nun nach Belieben Oppositionelle festnehmen. SA und SS, durch einen Erlaß des kommissarischen preußischen Innenministers Göring vom 22. Februar 1933 zur »Hilfspolizei« ernannt, »unterstützten« die Polizei bei Razzien gegen NS-Gegner. Parlamentarier und politische Funktionsträger, insbesondere der SPD und KPD, gelegentlich auch der bürgerlichen Parteien, Künstler, Schriftsteller und Journalisten wurden verhaftet. Man verschleppte sie nun häufig in Konzentrationslager (KL,KZ), die zum wichtigsten Instrument des Staatsterrors in der NS-Zeit werden sollten. Die ersten Lager wurden als »wilde« Konzentrationslager zumeist von der SA in Lokalen, Kellern etc. in Arbeitervierteln eingerichtet. Es folgten Lager in Kasernen (z.B. General-Pape-Straße in Berlin, Heuberg bei Sigmaringen), Fabriken (Dachau, Oranienburg), Burgern und Schlössern (Hohnstein, Lichtenburg) oder in neuen, abgelegenen Lagern (Esterwegen). Ortsnamen wie Oranienburg oder Dachau erhielten nicht nur in Berlin und München, sondern in ganz Deutschland einen schrecklichen Klang, weil sich die in den dortigen Konzentrationslagern begangenen Verbrechen schnell in der Bevölkerung herumsprachen – ein Effekt, der von den Machthabern erwünscht war. Konsequenterweise wurden die Konzentrationslager in der gleichgeschalteten Presse als »Besserungsanstalten« für politische und sonstige »Kriminelle« vorgeführt. Morde und Mißhandlungen wurden offiziell, doch so zwielichtig dementiert, daß jeder »Volksgenosse« eine Vorstellung davon hatte, was in den Konzentrationslagern geschah.

Allein im Jahre 1933 wurden mehr als 100.000 Menschen verhaftet, mindestens 500 von ihnen wurden ermordet. »Schutzhaft« nannte man diese Form der Freiheitsberaubung zynisch. Die zeitlich unbegrenzte sowie richterlicher und rechtsstaatlicher Kontrolle entzogene Haft gestattete dem Festgenommenen keinerlei Rechtsmittel gegen diese Maßnahme. Als »Rechtsgrundlage« diente die schon oben erwähnte »Reichstagsbrandverordnung«, die den Artikel 114 der Weimarer Reichsverfassung (»Die Freiheit der Person ist unverletzlich«) de facto aufgehoben hatte.

Bis 1934 übernahm Heinrich Himmler als politischer Polizeikommandeur der Länder die Verantwortung für die politische Polizei und damit auch die Zuständigkeit für die Konzentrationslager. Nach der Ermordung Ernst Röhms und der Ausschaltung der SA, die bis dahin die meisten Lager betrieben hatte, wurde das KZ-System von SS-Oberführer Theodor Eicke nach dem Vorbild des Konzentrationslagers Dachau im Sinne der SS ausgerichtet. Das Wachpersonal stellten SS-Mannschaften, die nach 1934 als »Totenkopfverbände« bezeichnet wurden. Die Zahl der KZ-Bewacher stieg von 2000 im Jahre 1935 auf 5000 Ende 1937. Die KZ wurden der SS-Institution »Inspektion der Konzentrationslager« zentral unterstellt. Bis Kriegsbeginn errichte man die Konzentrationslager Sachsenhausen (1936), Buchenwald (1937), Flossenbürg und Mauthausen (1938), Ravensbrück (1939), bis zum Ende der NS-Herrschaft 22 Hauptlager (mit über 1000 Außenlagern und Außenkommandos). Dienten die KZ zunächst der Verfolgung politischer Gegner (vor allem aus den Reihen der Arbeiterbewegung) sowie von Randgruppen der proklamierten »Volksgemeinschaft« (darunter Homosexuelle, »Asoziale«, »Berufsverbrecher«), so wurden sie während des Zweiten Weltkrieges immer mehr zu einem Arbeitskräftereservoir für die Rüstungsindustrie. Die Mehrzahl der Häftlinge waren nun Ausländer, die aus dem Millionenheer der Fremdarbeiter in Deutschland stammten. Eine Sonderrolle innerhalb des Lagersystems nahmen ab 1941/42 diejenigen KZ ein, die vorwiegend oder sogar ausschließlich der Ermordung europäischer Juden sowie von Sinti und Roma dienten. In den Vernichtungslagern Belzec, Sobibor, Treblinka, Chelmno, Majdanek und Auschwitz-Birkenau, die im Rahmen der »Endlösung« im okkupierten Polen eingerichtet wurden, ermordeten die Nationalsozialisten etwa drei Millionen Menschen, zumeist jüdische Männer, Frauen und Kinder, in der Regel durch Giftgas. Die anderen Opfer des Holocaust wurden vor allem auf dem Territorium der Sowjetunion von Einsatzgruppen

SS-General Karl Wolff, der spätere Reichsführer SS und Chef der Deutschen Polizei, Heinrich Himmler, und Rudolf Heß, Stellvertreter Hitlers (v. l. n. r.), vor dem Wegweiser zum KZ Dachau anläßlich einer Besichtigung des Lagers, Mai 1936.

und auch von Polizeibataillonen durch Massener-
schießungen umgebracht. In jüngster Zeit ist –
nicht zuletzt Dank der Wehrmachtsausstellung –
deutlicher ins Bewußtsein getreten, daß die Wehrmacht bei dem Genozid mitwirkte.

Gesteuert wurde das KZ-System sowie der Polizei-
und SS-Apparat durch die »Zentrale des Terrors«,
dem Sitz des Geheimen Staatspolizeiamtes (Gestapa) in der Berliner Prinz-Albrecht-Straße 8. Seit
September 1939 wurde das Gestapa mit anderen,
Reinhard Heydrich, dem Chef der Sicherheitspolizei und des Sicherheitsdienstes (SD), unterstehen-
den Behörden zum Reichssicherheitshauptamt
(RSHA) zusammengefaßt. Es umfaßte sowohl
staatliche Institutionen, das Geheime Staatspoli-
zeiamt, das Hauptamt Sicherheitspolizei, das
Reichskriminalpolizeiamt, wie auch das Hauptamt
des Sicherheitsdienstes, der von der NSDAP eingerichtet und finanziert wurde.

Schon vor der Einrichtung des RSHA war die Geheime Staatspolizei zu einem Synonym für den
nationalsozialistischen Staatsterror geworden. Sie
sicherte sich schon bald das Monopol bei der ab-
schließenden polizeilichen Bearbeitung aller bei
den Behörden und NSDAP-Organisationen einge-
henden Anzeigen wegen »politischer« Delikte. Was
»politisch« war, bestimmte die Gestapo. Ihr Aktions-
feld bzw. das des Sicherheitsdienstes der NSDAP
(SD) reichte von der Bestrafung unbedachter non-
konformer Äußerungen bis zur Verfolgung orga-
nisierter Widerstandstätigkeit, von der Überwachung von Gottesdiensten bis zur Deportation
und systematischen Ermordung der Juden. Ihr
unterstand auch das Verfolgungsverfahren, da sie
ein eventuelles polizeiliches Ermittlungsergebnis
zusammenfaßte, über die Abgabe des Falls an die
Justiz entschied und deren Entscheidungen durch
»Schutzhaft« und Konzentrationslager »korrigieren«
konnte. »Die Geheime Staatspolizei«, so heißt es

zu ihrer Aufgabenstellung im § 1 des preußischen
Gesetzes über die Geheime Staatspolizei vom 10.
Februar 1936, »hat die Aufgabe, alle staatsge-
fährlichen Bestrebungen im gesamten Reichsgebiet zu erforschen und zu bekämpfen, das Ergebnis der Erhebungen zu sammeln und auszuwerten,
die Staatsführung zu unterrichten und die übrigen
Behörden über für sie wichtige Feststellungen auf
dem laufenden zu halten und mit Anregungen zu
versehen.« Der Gestapo war damit eine General-
vollmacht zur Definition ihres Aufgabengebiets
erteilt. Rechtliche Hindernisse sollten ihr dabei
nicht mehr im Wege stehen. Im § 7 des oben
genannten Gestapogesetzes hieß es deshalb: »Ver-
fügungen und Angelegenheiten der Geheimen
Staatspolizei unterliegen nicht der Nachprüfung
der Verwaltungsgerichte.«

Die völlige Lösung aus rechtlichen Bindungen
kam auch in der Ausdehnung der Tätigkeit der
Polizei auf präventive Maßnahmen und in der Verfolgung von Gesinnungen zum Ausdruck. Der
Lösung aus den institutionellen und gesetzlichen
Bindungen stand die Unterordnung der Gestapo
unter die Ziele der SS-Führung gegenüber. Der
staatliche Polizeiapparat verschaffte der SS das
Instrument, »mit Hilfe dessen die ebenso stereoty-
pen wie vagen Feindbilder der NS-Propaganda in
den blutigen Ernst einer bürokratisch geplanten
und organisierten Gegnerbekämpfung umgesetzt
werden konnten. Erst durch die Verschmelzung
mit der Polizei wurden das Schlagwort von der
›Judenfrage‹, das ›Freimaurerproblem‹ und andere
Feindkomplexe der nationalsozialistischen Welt-
anschauungsrhetorik gleichsam ›beim Wort genommen‹, bürokratisch systematisiert, in Referate
eingeteilt und zum Gegenstand einer subaltern
und beflissen ausgearbeiteten kriminalistischen
Polizeiwissenschaft und -technik gemacht.«
(Martin Broszat)

Die Errichtung des Geheimen Staatspolizeiamtes in Berlin durch das Gesetz vom 26. April 1933 bildete den Ausgangspunkt der Herauslösung eines selbständigen politischen Polizeiapparats. Am gleichen Tag erließ Göring, der seit der Machtübernahme der Nationalsozialisten mit der Wahrnehmung der Geschäfte des preußischen Innenministers beauftragt worden war, einen Runderlaß, welcher den Ausbau des Gestapoapparates vorantrieb: »Für jeden Regierungsbezirk wird eine Staatspolizei errichtet, die für ihren Bezirk Hilfsorgan des Geheimen Staatspolizeiamtes ist.« Die Staatspolizeistellen wurden aus den politischen Abteilungen der Polizeipräsidien am Sitz des jeweiligen Regierungspräsidenten gebildet. Im April 1934 wurden die politischen Abteilungen aus der staatlichen Polizeiverwaltung herausgelöst und als selbständige Dienststellen der jeweiligen Staatspolizeistelle unterstellt. Indem nun auch auf der Ortsebene ein selbständiger Gestapoapparat existierte, schloß man den Prozeß der Herauslösung der politischen Polizei aus der inneren Verwaltung ab. Hierdurch war ein gestapointerner Melde- und Befehlsweg geschaffen, der von der Gestapozentrale in Berlin über die Staatspolizei(leit)stellen bis zu deren Außendienststellen reichte. Die Ausdehnung dieses Apparats auf jeden relevanten Ort des Deutschen Reiches, ermöglichte es der Gestapo- und SS-Führung, die politischen Polizeiorgane auf ihr von völkischen und sozialdarwinistischen Vorstellungen geprägtes Programm der »Feindbekämpfung« auszurichten. Umgekehrt gewährleistete die Präsenz des Gestapoapparates in fast allen Großstädten eine breite Orientierung des Geheimen Staatspolizeiamtes bzw. des RSHA in der Reichshauptstadt über die »Vorgänge« im Reichsgebiet. Schließlich ermöglichte die Verselbständigung des Gestapoapparates die direkte und schnelle Nutzung der Melde- und Befehlswe-

ge, ohne andere Behörden über die – nun internen – Maßnahmen in Kenntnis zu setzen.

Justizterror

Der Polizeiterror wurde ergänzt durch den Justizterror. Die Repressionstätigkeit der Staatsanwaltschaften und Gerichte entlastete den Polizeiapparat und verlieh der Unterdrückung den Nimbus der Rechtsstaatlichkeit.

Eine der ersten Maßnahmen des NS-Regimes sorgte dafür, daß Terrorakte der eigenen Klientel in der Weimarer Zeit juristisch nicht mehr geahndet werden konnten. Durch eine Verordnung vom 21. März 1933 wurden nationalsozialistische Straftäter amnestiert, deren Taten im Zusammenhang mit der Eroberung der politischen Macht, man sprach nun von der »nationalen Erhebung«, er-

---

Ein Herr von der Gestapo

Wir hatten ein Gespräch in der Klasse, über Juden, Soldaten, katholische Soldaten – die taugten angeblich nichts. Und da ich die einzige Katholikin in der Klasse war, reizte mich das. Und aus dieser Sache heraus entwickelte sich ein ziemlich heftiges Gespräch. Dann kam es auf die Juden, und es würde Zeit, daß die wegkämen, und ich habe mich dagegen aufgelehnt, das wäre unmenschlich, und man könne diese Menschen nicht einfach beiseite schieben. Und irgendwie lief auch das Gerücht um, daß diese Leute in den Konzentrationslagern vergast würden. Den nächsten Tag dann kam der Direktor oder bestellte mich zu sich und schickte mich nach Hause, weil ich politische Äußerungen gemacht hätte, das müßte erst richtig klargestellt werden, und dann würde man weiter sehen. Dann habe ich zu Hause gesessen, auf meinem Zimmer, hatte Angst, mich zu bewegen. Und dann kam am nächsten Tag ein Herr von der Gestapo und fuhr mit mir mit der Straßenbahn in das Gestapogebäude. *Elisabeth Franze, *1924*

folgt seien. Die oben erwähnten Mörder von Potempa setzte man auf freien Fuß, die Ermittlungen gegen die Verantwortlichen für das tödliche Attentat auf Walther Rathenau stellte man nun auch formal ein.

Während die NS-Diktatur sich verfassungs- und polizeirechtlich einen Freibrief nach dem anderen für ihren Staatsterror verschaffte und Straftäter entkriminalisierte, baute sie Schritt für Schritt ein System von neuen Strafnormen auf, welches der Kriminalisierung jeglicher Opposition diente. Umgesetzt werden sollten diese Bestimmungen v.a. von ebenfalls neu eingerichteten Gerichten: Sondergerichten und dem Volksgerichtshof.

Der Volksgerichtshof wurde im April 1934 nach dem für die Nationalsozialisten unbefriedigenden Verlauf des Reichstagsbrandprozesses vor dem Leipziger Reichsgericht – die kommunistischen Mitangeklagten Marinus van der Lubbes wurden von den Richtern freigesprochen – eingerichtet. Er urteilte wie die Sondergerichte in erster und letzter Instanz, Rechtsmittel standen den Verurteilten auch hier nicht zur Verfügung. Die Senate des Volksgerichthofs wurden aus zwei Berufs- und drei Laienrichtern (hohe Dienstgrade der Wehrmacht, der Polizei, SA, SS und weiterer NS-Gliederungen) gebildet. Die Berufung der besonders linientreuen Richter an den in Berlin angesiedelten Volksgerichtshof erfolgte auf Vorschlag des Reichsjustizministeriums durch Adolf Hitler. In die Kompetenz des Gerichtshofs fiel die Aburteilung von »Hoch-« und »Landesverrat«. Schon 1933 wurden zahlreiche Veränderungen bei diesen Delikten vorgenommen, die auf eine Ausweitung der Straftatbestände abzielten und strafverschärfend wirkten. Die vor dem Volksgerichtshof Angeklagten waren bis zur Proklamierung des »totalen Krieges« fast ausschließlich organisierte Gegner des NS-Regimes. Als »Hochverrat« bzw. »Vorbereitung zum

Hochverrat« galt dabei der Besitz oder das Verteilen von Flugblättern, das Anbringen regimekritischer Wandparolen, das Schmuggeln von verbotener Literatur aus dem Ausland sowie auch schon die geringste Unterstützung derartiger Aktivitäten in einem irgendwie organisierten Zusammenhang. Das gemeinsame Abhören von Radio Moskau konnte vor Kriegsbeginn auf diese Weise ebenso bestraft werden, wie das Sammeln von Geldern für Inhaftierte im Rahmen der »Roten Hilfe«.

Als folgenreich erwies sich eine Verordnung vom 29. Januar 1943, durch die der Volksgerichtshof die Kompetenz zur Aburteilung von »Wehrkraftzersetzungsfällen« erhielt. Der § 5 der »Kriegssonderstrafrechtverordnung« (KSSVO), die am 26. August 1939 im Vorfeld des Überfalls auf Polen erlassen wurde, suchte jeden Widerstand gegen den Expansionskrieg im Keim zu ersticken. Sie umfaßte ein ganzes Bündel von Tatbeständen unter dem

Zum Tod durch Erschießen

Eine Mutter mit ihren beiden Töchtern, die eine mag 14, 15 Jahre gewesen sein, die andere schon so ungefähr 17, 18. Alle drei auch an die Pfähle ran, es wurde verlesen: »Wegen Plündern nach Bombenangriff«, die wollten sich tatsächlich nur aus den Trümmern Kochtöpfe und weiß der Teufel – was man eben so braucht – suchen, »wegen Plündern zum Tode durch Erschießen«. Und ohne Rücksicht, da wurden die drei erschossen. *Günther Debski, *1928*

Titel »Zersetzung der Wehrkraft«. Hierunter fielen kriegskritische Äußerungen, Zweifel oder Kritik an der NS-Führung und ihren Maßnahmen. Weiter umfaßte die Kriegssonderstrafrechtverordnung Strafen gegen Kriegsdienstverweigerung, Selbstverstümmelung, Simulation und andere Formen der Wehrdienstentziehung.

Mit der Übernahme der »Zersetzungsfälle« in die Zuständigkeit des Volksgerichtshofs war eine dramatische Zuspitzung im Strafmaß verbunden, die das NS-Regime nach der Niederlage der Deutschen bei Stalingrad für nötig hielt. Während die zuvor zuständigen Sondergerichte in der Regel Zuchthaus- und Gefängnisstrafen verhängten, sprach der Volksgerichtshof nun auch immer öfter Todesstrafen aus. Manche Todesurteile bei »defätistischen« Äußerungen wurden auch wegen »Feindbegünstigung« (§ 91 b StGB) ausgesprochen. Insgesamt wurden von den bis zu sechs Senaten des Volksgerichtshofs über 5000 Todesurteile verhängt. Unter den Opfern befand sich die Elite des deutschen und des tschechischen Widerstands:

kommunistische und sozialdemokratische Widerstandsgruppen, Vertreter der Münchner Widerstandsgruppe »Weiße Rose« und führende Vertreter des 20. Juli 1944. In Berlin-Plötzensee, in München-Stadelheim, in Dresden Münchner Platz, in Brandenburg, in Frankfurt am Main-Preungesheim, in den Gefängnissen in Hamburg, Köln und Wolfenbüttel starben u.a. Alfred Delp, Nikolaus Groß, Theodor Hespers, Ulrich von Hassell, Helmuth James Graf von Moltke, Carl Friedrich Goerdeler, Adolf Reichwein, Wilhelm Leuschner, Julius Leber, Adam Trott zu Solz, Erwin von Witzleben, Peter Graf Yorck von Wartenburg, Hans und Sophie Scholl, Judith Auer, Bernhard Bästlein, Robert Uhrig, Liselotte Herrmann, Georg Schumann, Han-

Hans Scholl, Sophie Scholl und Christoph Probst (v. l. n. r.), Mitglieder der im Herbst 1942 gegründeten Widerstandsgruppe Weiße Rose. Im Februar 1943 wurden sie nach einer Flugblattaktion in München verhaftet und hingerichtet.

no Günther, Wilhelm Knöchel und Theodor Neubauer.

Insbesondere die grausame, vor Verstößen gegen das geltende Recht nicht zurückschreckende Spruchpraxis des Volksgerichtshofs unter Roland Freisler prägte nach 1945 das Bild des nationalsozialistischen Justizterrors.

Vergessen oder verdrängt wurde dabei, daß nicht nur der Volksgerichtshof an der Verfolgung und Ermordung von Widerstand und Opposition mitgewirkt hat. Lange Zeit wollte man nicht wahrhaben, daß die Unterdrückungstätigkeit der Justiz vielfach erschreckend »normal«, d.h. ohne offene Mißachtung des geltenden Rechts, überall in Deutschland erfolgen konnte.

An der Verfolgung von Widerstandsaktivitäten gegen das nationalsozialistische Regime haben auch Oberlandesgerichte mitgewirkt – ein Faktum, daß immer noch nicht genügend bekannt und unzureichend erforscht ist. Bereits in der Weimarer Zeit konnte der Oberreichsanwalt beim Reichsgericht Verfahren wegen Hoch- und Landesverrats an die Strafsenate bestimmter Oberlandesgerichte abgeben, wenn sie »von geringer Bedeutung« waren. Hiervon wurde auch vom Oberreichsanwalt beim Volksgerichtshof, nicht zuletzt aus Kapazitätsgründen, Gebrauch gemacht. Die große Zahl der Verfahren in den ersten Jahren der NS-Herrschaft gegen Widerstandsgruppen von KPD und SPD wäre sonst nicht durchführbar gewesen.

Ulrich von Hassell, der dem Widerstand um Beck und Goerdeler angehörte, vor dem Volksgerichtshof während der Befragung durch Roland Freisler. Hassell wurde zum Tode verurteilt und am 8. September 1944 hingerichtet.

Die zuständigen Strafsenate an den Oberlandes-gerichten in Breslau, Dresden, Hamburg, Hamm, Jena, Kassel, Königsberg, München und Stuttgart sowie am Kammergericht Berlin (nach 1938 auch in Österreich, im »Sudetenland«, in den »einge gliederten Ostgebieten«) verhängten zumeist hohe, mehrjährige Zuchthausstrafen. Die Strafse-nate waren mit fünf Berufsrichtern besetzt. Die Verurteilten wurden nach Verbüßung ihre Strafe grundsätzlich der Gestapo überstellt und sehr oft anschließend in ein Konzentrationslager einge-wiesen.

Im Schatten des berüchtigten Volksgerichtshofs standen jahrzehntelang andere, ebenfalls von den Nationalsozialisten neu installierte Gerichte. Die im März 1933 in allen Oberlandesgerichtsbezir-ken eingerichteten Sondergerichte haben vor al-lem in den Kriegsjahren rund 11.000 Todesurteile verhängt. Faktisch waren sie zunächst politische Spezialkammern an den Landgerichten, bei denen sie angesiedelt wurden. Die Sondergerichte waren mit drei Berufsrichtern, einem Vorsitzenden und zwei Beisitzern besetzt. Sie unterschieden sich von den ordentlichen Gerichten in entscheidenden Punkten: Die für den Bereich der Strafjustiz gebil-deten Sondergerichte dienten nicht nur einer »Ver-einfachung« und Beschleunigung der Verfahren, sondern auch einer besseren Steuerung im Sinne der politischen Führung. Dies wurde durch den Wegfall von verschiedenen Elementen des ordent-

Warnschild am KZ Majdanek, 1945. Das Vernichtungslager wurde 1941 zunächst als »Kriegsgefangenenlager der Waffen-SS Lublin« gebaut. Im Herbst 1942 wurden hier Gaskammern zur Ermordung von Häftlingen errichtet.

lichen Strafverfahrens erreicht. Da die Beseitigung bestimmter Verfahrensbestandteile ausschließlich auf Kosten des Beschuldigten und des Gerichts ging – Fortfall der gerichtlichen Voruntersuchung, Wegfall der mündlichen Verhandlung über den Haftbefehl, Verkürzung der Ladungsfristen, Einschränkung der Verteidigerrechte –, wurde die Position der Staatsanwaltschaft eindeutig gestärkt. Ob ein Hauptverfahren überhaupt stattfand, entschied nun nicht mehr das Gericht, sondern die Staatsanwaltschaft. Die Einreichung der Anklageschrift ersetzte den Eröffnungsbeschluß. Die Ladungsfrist für den Angeklagten betrug nur noch drei Tage, in besonderen Fällen nur noch 24 Stunden. Diese Regelung bedeutete eine elementare Behinderung einer effektiven Vorbereitung der Verteidigung auf die Hauptverhandlung. Zudem konnten die Richter nunmehr Beweisanträge der Verteidiger ablehnen, wenn sie sie für verzichtbar hielten. Die folgenreichste Einschränkung der Rechte des Angeklagten lag allerdings darin, daß ein Urteil des Sondergerichts mit der Verkündung des Urteilsspruchs sofortige Rechtskraft erhielt und daß der Verurteilte kein weiteres Rechtsmittel gegen die Entscheidung mehr besaß.

Den Zweck des neugeschaffenen gerichtlichen Instruments faßte 1933 ein hoher Ministerialbeamter im Preußischen Justizministerium, Wilhelm Crohne (später als Vizepräsident des Volksgerichtshofs an der Ermordung von Hunderten von NS-Gegnern beteiligt), mit bemerkenswerter Offenheit zusammen: »In Kriegszeiten haben die Standgerichte die Aufgabe, mit kriegsmäßig verschärften Mitteln des Strafrechts Kampf und Geist der Truppe zu unterstützen. Im Frieden sind die Sondergerichte berufen, in Zeiten politischer Hochspannung durch schnelle und nachdrückliche Ausübung der Strafgewalt darauf hinzuwirken, daß unruhige Geister gewarnt und beseitigt werden und daß der reibungslose Gang der Staatsmaschinerie nicht gestört wird. Um diesen Erfolg zu gewährleisten, gibt der Gesetzgeber gewöhnlich den Sondergerichten neue, schneidende Waffen in die Hand. (...) Der Gesetzgeber will durch strenge und abschreckende Strafen die Verbrechen, die seine Existenz zur Zeit besonders bedrohen, schnell und gründlich ausrotten.«

Der Aufgabenbereich der Sondergerichte weitete sich im Laufe der Jahre in so starkem Maße aus, daß sie schließlich die ordentlichen Gerichte als Regelgerichte auch bei nicht politisch-motivierten Delikten immer weiter in den Hintergrund drängten. Dies kam auch darin zum Ausdruck, daß die Zahl der Sondergerichte von 37 im Jahre 1935 auf 64 im Jahre 1940 anstieg.

Die Sondergerichte waren zunächst nur zuständig für Verstöße gegen die »Verordnung des Reichspräsidenten zum Schutze von Volk und Staat« vom 28. Februar 1933 – welche eine Verschärfung der Hochverratsbestimmungen beinhaltete und Verbote von Vereinen, Gewerkschaften, Parteien und Religionsgemeinschaften (wie z.B. der Zeugen Jehovas) begründen half – sowie gegen die »Heimtücke-Verordnung« und das spätere »Heimtücke-Gesetz«.

Die »Verordnung des Reichspräsidenten zur Abwehr heimtückischer Angriffe gegen die Regierung der nationalen Erhebung« vom 21. März 1933 (»Heimtücke-Verordnung«) und das »Gesetz gegen heimtückische Angriffe auf Staat und Partei und zum Schutz der Parteiuniformen« vom 20. Dezember 1934 (»Heimtücke-Gesetz«), dienten der Kriminalisierung von kritischen Äußerungen, die den totalitären Anspruch einer Identifikation von Volk und Staatsführung als Propagandalügen des NS-Regimes entlarvten. Ihre weitgefaßten Formulierungen erlaubten, nahezu jede Äußerung, in der auch nur ein Vorbehalt gegen die herrschenden Verhältnisse bekundet wurde, mit dem Mittel der politischen Strafjustiz zu verfolgen. Diese Bedrohung jeder nonkonformen Meinungsäußerung brachte nahezu die gesamte Bevölkerung – soweit es sich nicht um stets begeisterte Anhänger des NS-Staates handelte – in Gefahr, strafrechtlich verfolgt zu werden. Millionen konnten deshalb täglich mit dem »Gesetz« in Konflikt kommen, Zehntausende wurden wegen »Heimtückevergehens« von aufmerksamen Nazis, aber auch von mißgünstigen Nachbarn und Kollegen denunziert. So wurden allein im Jahre 1937 über 17.000 Personen bei der Gestapo wegen des »Delikts« angezeigt, mehr als 7000 angeklagt, von denen wiederum mindestens die Hälfte verurteilt worden sein dürfte.

Dem NS-Regime ging es darum, über den Kreis der unmittelbar Verfolgten hinaus, Kritiker zu unterdrücken und Unzufriedene einzuschüchtern. Die »Heimtücke-Verordnung« und das »Heimtücke-Gesetz« erwiesen sich in den Jahren der NS-Diktatur als »Universalwaffen« gegen kritische Äußerungen in allen Lebenssituationen. Sie wurden die wichtigsten Strafrechtsnormen zur Unterdrückung des Austauschs von Informationen und Meinungen im Alltag.

Kritische Äußerungen, die nicht mit den vom NS-Regime extrem ausgeweiteten Hochverratsbestimmungen – dem politischen Strafrecht im engeren Sinne – erfaßt werden konnten, jedoch nicht straflos bleiben sollten, wurden zu Vergehen. Die »Heimtücke«-Bestimmungen dienten damit zum einen als »Breitbandtherapeutikum« gegen nonkonforme Äußerungen aller Art, zum anderen zur »Prophylaxe«.

Der Kreis der Delikte, für deren Aburteilung die Sondergerichte zuständig waren, wurde ständig erweitert. So erhielten sie 1935 die Zuständigkeit für Verstöße gegen die §§ 134 a und b des StGB.

Der erst 1935 ins Strafgesetzbuch eingefügte § 134 b StGB kriminalisierte Beschimpfungen der NSDAP, ihrer Gliederungen, Abzeichen und Symbole; der § 134 a, der »das Reich«, seine »Flagge«, seine »Wehrmacht« und die »Verfassung« vor Beschimpfungen »schützen« sollte, trat 1936 hinzu. Die »Verordnung über außerordentliche Rundfunk-

Wir hatten überhaupt kein Radio

Unsere Hausfrau, die hat uns auch mal anschwärzen wollen, weil sie gern unsere Wohnung etwas teurer vermietet hätte. Die ging dann zu unserem damaligen Bürgermeister, wir würden den englischen Sender hören und darüber sprechen. Dann wurde meine Mutter bestellt, mein Vater war ja berufstätig, und da hat meine Mutter gesagt, er könne bitte mitkommen, wir hätten überhaupt kein Radio. *Liselotte Weiersheuser, *1917*

maßnahmen« vom 1. September 1939, die der Bevölkerung verbot, ausländische Sender zu hören, diente der Absicherung des Expansionskrieges. Sie fiel grundsätzlich in die Kompetenz der Sondergerichte. In der Präambel der Verordnung versuchte das Regime die Zensur unabhängiger Informationen aus dem Ausland ideologisch zu rechtfertigen: »Jedes Wort, das der Gegner herübersendet, ist selbstverständlich verlogen und dazu bestimmt, dem deutschen Volk Schaden zuzufügen. Die Reichsregierung weiß, dass das deutsche Volk diese Gefahr kennt, und erwartet daher, dass jeder Deutsche aus Verantwortungsbewußtsein heraus es zur Anstandspflicht erhebt, grundsätzlich das Abhören ausländischer Sender zu unterlassen. Für diejenigen Volksgenossen, denen das Verantwortungsbewußtsein fehlt, hat der Ministerrat die nachfolgende Verordnung erlassen.«

Die Rundfunkverordnung, die allein im Jahre 1942 mehr als 1700 mal von »großdeutschen«

Gerichten bei Verurteilungen angewandt wurde, sah Zuchthausstrafen, in »schweren Fällen« sogar die Todesstrafe, vor. Das »absichtliche Abhören ausländischer Sender« (§ 1) wurde mit Zuchthaus, in »leichten Fällen« mit Gefängnis bestraft; das Weiterverbreiten von Nachrichten ausländischer Sender (§ 2) wurde mit dem Tode bedroht: »Wer Nachrichten ausländischer Sender, die geeignet sind, die Widerstandskraft des deutschen Volkes zu gefährden, vorsätzlich verbreitet, wird mit Zuchthaus, in besonders schweren Fällen mit dem Tod bestraft.« Todesurteile wegen »Rundfunkverbrechen« wurden vor allem vom Volksgerichtshof verhängt, der in diesen Fällen regelmäßig auch von »Wehrkraftzersetzung« oder »Feindbegünstigung« ausging; die Sondergerichte haben dagegen zumeist Zuchthausstrafen ausgesprochen.

Die Rundfunkverordnung kriminalisierte das bis dahin strafrechtlich nur schwer zu ahndende Abhören von Rundfunksendern aus dem Ausland. Sie schuf die Möglichkeit, das Verbreiten unzensierter Informationen mit drakonischen Strafen zu ahnden. Bemerkenswert an der Rundfunkverordnung war, daß das Delikt nur noch im Falle eines Strafantrages durch die Gestapo verfolgt wurde. Hierin spiegelte sich eine allgemeine Tendenz zur Beschneidung der Kompetenzen der Justiz. Während ursprünglich und grundsätzlich die zuständige Staatsanwaltschaft vor Ort nach Vorgabe der Gesetze über die Einleitung der Strafverfolgung zu entscheiden hatte, durchbrach zunächst das »Heimtücke-Gesetz« dieses Prinzip, indem es in bestimmten Fällen die Strafverfolgung von der Anordnung durch das Reichsjustizministerium sowie den »Stellvertreter des Führers« abhängig machte – wodurch die NSDAP direkt oder indirekt zentralen Einfluß auf die Justiztätigkeit nehmen konnte. Die Verordnung vom 1. September 1939 band die Justiz nunmehr an die Anordnung einer justizfremden Stelle. Die Voraussetzung für die Durchführung der Hauptverhandlung lag faktisch in den Händen der Gestapo, deren Entscheidung nicht maßgeblich von juristischen, sondern von politisch-polizeilichen Gesichtspunkten geprägt war. Diese Verlagerung hin zur politischen Polizei des Regimes verdeutlicht den Machtverfall der Justiz und die Überzeugung der NS-Führung, daß die vom »Normenstaat« gelöste, mit den Sachbearbeitern der Staatsanwaltschaften in enger Fühlung stehende und von der SS beherrschte Gestapo am wirksamsten und rücksichtslosesten die tasächlichen und vermeintlichen Regimegegner bekämpfen konnte.

Während die Expansion der Sondergerichte in den ersten Jahren auf eine Ausweitung der Strafverfolgung der oben genannten Delikte zurückzuführen war, änderte sich dies im Zuge der Kriegsvorbereitung und des Zweiten Weltkrieges. Die Zuständigkeiten erstreckten sich nun auch auf Verstöße gegen Strafnormen, denen kein politisches Motiv zugrunde lag. Die Verfolgung konventioneller Straftaten unter dem Gesichtspunkt der NS-Volksgemeinschaftsideologie führte häufig zu Strafen, die in einem unerträglichen Widerspruch zur Qualität des Gesetzesverstoßes standen.

Die Staatsanwaltschaft wurde im Zuge der oben skizzierten Entwicklung ermächtigt, Verbrechen vor den Sondergerichten anzuklagen, wenn ihr dies im Hinblick auf »Schwere«, »Verwerflichkeit« oder »die in der Öffentlichkeit hervorgerufene Erregung« geboten erschien. Die Folge dieser Verordnung war, daß spektakuläre Mord- und Raubfälle nun von den Sondergerichten abgeurteilt wurden, weil die Staatsanwaltschaften die vereinfachten strafverfahrensrechtlichen Bestimmungen der Sondergerichte denen der ordentlichen vorzogen. Im Rahmen dieser Entwicklung traten immer weitere Delikte in den Aufgabenbereich der Sondergerichte, so zum Beispiel der »erpresserische Kinderraub« (1940) oder der »Straßenraub mittels Autofallen« (1938). Die »Kriegswirtschaftsverordnung« vom 4. September 1939 ermöglichte die drakonische Bestrafung z.B. des Hortens von bewirtschafteten Gütern; die »Verordnung gegen Gewaltverbrecher« vom 5. Dezember 1939 sah die Todesstrafe für Gewalttäter vor, die z.B. bei Straßen- oder Bankraub gefährliche Waffen benutzten; die »Verordnung gegen Volksschädlinge« vom 5. September 1939 bedrohte Plünderer von ausgebombten Häusern nach § 1 der VO. mit dem Tode. Im § 2 wurden Straftaten, die »unter Ausnutzung der Verdunkelungsmaßnahmen« begangen worden waren, ebenfalls mit Strafen bis zur

Todesstrafe bedroht. Besondere Bedeutung erlangte in der Spruchtätigkeit der Sondergerichte der § 4 der »Volksschädlingsverordnung«: Er sah Zuchthaus- oder Todesstrafe vor, wenn eine Straftat unter Ausnutzung der »durch den Kriegszustand verursachten außergewöhnlichen Verhältnisse« begangen wurde. Diese Formulierung ließ im Zuge der tatsächlich im Rahmen des »totalen Krieges« immer mehr ausbreitenden »außergewöhnlichen Verhältnisse« eine so weite Auslegung der Bestimmung zu, daß hierunter auch konventionelle Kleinkriminalität wie Heiratsschwindel und Diebstahl (z.B. von Feldpostpäckchen) fallen konnte. Sondergerichtlich bestraft wurde schon bald nach Kriegsbeginn der Kontakt mit Kriegsgefangenen.

Unter Berufung auf die »Volksschädlingsverordnung« vom 5. September 1939 konnte für Straftaten, die unter Ausnutzung des Kriegszustands begangen wurden, von Sondergerichten das Todesurteil verhängt werden.

5

In der »Verordnung zur Ergänzung der Strafvorschriften zum Schutze der Wehrkraft des Deutschen Volkes« (»Wehrkraftschutzverordnung«) vom 25. November 1939: »Wer (...) mit einem Kriegsgefangenen«, so hieß es im § 4 der Verordnung, »in einer Weise Umgang pflegt, die das gesunde Volksempfinden gröblich verletzt, wird mit Gefängnis, in schweren Fällen mit Zuchthaus bestraft.« In zahlreichen Fällen wurden mit dieser Bestimmung Liebesverhältnisse zwischen deutschen Frauen und ausländischen Kriegsgefangenen kriminalisiert. Dabei suchten Anklagebehörden und Gerichte regelmäßig die Angeklagten zu erniedrigen und sittlich anzuprangern. Eine Entscheidung des Reichsgerichts vom 2. Dezember 1940 bestätigte die extensive Auslegung des Delikts durch die Gerichte: Die Verurteilung einer Frau aufgrund der Tatsache, daß sie mit einem Polen getanzt hatte, sei »nicht zu beanstanden«.

Bei der Verfolgung von Liebesbeziehungen zwischen Juden und »Deutschblütigen« (»Rassenschande«) wurde die Spruchpraxis der Gerichte vom Reichsgericht sogar dezidiert ausgeweitet, indem auch Verstöße gegen die Bestimmung im Ausland kriminalisiert wurden. Das Gesetz »zum Schutz des deutschen Blutes und der deutschen Ehre«, das im Rahmen der »Nürnberger Gesetze« im September 1935 erlassen worden war, stellte Eheschließungen wie auch außereheliche Geschlechtsverkehr unter Strafe. Spezialkammern der Landgerichte und Sondergerichte verhängten Gefängnis- und Zuchthausstrafen wegen angeblicher und tatsächlicher Liebesverhältnisse, meist zwischen Juden und »Arierinnen«. Gestapo und Justiz erhielten die für die Verfolgung notwendigen Informationen in aller Regel von Denunzianten, die bei der Durchsetzung der rassistischen Pläne des NS-Regimes – stets aus niedrigen Motiven – mitwirkten. In einigen Fällen trugen sie dazu bei, daß

von Sondergerichten Todesurteile gegen »Rassenschänder« verhängt wurden. So verurteilte das Sondergericht Nürnberg am 13. Februar 1942 den jüdischen Kaufmann Leo Katzenberger wegen an-

Mädel, paß auf!

Wir waren zwei deutsche Mädchen und zwei Polenjungens. Meiner hieß Tadeusz Sovietski, der von Agnes hieß Florian. Das war wirklich Liebe bei uns. Das war mein erster Freund, den ich überhaupt hatte. Daß das verboten war, haben wir schon gewußt. Aber wenn man jung ist und verliebt, dann ist man auch blind. Dann denkt man an die Gefahren gar nicht, die auf einen zukommen. Und ehrlich gesagt, ich habe damals mit 17 Jahren gar nicht gewußt, daß es ein KZ gibt und was KZ ist. Ich hatte wohl meiner Mutter erzählt, daß ich einen polnischen Freund habe. – Und sie sagte: »Mädel, paß auf, daß sie mit dir nicht wegfahren!« Und dieser Bauer hat uns immer beobachtet mit dem Fernglas, das haben wir nicht gewußt. Und da hat er uns ertappt, wie wir uns geknutscht haben und hat dann eine Anzeige erstattet, und da wurden wir verhaftet. *Hildegard Rose, *1925*

geblicher intimer Kontakte zu einer jungen Frau, der Fotografin Irene Seiler, zum Tode.

Die extensive Ausdehnung der Sondergerichte auf den Bereich nicht politisch motivierter Straftaten machte die Sondergerichte schließlich zum Hauptinstrument der nationalsozialistischen Strafverfolgung. Die Gründe für diese Ausweitung der Sonderjustiz lagen einerseits in der Politisierung konventioneller Kriminalität durch die NS-Ideologie, andererseits in dem Bemühen, »Volksschädlinge« möglichst schnell und ohne Rücksichtnahme auf noch bestehende rechtstaatliche Mindestanforderungen »auszumerzen«. Da diesem Bestreben trotz zahlreicher Maßnahmen des NS-Staates (Aufhebung des Analogieverbotes im Strafrecht; Berufs- verbote für – die wenigen jüdischen, sozialdemo- kratischen – Richter und Rechtsanwälte; Be- vorzugung von engagiert-nationalsozialistischen oder willfährigen Beamten; Lenkungs-, Korrektur-, Kontroll- und Einschüchterungsmaßnahmen; Geset- zesverschärfungen etc.) immer noch Grenzen ge- setzt waren, suchte das NS-Regime die ordentli- chen Gerichte zu umgehen, indem sie sie durch Ausweitung der sondergerichtlichen Kompeten- zen auf unbedeutende und gänzlich unpolitische Bereiche beschränkte.

Mindestens 16.000 Todesurteile wurden vom Volks- gerichtshof und den Sondergerichten ausgespro-

chen. Deren Schreckensbilanz wird von der Mili- tärjustiz sogar noch überboten. Die von den Natio- nalsozialisten 1934 wiedereingeführte Militärge- richtsbarkeit übte die Rechtssprechung über die Wehrmacht und ihr Gefolge, im Kriege auch über Kriegsgefangene und Zivilisten in den besetzten Gebieten aus. Den Verbänden der drei Wehr- machtsteile (Heer, Luftwaffe und Marine) war eine große Zahl von Kriegsgerichten unterstellt. Höchstes Wehrmachtgericht war das 1936 einge- richtete Reichskriegsgericht (RKG), vor der politi- sche Strafsachen und Verfahren gegen Offiziere entschieden wurden. Die Gerichte der Wehrmacht haben insgesamt mindestens 30.000 Todesur-

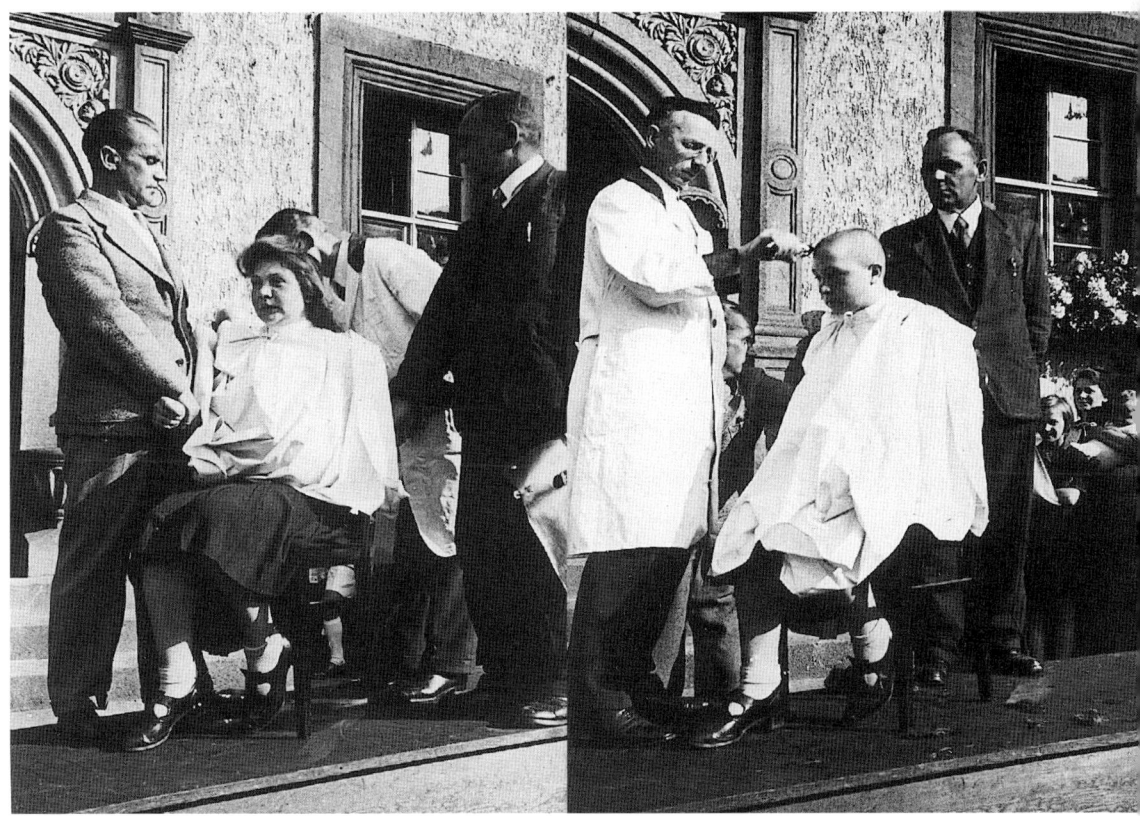

Eine junge Deutsche wird in einem Dorf bei Schwiebus in der Öffentlichkeit kahlgeschoren, da sie sich mit einem Polen eingelassen hatte, 1939. Das Gesetz »zum Schutz des deutschen Blutes und der deutschen Ehre« wurde 1935 erlassen.

teile wegen »Wehrkraftzersetzung«, »Feindbegünstigung«, »Hoch-« und »Landesverrat« verhängt. Zu ihren Opfern zählen Angehörige von Widerstandsgruppen wie Harro und Libertas Schulze-Boysen, Arvid und Mildred Harnack, Hans und Hilde Coppi (Bezeichnung der Gestapo für ihren Kreis: »Rote Kapelle«), Priester wie Carl Lampert, Friedrich Lorenz, Herbert Simoleit, christlich motivierte Kriegsdienstverweigerer wie Hermann Stöhr, Alfred Andreas Heiß, Franz Jägerstätter, Pater Franz Reinisch und über 250 Zeugen Jehovas, die aus Gewissensgründen den Dienst in der Wehrmacht konsequent verweigerten.

Die größte Opfergruppe stellten diejenigen, die sich dem verbrecherischen Angriffskrieg der Nationalsozialisten entziehen wollten. Die Wehrmachtjustiz verhängte mehr als 22.000 Todesurteile gegen Deserteure, von denen etwa 15.000 vollstreckt wurden.

Opfer des Terrors

Ob man Opfer des nationalsozialistischen Regime-Terrors wurde, hing entscheidend vom Status innerhalb der nationalsozialistischen Wertehierarchie ab. Während unzufriedene »Volksgenossen« vor allem überwacht und eingeschüchtert werden sollten, drohte rassistisch definierten »Feindgruppen« zunehmend der Tod.

Die volle Wucht des nationalsozialistischen Staatsterrors traf zunächst vor allem die politischen Ge-

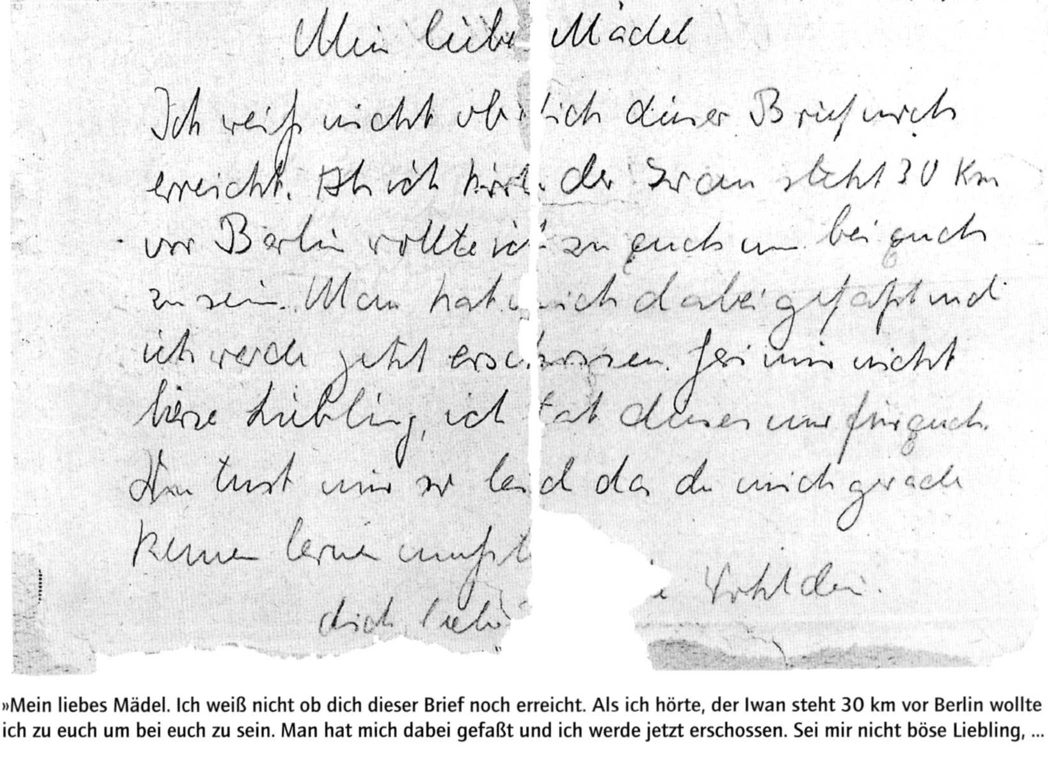

10.2.45.

Mein liebes Mädel
Ich weiß nicht ob dich dieser Brief noch erreicht. Als ich hörte, der Iwan steht 30 Km vor Berlin wollte ich zu euch um bei euch zu sein. Man hat mich dabei gefaßt und ich werde jetzt erschossen. Sei mir nicht böse Liebling, ...

»Mein liebes Mädel. Ich weiß nicht ob dich dieser Brief noch erreicht. Als ich hörte, der Iwan steht 30 km vor Berlin wollte ich zu euch um bei euch zu sein. Man hat mich dabei gefaßt und ich werde jetzt erschossen. Sei mir nicht böse Liebling, ...

genspieler der NSDAP aus den Rede- und Straßen-
schlachten der Weimarer Zeit: Kommunisten, So-
zialdemokraten, aktive Gewerkschafter und linke
Intellektuelle. Den Gegnern des Nationalsozialismus, die nicht rechtzeitig Deutschland verlassen
konnten wie die Schriftsteller Bertolt Brecht, Johannes R. Becher, Alfred Döblin, Walter Benjamin,
Oskar Maria Graf, die Gebrüder Heinrich und Thomas Mann, Erich Maria Remarque, Anna Seghers,
die Schauspieler und Regisseure Fritz Lang, Marle-
ne Dietrich, Elisabeth Bergner, Peter Lorre, Max
Ophüls, Max Reinhardt, Billy Wilder, die Wissen-
schaftler Albert Einstein, Max Horkheimer, Hermann Kantorowicz, Paul Tillich, die Politiker Otto
Wels, Rudolf Hilferding, Friedrich Stampfer (SPD),

Paul Merker (KPD) und Otto Straßer, drohte die
Verschleppung in ein Konzentrationslager. Allein
in der Nacht des Reichstagsbrandes wurden tau-
sende Funktionäre der Arbeiterparteien festgenommen. Opfer des KZ-Terrors wurden neben vielen anderen, weniger bekannten Gefangenen, der
Schriftsteller Erich Mühsam, der Publizist Carl von
Ossietzky, der Berliner Domprobst und frühere Zen-
trumspolitiker Bernhard Lichtenberg, der Rechtsanwalt Hans Litten, die Politiker Ernst Breitscheid,
Ernst Heimann (SPD) und Ernst Thälmann (KPD).
Eine zweite Welle des nationalsozialistischen
Staatsterrors traf religiöse Gegner des Regimes:
Zeugen Jehovas (die sich bis 1931 als »Ernste Bibel-
forscher« bezeichneten), überzeugte Katholiken,

... ich tat dieses nur für euch. Du tust mir so leid da du mich gerade kennen lernen anfingst (...)« Feldpostbrief eines zum
Tode verurteilten Deserteurs an seine Freundin, 14. Februar 1945.

Mitglieder der Bekennenden Kirche (BK), in der sich evangelische Christen zusammenfanden, die ihre Kirche vor dem Zugriff des Nationalsozialismus zu bewahren suchten.

Die Zeugen Jehovas, zu denen sich im Jahre 1933 ungefähr 25.000 Deutsche bekannten, wurden schon bald nach der Machtergreifung in allen deutschen Ländern verboten. Sie gerieten in die Ziellinie des Terrors, weil ihr Glaube an einen bevorstehenden Weltuntergang, ihre Ablehnung des Kriegsdienstes, ihre engen Kontakte in die USA unvereinbar mit den politischen Zielsetzungen des Nationalsozialismus waren. Wenn die Haltung der Zeugen Jehovas auch nicht politisch, sondern reli-

giös motiviert war, so zählten sie doch – in gewissem Sinne gerade deswegen – zu den standhaftesten Gegnern des Regimes. Nahezu 10.000 Zeugen Jehovas wurden inhaftiert, 2000 in Konzentrationslager eingewiesen. 1200 von ihnen wurden Opfer von Justiz und Polizei.

Während das NS-Regime die kleine Glaubensgemeinschaft Zeugen Jehovas rücksichtslos zu vernichten suchte, mußte es bei der Verfolgung christlicher Oppositioneller aufgrund des noch vorhandenen Rückhalts in Teilen der Bevölkerung und aufgrund der besonderen Aufmerksamkeit, die das Ausland diesem Komplex widmete, erhebliche Rücksichten nehmen. Phasen verstärkter Ver-

Erschießung eines desertierten deutschen Soldaten in der Endphase des Zweiten Weltkrieges, 1945. Fahnenflucht galt als das »gemeinste militärische Verbrechen« (Generalfeldmarschall Wilhelm Keitel).

folgungstätigkeit, z.B. während der als Schauprozesse inszenierten »Devisen-« und »Sittlichkeitsprozesse« gegen Priester, wurden von Phasen taktischer Zurückhaltung abgelöst. Trotz der komplizierten politischen Beziehungslage zwischen dem NS-Regime und den Kirchen, konnte an der Unvereinbarkeit des christlichen Menschenbildes mit

Da kommt ein Kasper

Wir waren in der Schule und sollten dann später wiederkommen, weil es hieß, da kommt ein Kasper. So etwas kannten wir ja gar nicht im Krieg, weder Theater noch Kino – das alles gab`s nicht. Es war für uns eine tolle Abwechslung, daß mal der Kasper kommt. Dann wurden unsere Juden, mit denen wir sehr befreundet waren und mit denen wir viel Kontakt hatten, die wurden auf einen LKW geworfen und abtransportiert. Und wir haben immer noch dagestanden und auf unseren Kasper gewartet, bis uns endlich bewußt wurde, daß das wohl der Kasper war, den wir besuchen sollten. Ich habe heute noch Alpträume und höre heute noch wie unsere Nachbarn und unsere Juden aus dem Dorf geschrien haben, als sie auf den Wagen geworfen wurden. Alle, die da standen, da kann ich mich noch gut erinnern, daß die gegrinst haben, die Leute.   *Otti Worm, *1932*

dem der Nationalsozialisten kein Zweifel bestehen. Hunderte von Priestern wurden von der Justiz wegen oppositioneller Äußerungen verfolgt oder in Konzentrationslager verschleppt. Opfer des NS-Regimes wurden Dietrich Bonhoeffer, Johannes Prassek, Karl Friedrich Stellbrink, Paul Schneider, Bernhard Lichtenberg, Alfons Maria Wachsmann, Alfred Delp und Max Josef Metzger.
Bei Normverstößen von »Volksgenossen«, die die Gestapo keinem »feindlichen« oder »gemeinschaftsfremden« Milieu zuordnen konnten, suchte

das NS-Regime die Repression geschickt zu dosieren. Justiz und Polizei waren gehalten, politisches Fehlverhalten von ansonsten unbelasteten »Volksgenossen« nach Möglichkeit mit Augenmaß zu ahnden. In vielen Fällen beließen es die Repressionsorgane bei »Verwarnungen« und der Drohung, im Wiederholungsfall »staatspolizeiliche Maßnahmen« zu ergreifen. Der hiermit verbundene Psychoterror diente vorrangig der Disziplinierung partiell widerständiger oder unzufriedener Personen.
Wer im Sinne der rassistischen und sozialdarwinistischen Ideologie der Nationalsozialisten dagegen als »minderwertig« aufgefaßt wurde, geriet vor allem seit der Entfesselung des Zweiten Weltkrieges in den Sog der Vernichtung: »Asoziale«, »Arbeitsscheue« oder Homosexuelle konnten ermordet werden, wenn sie sich als »unverbesserlich« erwiesen. Wer dagegen im Sinne der rassistischen Definitionen des NS-Regimes als »Ballastexistenz«, als »Jude« oder »Zigeuner« galt, hatte keine Chance, sich zu »bewähren«. Ihm drohte der Tod.
Im sozialdarwinistischen Weltbild der Nationalsozialisten war für Behinderte und für geistig oder psychisch Kranke kein Platz. Mit der Entfesselung des Zweiten Weltkrieges sah die NS-Führung die Chance gekommen, die zumeist hilflosen Menschen, die von regimetreuen Wissenschaftlern und Medien als »Ballastexistenzen« bezeichnet wurden, zu töten. Der Massenmord an etwa 120.000 Menschen, in der Sprache des Regimes die »Vernichtung lebensunwerten Lebens« bzw. »Euthanasie«, wurde von Hitler persönlich veranlaßt und gedeckt. Mit der Durchführung der Tat beauftragte er die »Kanzlei des Führers«, deren Hauptamt II in der Berliner Tiergartenstraße 4, die Tarnbezeichnung für die streng geheim betriebenen Morde (»Aktion T 4«) bot. Sie erfolgten zumeist in extra hierfür eingerichteten Tötungsanstalten (Bernburg, Brandenburg, Grafeneck, Hadamar, Hart-

heim und Sonnenstein/Pirna) durch Giftgas, Medikamente oder Injektionen. Als die Massenmorde sich in der Bevölkerung herumsprachen und führende Vertreter beider Kirchen gegen das staatliche Vorgehen protestierten, wurde die »Aktion T 4« im August 1941 offiziell gestoppt, als »Aktion 14 f 13« aber insgeheim fortgesetzt.

Am Ende der Eskalation des nationalsozialistischen Staatsterrors stand die systematische Vernichtung ganzer Völker: Hunderttausende von Sinti und Roma sind vom NS-Regime ermordet worden, weil sie als rassisch minderwertig galten. Über fünf Millionen Juden wurden Opfer des nationalsozialistischen Staatsterrors. Zu Beginn der Verfolgung dominierte der Psychoterror, etwa bei dem berüchtigten Boykott jüdischer Geschäfte am 1. April 1933. Es folgte der ausgedehnte Alltagsterror gegen die jüdische Minderheit mit Hilfe von Verordnungen, Gesetzen, Gerichtsentscheidungen und den ständigen Schikanen und Diskriminierungen der Verfolgten. Der Terror der Pogromnacht vom 9./10. November 1938 traf zunächst die jüdischen Gotteshäuser, doch die Morde und Festnahmen dieser Nacht verrieten ungeheuren Haß gegen die Juden. Er mündete in der grausamsten Erscheinungsform des nationalsozialistischen Staatsterrorismus, dem Mord an den europäischen Juden.

Öffentliche Hinrichtung von elf sowjetischen und polnischen Fremdarbeitern durch die Gestapo in der Hüttenstraße am Ehrenfelder Bahnhof in Köln, 25. Oktober 1944.

Alltagsterror

Ohne die Unterstützung fanatischer Nationalsozialisten, eifriger Spitzel, gläubiger Führerverehrer und mißgünstiger Denunzianten wären den Unterdrückungsorganen relativ enge Grenzen gesetzt gewesen. Expansion und Völkermord waren in dieser verheerenden Dimension nur möglich, weil erhebliche Teile der Bevölkerung sich mit dem Terror identifizierten. Millionen Nationalsozialisten und auch viele, die nicht der NSDAP angehörten, fühlten sich im »Dritten Reich« geradezu wohl. Sie bemühten sich also schon aus Überzeugung um ein konformes Verhalten im Alltag. Umgekehrt waren sie wenig geneigt, nonkonformes oder gar regimekritisches Verhalten von »Volksgenossen« zu dulden.

Auf Hinweise aus der Bevölkerung war auch die vermeintlich allmächtige Gestapo angewiesen. Sie war, wie oben dargestellt, Schritt für Schritt aus den rechtlichen und institutionellen Bindungen herausgelöst worden. Wer in ihre Fänge geriet, war ihrer Willkür ausgeliefert. Deshalb entstand der – von der Gestapo erwünschte – Eindruck der Allmacht der politischen Polizei des Regimes. Hierbei wurde jedoch übersehen oder verdrängt, daß die Macht der Geheimen Staatspolizei auf vielen Feldern der Verfolgung nur in dem Maße wirksam wie auch potenziert werden konnte, in

Antisemitisches Schild in Braunschweig, Berliner Straße ⁄ Ecke Messeweg, Frühjahr 1935. Ausgrenzungen dieser Art verschafften den Mitgliedern der Volksgemeinschaft die Gewißheit, Teil des auserwählten »Herrenvolkes« zu sein.

5

welchem Menschen ihre Nachbarn oder Kollegen bei der politischen Polizei denunzierten.

Denunziationen – die oft nicht aus vorwiegend politischen, sondern persönlichen Motiven erfolgten – kamen entscheidende Bedeutung bei der Einleitung von Verfolgungsprozessen wegen nichtorganisierter Delikte zu. Ohne derartige Anzeigen wäre der reale Handlungsspielraum der Repressionsorgane bei der Verfolgung sehr beschränkt gewesen. Umgekehrt galt aber auch: Erst die Existenz von zu Denunziationen »einladenden« Unrechtsgesetzen, erst die Einrichtung von eigens für ihre Aburteilung geschaffenen Sondergerichten, erst die Präsenz einer von der SS-Führung zunehmend in Besitz genommenen, zu jedem Terror bereiten politischen Polizei schuf ein strukturelles

Als Arier bei einer Jüdin

Wir hatten da zunächst eine sehr schöne Wohnung in Johannisthal, und zwar war das eine Villa mit Garten, die einer Jüdin gehörte. Der Mann war schon abgeholt, aber das wußten wir damals noch nicht. Nach einiger Zeit kam dieser Ortsgruppenleiter dort und hat uns gesagt, ja – ob uns das nicht – wie wir uns dazu stellen, bei einer Jüdin als Arier. Wir waren ja beide blond und hatten blaue Augen. Als Arier bei einer Jüdin zu wohnen, das ginge doch nicht. Und wir sagten, wir sind aber sehr froh und so. Nein, also er ließ nicht locker und veranlaßte dann, daß wir da raus mußten. Und hinterher haben wir erfahren, der hat sich damals das Haus selbst unter den Nagel gerissen. *Else Gillmann, *1915*

Antisemitische Parolen an jüdischen Geschäften in Wien, Oktober 1938. Mit Österreichern kamen nach dem »Anschluß« im Frühjahr 1938 die ersten nichtdeutschen Gefangenen in das KZ Dachau bei München.

»Denunziationsangebot«. Dies erst gab Menschen die Möglichkeit – aus welchen Motiven auch immer – den Staat auf Nachbarn, Kollegen, Konkurrenten oder auch auf mißliebige Fremde zu hetzen.

Die Gestapo versuchte ihren Apparat auf die Untersuchung der angezeigten Fälle und auf die Bekämpfung von Widerstandsgruppen zu konzentrieren, Hinweise auf nonkonformes Verhalten jedoch möglichst aus Anzeigen zu gewinnen. Um den nötigen Informationsfluß zu gewährleisten, konnte der SS- und Polizeiapparat auf die gesamte »Infrastruktur« des NS-Systems zurückgreifen: Alle Behörden und Parteiorganisationen hatten jede Beobachtung regimefeindlichen Verhaltens der Gestapo zu melden. Sie übernahmen darüber hinaus die Aufgabe, Anzeigen aus der Bevölkerung anzuregen, sie aufzunehmen und weiterzuleiten. Das weitverzweigte Netz der Behörden und Parteidienststellen verstärkte das strukturelle Denunziationsangebot an die Bevölkerung. Es verkürzte den Weg des Anzeigenden zur Stellung der Anzeige und senkte damit die Hemmschwelle zur Denunziation.

Die wichtigsten Kontrollinstanzen des Parteiapparats waren die organisatorischen Einheiten der NSDAP auf Block-, Zellen-, Orts- und Kreisebene für den Wohnbereich und die »Deutsche Arbeitsfront« (DAF) für den Betriebs- und Arbeitsbereich. Die Leiter dieser nationalsozialistischen Kontrollinstanzen, z.B. die Blockleiter und die Betriebsobmänner, übten eine Doppelfunktion aus: Sie übernahmen bei ihrer »Betreuungstätigkeit« zum einen selbst Spitzelfunktionen, förderten zum anderen aber auch den Anzeigenfluß aus ihrem Umfeld: Sie hörten sich nach regimekritischen Äußerungen um, animierten gegebenenfalls zur Anzeige, nahmen sie entgegen und leiteten diese, meist innerhalb der Parteihierarchie, weiter. Die NSDAP-

Kreisleitung, zu der schließlich die Anzeige gelangte, reichte diese dann – sofern sie dies für opportun hielt – an die Gestapo weiter. Die Betriebsobmänner der Deutschen Arbeitsfront erfüllten ebenfalls eine Doppelfunktion als Spitzel und »Anzeigensammler«. Sie hatten die Aufgabe, Konfliktherde in den Betrieben auszumachen und diese der Gestapo zu melden. Neben den NS-Wohngebietsorganisationen und der DAF fungierten Schutz- und Kriminalpolizei als »Sammelstellen« für Anzeigen. Anders jedoch als bei den NSDAP-Organisationen überwiegten hier Anzeigen, bei welchen die Denunzianten den ihnen bis dahin nicht oder nur flüchtig bekannten »Täter« in der Öffentlichkeit »auf frischer Tat« gestellt und der Polizei übergeben haben. Die Polizei stellte dann die Personalien der Festgenommenen fest, überließ jedoch nach der Inhaftierung der Beschuldigten die weiteren Ermittlungen der Gestapo. Die Schutzpolizei beschränkte sich im Gegensatz zu den Ortsgruppen und der DAF-Betriebsgliederungen im wesentlichen auf Entgegennahme und Weitergabe der Anzeigen. Spitzelfunktionen wurden eher von den NSDAP-Organisationen übernommem, Aufgabe der Polizei war es, Tag und Nacht für die Aufnahme von Anzeigen zur Verfügung zu stehen.

Insbesondere bei der Verfolgung von »Heimtückeäußerungen«, »Zersetzungsfällen«, »Rundfunkverbrechen«, »Rassenschandefällen«, »Umgang mit Kriegsgefangenen« besaßen Denunziationen aus der Bevölkerung entscheidende Bedeutung, weil Gestapo und Justiz auf Anzeigen angewiesen waren. Dies hing mit dem Charakter dieser Strafnormen zusammen: Sie dienten der Einschüchterung der Bevölkerung durch die Verfolgung von unerwünschten Verhaltensweisen. Sie waren deshalb so gefaßt, daß nahezu jeder straffällig werden konnte. Die Extensität der Strafdrohung schuf einen potentiellen »Täterkreis«, der durch seine Größe und Heterogenität jede Kontur verlor. Dies hatte Folgen für den Charakter der Ermittlungsmethoden: Eine gezielte Observierung dieser potentiellen »Täterkreise« durch Gestapobeamte oder V-Leute (Spitzel, Informanten), welcher bei der Verfolgung von Widerstandsgruppen große Bedeutung zukam, war bei der Verfolgung von Strafverstößen aus den Reihen der »normalen« Bevölkerung sinnlos. Zudem war die Zahl der V-Leute (1944 rund 30.000) viel zu klein, um unzufriedene Bevölkerungskreise in Schach zu halten. Auch aus

den »Ermittlungsergebnissen« eines Falles ergaben sich in aller Regel keine Hinweise auf weiter »Tatverdächtige«, weil die »Tat« zumeist individuell und spontan erfolgte und der Beschuldigte in keinem organisatorischen Zusammenhang stand. Aufgrund dieser Umstände resultierte ein Verdacht im Regelfall nicht aus der Tätigkeit des Gestapoapparates selbst, sondern aus Hinweisen, die dieser von anderer Seite erhielt. Erst die Anzeige lenkte den Verdacht auf bestimmte Personen und löste die »Ermittlungtätigkeit« der Gestapo aus. In vielen Fällen geht aus den Akten der Name der

Jüdische Frauen und Männer müssen mit Waschbürsten die Straße scheuern, Wien im März/April 1938. Die Aktion verläuft unter der Beaufsichtigung der Hitlerjugend, Wiener Bürger schauen der demütigenden Veranstaltung zu.

anzeigenden Person nicht hervor. Die Gestapo erhielt häufig in solchen Fällen eine Mitteilung – etwa von der NSDAP-Kreisleitung – bei der offen blieb, woher die Mitteilenden ihr Wissen bezogen hatten: So konnte etwa der Blockwart von einem Fehlverhalten gehört haben, ohne den Namen des Mitteilenden nennen zu können oder zu wollen. Hierbei kamen Anzeigende in Frage, die anonym bleiben wollten oder kleine Spitzel, die in Kontakt zu den Kontrollinstanzen vor Ort standen und die ebenfalls nicht bekannt werden sollten.

Ich wollte unauffällig bleiben

Merkwürdigerweise ist es mir nie in den Sinn gekommen, politisch aktiv tätig zu werden. Wenn es an mich herangetragen worden wäre, hätte ich's wahrscheinlich getan, aber ich habe mich dem auch entzogen, denn meine Mutter hatte so irrsinnig wenig Geld, und sie sagte: »Ihr müßt auf eigenen Beinen stehen!« Und diese ganz schmale Plattform wollte ich nicht zerstören. Ich wollte unauffällig bleiben, wie es beim Kommiß ist, nicht auffallen. Gertrud Seydelmann, *1914

Plakat, 1939. Bereits zu Beginn des Krieges lenkte die NS-Propaganda die Aufmerksamkeit auf Feinde im Innern.

Dem vorrangigen Motiv der anzeigerstattenden Person entsprechend, lassen sich zwei Typen von Denunzianten unterscheiden: Während eine größere Zahl der Anzeigerstatter die Mitteilung dazu benutzte, ungeliebten Nachbarn und Kollegen vor allem aus persönlichen Motiven zu schaden, handelte es sich bei bei der zweiten Gruppe von Denunzianten um Anhänger des Regimes, die Personen, die ihnen nicht selten unbekannt waren, aus vorrangig politischen Motiven zur Anzeige brachten.

Zum »politischen« Typus des Denunzianten gehörten häufig Mitglieder von NSDAP, SA und SS, bisweilen jedoch auch Personen, die keine »Parteigenossen« waren, die z.B. gegen »hetzerische« Äußerungen über »Führer«, Partei und Staat glaubten – durch ihre Anzeige – einschreiten zu müssen. Hier erfolgten die Meldungen an die Überwachungs- und Unterdrückungsinstanzen vor allem aus politischem Fanatismus und einer Identifizierung mit dem NS-Staat.

Die Bereitschaft, andere Menschen den Verfolgungsorganen auszuliefern, wurzelte auch in der Persönlichkeit der Anzeigerstatter. Einen Denunzianten, der erfolglos die Gestapo auf jemanden zu hetzen versucht hatte, charakterisierte z.B. eine Gestapostelle abschätzig als »Kleinen Hitler«.

Die »unpolitischen« Denunzianten nahmen eine Normverletzung zum Vorwand, um einer verfeindeten Person mit Hilfe des NS-Staates zu schaden. Die meisten solcher Anzeigen fielen dementsprechend in Bereiche, in denen der Denunziant und die angezeigte Person häufig in persönlichen Kontakt traten (Haus, Nachbarschaft, Arbeitsplatz). Während hier ein intaktes persönliches Verhältnis den besten Schutz vor Anzeigen bot, bildete umgekehrt die Zuspitzung persönlicher Konflikte den Ausgangspunkt für viele Denunziationen. Unabhängig davon, ob der Anzeigende die Äußerung dem Angezeigten in den Mund gelegt, oder ob er sich nur an sie »erinnert« hat – was häufig nicht zu klären ist –, war für die Denunziation von entscheidender Bedeutung, daß sich das persönliche

Nach 1933 setzte eine Fluchtbewegung ein, die bis 1945 nahezu eine halbe Million Menschen betraf.

Verhältnis zwischen den Beteiligten gewandelt hatte. Die nonkonforme Verhaltensweise an sich hätte die Anzeige nicht ausgelöst.

Denunziationen, zumindest bei regimekritischen Äußerungen ist dies erwiesen, gingen überwiegend von Männern aus. Dies kann nur zum Teil auf die geringere Repräsentanz von Frauen in der damaligen Öffentlichkeit zurückgeführt werden, da auch in den Bereichen, in welchen Frauen mindestens gleich stark vertreten waren wie Männer – so z.B. in Wohnungen –, ihr Anteil wesentlich hinter dem der Männer zurückblieb. Möglicherweise überließen die Frauen in vielen Fällen, entsprechend den eingeübten Geschlechterrollen, den »Familienoberhäuptern« bei der Erstattung von Anzeigen den Vortritt, insbesondere dann, wenn es um politische Äußerungen ging. In jedem Fall kann festgestellt werden, daß Frauen regimekritische Äußerungen viel seltener anzeigten als Männer.

Das »Denunziationsangebot« des NS-Staates bedrohte zusehends alle persönlichen Beziehungen, da jeder Konflikt nun mit Hilfe von Sanktionsdrohungen des Regimes ausgetragen werden konnte. Infolgedessen wurde auch der engste und privateste Bereiche der Gesellschaft wie Partnerschafts- und Familienbeziehungen dem Zugriff des totalitären Regimes geöffnet.

Die Flut der Denunziationen betrachtend, entsteht der Eindruck, die Bevölkerung des Nazi-Deutschlands hätte mehrheitlich aus Spitzeln und Denunzianten bestanden. Dies würde jedoch den Menschen, die ihr Wissen den Verfolgungsorganen nicht anvertrauten, nicht gerecht werden. Zudem folgte bei einer derartigen Sichtweise auf die Tabuisierung des Vorgangs eine Fetischisierung des Phänomens, zudem würden die strukturellen Bedingungen für dieses Verhalten in dem damaligen Herrschaftssystem nicht genügend berücksichtigt. Es muß auf das Verhalten jener hingewiesen werden, die wie die Anzeigenden Zeugen einer verbotenen Handlung wurden, jedoch keine Anzeige erstatteten. In den meisten Fällen versuchten z.B. die Zeugen einer möglicherweise vom Regime mit Strafe bedrohten Äußerung, den Äußernden – und sich selbst – vor Schaden zu bewahren. Sie machten die Person auf ihr vermeintliches Fehlverhalten aufmerksam. Das »Versagen« desjenigen, der nicht geschwiegen hatte einerseits, die Behauptung der Selbstkontrolle in dessen Umgebung andererseits, bildeten konträre Verhaltensmuster, welche mit zunehmender Dauer des NS-Regimes – und der damit fortschreitenden Einübung der Selbstzensur bei Äußerungen und anderen verfänglichen Verhaltensweisen – immer deutlicher ausgeprägt wurden. Hierin spiegelten sich auch schon die Auswirkungen der Verfolgung von unerwünschten Handlungen. Die Mehrzahl der Zeugen etwa von »Heimtückeäußerungen« hielt das Verhalten der Redner für unüberlegt und gefährlich, war aber nicht bereit zur Anzeige.

Die Anzeigenbereitschaft eines Zeugen reichte aber aus, um den Verfolgungsapparat in Gang zu setzten. Ob aus Bosheit oder Berechnung, zuweilen wohl auch aus mangelnder Klarheit über die Folgen: Wenn auch nur eine Minderheit der Bevölkerung denunzierte, so war ihre Zahl doch so groß, daß die Terrororgane des NS-Regimes der Anzeigenflut kaum Herr werden konnte. Zudem – da man ja nicht wissen konnte, wer zu einer Anzeige bereit sein könnte –, mußte jederzeit und überall das Denunziationsrisiko bedacht werden. Die Denunziationsbereitschaft eines (erheblichen) Teils der Bevölkerung konnte infolgedessen die gesamte Bevölkerung in Atem halten. Die Rückwirkung der Denunziationsbereitschaft auf das Verhalten der Bevölkerung blieb nicht aus.

Die hiervon ausgehende Bedrohung führte zu einer »Privatisierung« von nonkonformen Verhaltensweisen. Die zunehmende Zurückhaltung der Bevölkerung z.B. bei öffentlichen Äußerungen, bei kritischen Äußerungen überhaupt, entmutigte die Gegner des NS-Regimes und erhöhte die Erkenn-

> ### Da war von Vergasen keine Rede
>
> Einmal kam einer unserer Lokführer und sagte: »Heute habe ich solch einen Zug gefahren, Güterzug, auch voller Menschen.« Er wußte noch nicht einmal, ob's Juden waren. Und irgendwo, wo er dann gelandet ist, mußte er auf einem Bahnhof abkoppeln mit der Lok und dann den Zug in ein Gleis schieben. Und da habe er dann von weitem nur ein hölzernes Tor gesehen, und da stand »Arbeit macht frei«. Wir haben uns gar nichts vorgestellt. Für uns bedeutete das, als er das erzählte, daß diese Menschen in ein Arbeitslager kommen, nicht? Da war von Vergasen oder so überhaupt noch keine Rede! Und Arbeitskräfte wurden ja damals gebraucht, nicht? *Herbert Schreiber, *1913*

barkeit oppositionellen Verhaltens, weil dieses sich immer deutlicher von den allgemeinen Verhaltensmustern unterschied.

Der Anpassungsdruck an die herrschenden Normen setzte sich im privaten Gespräch fort, weil auch das vertrauliche Wort von der Strafbestimmung bedroht wurde. Fehlte zum NS-System generell oder zu seinen Einzelerscheinungen die Zustimmung, so beherrschten zunehmend unverbindliche und unverfängliche Äußerungen das Terrain der mündlichen Rede. Für Äußerungen des Unmuts oder Unbehagens, für Kritik oder gar für die Erörterung der nationalsozialistischen Verbrechen blieb – zum einen durch den Ausbau des Unterdrückungsapparates, zum anderen durch den fortschreitenden, sich auch hierdurch verstär-

kenden Prozeß der Anpassung an das Geforderte – zunehmend weniger Raum. Je enger dieser wurde, desto mehr wurde er aus Angst oder Vorsicht gemieden.

Die aktiven Gegner des nationalsozialistischen Regimes blieben auch deshalb während der gesamten NS-Zeit eine kleine Minderheit. Da die Mehrheit der Bevölkerung, auch wenn sie in freien Wahlen der NSDAP ihre Stimme versagt hatte, sich angesichts mancher außen- und innenpolitischer Erfolge zunehmend mit dem Regime identifizierte, waren anti-nationalsozialistische Organisationen relativ isoliert. Der Verfolgungsdruck, der von der rücksichtslos agierenden Gestapo und den neu eingerichteten Gerichten ausging, war zudem so groß, daß nach der Zerschlagung der meisten Widerstandsgruppen in den ersten Jahren jeder größte Vorsicht bei illegalen Aktivitäten an den Tag legen mußten. Daß die Repressionsorgane allerdings trotz dieser sehr schwierigen – bisweilen wohl verzweifelten – Lage des Widerstands so viele Verfolgungsmaßnahmen einleiteten, dokumentiert den Mut und die Überzeugungsstärke der hartnäckigen Gegner des nationalsozialistischen Regimes. Doch allem Idealismus, allem Einsatz – bis hin zur Opferung des eigenen Lebens – blieb der politische Erfolg versagt. Das Regime konnte sich seiner innenpolitischen Gegner solange erwehren, bis die Alliierten der nationalsozialistischen Herrschaft den Todesstoß versetzten. Zwischen den vielen überzeugten Anhängern der NS-Herrschaft und den wenigen konsequenten Gegnern des Regimes stand der Teil der Bevölkerung, der nur teilweise und nur solange es ihm opportun erschien, die Politik der nationalsozialistischen Führung unterstützte. Zu diesem Segment der Bevölkerung gehörten sehr viele, vielleicht sogar die Mehrheit. Sie waren nicht begeistert, als der Zweite Weltkrieg vom Zaun gebrochen wurde, sie empfanden durchaus Unbehagen, als man die Scheiben jüdischer Geschäfte einschlug und die Synagogen niederbrannte, sie hörten mit Sorge von Gerüchten über die Kriegsverbrechen und Judenmassaker. Einer der fatalsten Erfolge des nationalsozialistischen Systems lag darin, das Heer der Indifferenten, Schwankenden und Zögernden ziemlich erfolgreich durch Propaganda, materielle Anreize – und nicht zuletzt durch Terror – in die Expansions- und Genozidpolitik eingebunden zu haben. *Bernward Dörner*

SA-Terror im März 1933. Der Ernennung Hitlers zum Reichskanzler folgte die systematische Zerstörung des demokratischen Rechtsstaates, unterstützt durch verstärkt einsetzenden Terror gegen alle, die sich nicht mit dem NS-Regime arrangierten.

6

zusammenbruch

6 zusammenbruch

Als am 2. Februar 1943 die 6. Armee in Stalingrad nach wochenlangem verzweifelten Kampf kapitulierte, dämmerte den meisten Deutschen, daß der Krieg nicht zu gewinnen war. 90.000 deutsche Soldaten und Offiziere gingen in sowjetische Gefangenschaft. Die geheimen SD-Berichte sprachen von einem starken Vertrauensschwund gegenüber dem NS-Regime und insbesondere gegenüber der Person des »Führers«, an dessen überragende Fähigkeiten als Politiker und Feldherr nur allzu viele Deutsche hatten glauben wollen. In den Meldungen des Sicherheitsdienstes war von »tiefer Bestürzung und Niedergeschlagenheit« die Rede, von einem »bisher nicht gekannten Tiefstand« der Stimmung in der Bevölkerung.

Berlin 1944. Die Luftangriffe auf deutsche Städte erreichten im Sommer 1944 ihre größte Intensität.

Die düsteren Fanfaren, die im Rundfunk die Kapitulationsmeldungen einleiteten, eröffneten zugleich das Schlußkapitel der nationalsozialistischen Herrschaft, doch sollte sich deren Untergang noch grausam lange hinziehen. Für die deutsche Bevölkerung begann nun die Zeit der allergrößten Schrecken – Flächenbombardements, Versorgungsmängel, verschärfter Terror im Innern, schließlich Flucht und Vertreibung.

Zunächst bäumte sich das nationalsozialistische Regime noch einmal auf. »Wollt ihr den totalen Krieg?« fragte der Reichsminister für Propaganda Joseph Goebbels am 18. Februar 1943 mit sich überschlagender Stimme im Berliner Sportpalast, und die fanatisierte Menge brüllte ein vieltausendfaches »Ja!« zurück. Alle Kräfte der Wehrmacht, des Terrorapparats der SS, der Wirtschaft und Industrie, der gesamten Gesellschaft sollten mobilisiert werden. Deutschland wurde damit endgültig zur »Heimatfront«. Wer sich einen klaren Kopf hatte bewahren können, wie die Nazi-Gegnerin Ruth Andreas-Friedrich, sah in diesem Aufpeitschen der Emotionen allerdings ein deutliches Zeichen der Schwäche und des Niedergangs. In ihrem Tagebuch notierte sie: »Goebbels hält im Sportpalast eine ›Kundgebung des fanatischen Willens‹ ab. ›Nur der stärkste Einsatz, der totalste Krieg‹, beschwört er seine Hörer, kann und wird die Gefahr bannen. Total – totaler – am totalsten. Ich wußte nicht, daß sich selbst Endgültigkeiten noch steigern lassen. Wer innerlich unsicher ist, muß wohl zu solchen Mitteln greifen. (...) Es sieht nicht gut aus an der russischen Front. Und was Herr Goebbels heute von sich gibt, läßt einen Unterton tiefer Sorge erkennen.«

Das tägliche Leben wurde nach dem Willen der NS-Führung nun vollständig den Erfordernissen einer intensivierten Kriegführung unterworfen. Bereits Anfang Februar 1943 verfügte das Regime die Schließung aller »nicht kriegswichtigen« Handels- und Handwerksbetriebe sowie gastronomischen Einrichtungen. Nur was unmittelbar dem »Endsieg« diente, hatte für die NS-Führung noch eine Daseinsberechtigung. Parallel dazu wurden immer weitere Gruppen der Bevölkerung dem militärischen Apparat angeschlossen. So wurden ab Januar 1943 verstärkt Schüler und junge Frauen als »Luftwaffenhelfer« herangezogen.

Während das NS-Regime die Bevölkerung zwang, »alle Kräfte für den Endsieg« zu aktivieren, verstärkten Briten und Amerikaner ihre Luftangriffe. In den deutschen Großstädten war das Leben ab Mitte 1943 immer stärker dem Rhythmus der Fliegeralarme unterworfen. In den besonders betroffenen Ballungsräumen mußten die Menschen fast jede Nacht für mehrere Stunden in die drangvolle Enge der Luftschutzkeller und Bunker hinabsteigen. Verschlafene, weinende Kinder an der Hand, im Handgepäck das Allernötigste für den »Fall aller Fälle«, Familiendokumente, Schmuck, ein paar Fotos. Besonders schwere Luftangriffe flogen die Alliierten auf das Ruhrgebiet und Köln und immer wieder auf Berlin. Die alliierte Strategie der »Flächenbombardements« von ganzen Stadtvierteln einschließlich der Wohngebiete wurde intensiviert. Im Juli und August 1943 war Hamburg das Ziel alliierter Flächenbombardements von bis dahin unbekanntem Ausmaß: Mehr als 30.000 Menschen kamen dabei ums Leben.

Feuersturm im Zentrum von Berlin nach einem schweren Luftangriff am 29. Januar 1944. Rechts der Turm der Petrikirche. Nach den Bombardements richteten durch die Gluthitze entstehende Brände weitere Zerstörungen an.

Alliierter Vormarsch

Im September 1944 dann ein die Grundfesten des Regimes erschütterndes Ereignis: Sowjetische Truppen im Osten und US-amerikanische im Westen überschritten die Grenzen des Deutschen Reiches. Der Krieg kehrte nun auch zu Lande nach Deutschland zurück.

Sowjetische Armeespitzen stießen Mitte Oktober 1944 im Memelland und Ostpreußen erstmals auf deutsches Gebiet vor. Für die Bevölkerung im Osten des Reiches, vom unmittelbaren Kriegsgeschehen bis dahin kaum berührt, nahmen die Schrecken des

Jubelrufe und Händeklatschen

Ja, die ersten Amerikaner: Jubelrufe und Händeklatschen, ich dachte, was kann denn das sein. Und da sah ich einen Jeep, drei Mann saßen drin, der eine hatte die Hand am Maschinengewehr, mit der anderen Hand winkte er zu den Leuten hoch. Ich habe mich noch gewundert: Wie kann man den Leuten zujubeln, die uns so mit Bomben zugedeckt haben, und irgendwie habe ich gehofft, er würde nicht weit kommen, da fiele ein Schuß oder eine Panzerfaust träfe ihn. Aber nichts passierte. *Rolf Kirbach, *1934*

Das Grauen des Luftkrieges. Ein jugendlicher Luftschutzhelfer birgt die Leichen von Kindern, die 1944 bei einem Bombenangriff auf Köln getötet wurden. Durch alliierte Bombenangriffe kamen insgesamt rund 500.000 Deutsche ums Leben.

Mit einer Mischung aus Angst, banger Erwartung und Erleichterung beobachten deutsche Zivilisten Anfang Februar 1945 US-amerikanische Soldaten beim Einmarsch in Worms. An den Häusern weiße Fahnen zum Zeichen der Kapitulation.

Krieges damit eine neue Dimension an. Auch war das Verhalten der vorrückenden sowjetischen Soldaten nicht dazu angetan, die Ängste der Menschen zu verringern. Vergewaltigungen und Massaker an der Zivilbevölkerung, wie im ostpreußischen Nemmersdorf, wo Ende Oktober mehr als 60 Männer, Frauen und Kinder grausam ermordet wurden, schienen die jahrelange NS-Propaganda von den »bolschewistischen Bestien« zu bestätigen. Eine planmäßige Evakuierung der Bevölkerung aus den gefährdeten Gebieten lehnte die NS-Führung strikt ab, da sie angeblich den Kampf- und Durchhaltewillen der Deutschen geschwächt hätte. Bis es dann im Winter 1945 fast zu spät

dafür war, und mehrere hunderttausend Menschen bei der überstürzten Flucht und Evakuierung ums Leben kamen.

Auch an der Westfront hielten die deutschen Verteidigungslinien den Gegnern nicht lange stand. Am 21. Oktober 1944 eroberten US-Panzerverbände Aachen, das nach tagelangen Kämpfen als erste deutsche Großstadt von den Alliierten eingenommen wurde. Es war ein Fanal, ein deutliches Zeichen für die sich anbahnende Niederlage, so sehr die Goebbelsche Propaganda-Maschine auch von neuen »Wunderwaffen« und dem baldigen »Endsieg« tönte. Anders als im Osten erfaßte in Aachen – wie später im gesamten Westen – nicht

MÄNNER im Alter von 16-70 Jahren gehören in den EINSATZ nicht in den BUNKER

Neuß, Anfang März 1945, nach Eroberung der Stadt durch die US-Army. Aus Angst vor weiterem Artilleriebeschuß versammelt sich die Bevölkerung vor einem Luftschutzbunker. In anderen Teilen Deutschlands kämpft noch das »letzte Aufgebot«.

panischer Schrecken die Bevölkerung. Die meisten Menschen begegneten den Siegern weniger angsterfüllt als mit einer Mischung aus Mißtrauen, Zurückhaltung und auch Erleichterung über das nahe Ende des Kriegs, das Ende der Bombennächte. Wo immer Amerikaner und Briten in den folgenden Wochen und Monaten auf ihrem Vormarsch Kontakt mit der Bevölkerung hatten, trafen sie auf eher erschöpfte als aggressiv-feindselige Menschen. In den von Amerikanern und Briten besetzten Gebieten bildete sich nach Beendigung der Kämpfe rasch eine Art Zweckbündnis zwischen Besatzern und Besetzten. Die Bevölkerung im Westen war erst einmal erleichtert, den Krieg überstanden zu haben, und vor allem auf die Sicherung des Überlebens, die Beschaffung von Lebensmitteln, Wohnraum etc. bedacht. Und die alliierten Militärs hatten, solange der Krieg andauerte, ein Interesse an »Ruhe hinter der Front« und nach der Kapitulation an einem stabilen Besatzungsregime mit einer »folgsamen« und kooperativen Bevölkerung. Auch die Alliierten selbst mochten von der eher abwartend-kooperativen Haltung der meisten Deutschen im Westen überrascht gewesen sein, wie die rückblickende Äußerung eines US-Offiziers vom Juni 1945 bezeugt: »Die Lage ist überaus bemerkenswert, vor allem, wenn man sich für einen Moment vor Augen hält, welche Katastrophen alle nicht eingetreten sind.« Das strenge, jedoch überwiegend korrekte Auftreten von Briten und Amerikanern als Besatzer konnte die meisten Deutschen in den westlichen Landesteilen, soweit sie nicht unmittelbar Funktionsträger des NS-Regimes waren (rund 80.000 von ihnen kamen umgehend in Internierungslager) bald über ihre Situation beruhigen. Sie erlebten eine Niederlage, voller Entbehrungen und Bedrängnisse, aber keine sich über Wochen hinziehende Katastrophe. Ganz anders war die Lage

Nach einem Luftangriff auf Berlin, Februar 1945. Einen Koffer mit dem Allernötigsten tragen die Menschen bei sich.

im Osten. Die sowjetische Großoffensive ab Januar 1945 begann sich dort für die Deutschen zu einer Tragödie ungeheuren Ausmaßes zu entwickeln.

Flächenbombardements

Noch war es nicht soweit. Das NS-Regime kämpfte ab Mitte 1944 mit aller Macht und Brutalität gegen den drohenden Untergang. Für die Bevölkerung nahm Goebbels' »totaler Krieg« vor allem in nächtlichen Bombenangriffen und zerstörten Städten Gestalt an.

Seit Mitte 1943 flogen alliierte Bomber sogar bei Tag Angriffe, da die deutsche Luftwaffe immer schwächer wurde. Die Luftangriffe auf deutsche Städte erreichten im Sommer 1944 ihre größte Intensität. Zudem vergrößerte sich der Einsatz-Radius der alliierten Bombengeschwader immer mehr. Bislang als sicher geltende Gebiete des Reiches

Immer mit dem Luftschutzköfferchen

Also, wir hatten, ehe wir noch ausgebrannt waren, da hatten wir einen Trainingsanzug neben dem Bett liegen und das Luftschutzköfferchen und die Schuhe. Und so wie die Sirene ging, mit Nachthemd, was wir dann anhatten, in den Trainingsanzug, das Köfferchen, und dann gingen wir zur Borngasse in der Aachen-Münchener in den öffentlichen Keller. Immer mit dem Luftschutzköfferchen, jeder. Anneliese Karhausen, * 1929

lagen nun in Reichweite von Royal Air Force und US-Luftwaffe. So wurde Ende August 1944 auch das ostpreußische Königsberg vom Bombenhagel britischer Bomberstaffeln in Schutt und Asche gelegt. Briten und Amerikaner verstärkten noch einmal deutlich ihre Flächenbombardements. Die deutschen Großstädte wurden in immer kürzeren Abständen angegriffen, immer mehr Städte, die bislang weitgehend verschont geblieben waren, wurden noch in den letzten Monaten und Wochen des Krieges Ziel vernichtender Luftangriffe. Von August 1944 bis Mai 1945 warfen die Alliierten rund eine Million Tonnen Sprengstoff über Deutschland ab. Ende 1945 waren bereits vier Fünftel aller deutschen Großstädte (mit mehr als 100.000 Einwohnern) zu großen Teilen zerstört. Noch im März 1945 wurden unter anderem die sächsische Industriestadt Chemnitz und die Mainmetropole Würzburg zerbombt. Wenige Wochen

zuvor, am 13./14. Februar 1945, war das bis dahin unzerstörte Dresden in einem Bomben- und Feuerinferno vernichtet worden. In der von Flüchtlingen überfüllten Stadt kamen bei diesem Bombardement mehr als 30.000 Menschen (nach einigen Schätzungen mehr als 80.000 Menschen) ums Leben. Insgesamt wurden durch alliierte Bombenangriffe in Deutschland etwa 500.000 Zivilisten getötet. Mehr als 7,5 Millionen Menschen wurden obdachlos. Bei Kriegsende waren in Köln und Würzburg über 70 Prozent des Wohnraums zerstört. In Hamburg betrug der Wohnraumverlust infolge des Bombenkriegs 53 Prozent, in Dresden 60 Prozent, in Berlin 37 Prozent.

Aber es gab auch Menschen in Deutschland, für die jenes Inferno der erste direkte Schritt zur Befreiung war. Der jüdische Romanist Victor Klemperer etwa, aufgrund seiner Ehe mit einer »Arierin« von Deportation und Vernichtung bis dahin verschont, allerdings in immer quälenderen Verhältnissen lebend, riß sich unmittelbar nach dem Angriff auf Dresden den Judenstern von der Kleidung, dieses Zeichen ständiger Verfolgung und Todesgefahr, und tauchte wieder in die Masse der Menschen ein. Am 19. Februar 1945 notierte er: »Ich saß in Restaurants, ich fuhr Eisenbahn und Trambahn – auf alles das steht im 3. Reich für mich der Tod. Ich sagte mir immer, wer wolle mich kennen, zumal wir uns aus dem Dresdner Bezirk entfernten.«

Bereits nach den verheerenden Bombenangriffen vom Sommer 1943 hatte die systematische Evakuierung großer Teile der Bevölkerung aus den Städten in ländliche Reichsgebiete begonnen. Allein in die – vermeintlich sicheren – Gebiete östlich der Oder und Neiße wurden rund 900.000 Menschen evakuiert. Vor allem Frauen mit Kindern und ältere Menschen zogen aufs Land, wo sie bei Verwandten unterkommen sollten oder in Sammelquartieren

Auf starke Pappe aufkleben und gut sichtbar aufhängen!

Luftschutzmerkblatt
für die Bevölkerung

Verhalten nach Aufruf des zivilen Luftschutzes:

Der Aufruf des zivilen Luftschutzes wird öffentlich bekanntgegeben. Das gewohnte Leben geht weiter, die Vorbereitungen für den Luftschutz im Hause werden abgeschlossen.
Allen Anordnungen des Luftschutzwarts Folge leisten.
Luftschutzraum gebrauchsfähig herrichten.
Selbstschutzgeräte bereitstellen.
Wasser in Eimern, Bottichen usw. zum Trinken, Kochen, Löschen dauernd bereithalten.
Dachboden endgültig enträumpeln.
Stallungen von Großvieh vorschriftsmäßig gas- und splittersicher herrichten.
Verdunklungseinrichtungen anbringen.
Lebensmittel, möglichst auch Futtermittel, nur noch verpackt oder in gut schließenden Schränken oder sonstigen Behältern aufbewahren. Lebens- und Futtermittel bei Lagerung im Freien und auf Transporten nach Möglichkeit abdecken.
Gasmaske stets griffbereit halten und auf der Straße mitführen.
Luftschutzraumgepäck bereithalten (Gasmaske, warme Kleidung, Decken, Kissen, Taschenlampen, Lebensmittel, für Kinder und Kranke Thermosflaschen mit Getränk, Kinderspielzeug, wichtige Papiere).

Verhalten bei Fliegeralarm: Ruhe bewahren!

I. Im Hause:

Türen und Fensterläden zu, Haustür offen lassen, dabei Verdunklungspflicht beachten.
Gas und Strom in der Wohnung abstellen. Luftschutzwart stellt Hauptgashahn ab.
Luftschutzraum mit Luftschutzraumgepäck aufsuchen. Keine Tiere, außer Blinden- und Diensthunden, mitnehmen.
Im Luftschutzraum nicht rauchen, kein offenes Licht benutzen. Bei Kampfstoffgeruch oder Reizwirkung Gasmasken aufsetzen, notfalls feuchtes Tuch vor Mund und Nase. Undicht gewordene Stellen des Luftschutzraumes abdichten. Luftschutzraum nur auf Anordnung des Luftschutzwarts verlassen.

II. Auf der Straße:

Sofort Straße räumen.
Nächsten Luftschutzraum aufsuchen.
Fahrzeuge so abstellen, daß Durchfahrt nicht behindert wird.
Zugtiere ausspannen und anbinden.
In unbebautem Gelände jede Deckung ausnutzen und hinlegen.
Die gleichen Gebote gelten auch bei überraschendem Luftangriff.
Bei Kampfstoffgeruch oder Reizwirkung (nicht Leuchtgas) Gasmaske aufsetzen, notfalls feuchtes Tuch vor Mund und Nase, ruhig atmen, nicht laufen. Stellen mit öligen Spritzern meiden. Bei Feststellung flüssiger Kampfstoffe auf Haut oder Kleidung nächste Rettungsstelle oder Laienhelferin aufsuchen. Wenn dies nicht möglich, schnellstens vergiftete Kleidungsstücke ablegen und gründliche Körperreinigung mit Seife und warmem Wasser.

XII Haupt-bt. IV N°. 292. Herausgegeben vom Präsidium des

In den Städten wurden neben neuerrichteten Luftschutzbunkern die Keller der Wohnhäuser zu Luftschutzräumen ausgebaut. Auch für die Besucher öffentlicher Einrichtungen wie Theater mußten entsprechende Räumlichkeiten vorhanden sein.

untergebracht wurden. Nicht immer waren sie willkommen. Oft bekamen die aus den zerbombten
Städten Evakuierten die Ablehnung der Landbevölkerung zu spüren: Für diese waren sie zusätzliche Esser, die auch noch Platz wegnahmen. Doch
mochte sich diese Haltung mit Verständnis und
Mitleid für die Großstädter meist die Waage halten.
Am 6. Juni 1944 gelang den Westalliierten die Lan-
dung in der Normandie und die Errichtung jener
von den Nazis und ihrer Gefolgschaft befürchte-
ten, von anderen seit langem erhofften »zweiten
Front«. Damit war der Krieg in sein Endstadium
getreten. Daß er mit der Niederlage Deutschlands
enden würde, daran konnten eigentlich nur noch
verblendete Nazis zweifeln sowie Zeitgenossen, die
dem Propaganda-Getöse von den »Wunderwaf-

fen« immer noch Glauben schenkten. Überhaupt
wurde für die Menschen in den Städten wie in den
von der heranrückenden Front bedrohten Grenz-
gebieten der Ausgang des Krieges, je länger er
dauerte, immer unwichtiger. Es ging zunehmend
ums nackte Überleben.

Das letzte Aufgebot

Am 25. Juli 1944, fünf Tage nach dem gescheiterten Attentat der Widerstandsgruppe um Graf
Schenk von Stauffenberg, ernannnte Hitler Propagandaminister Joseph Goebbels zum »Reichsbe-
vollmächtigten für den totalen Kriegseinsatz«. Im
Angesicht des drohenden Untergangs folgte nun
die brutale Mobilisierung der letzten menschli-
chen und materiellen Reserven des Landes. Die
Niederlage würde sie kaum mehr abwenden können, darüber waren sich Militärs und auch die
meisten Parteigrößen im klaren; sie verlängerten
lediglich den Todeskampf der NS-Herrschaft und
die Leiden der Bevölkerung.
Ende September 1944, die Alliierten standen im
Westen und Osten bereits an den Grenzen des
Deutschen Reiches, mobilisierte die NS-Führung
die letzten Personalreserven für den Krieg. Am 25.
September erging ein Hitler-Erlaß über die Aufstellung des »Volkssturms«.
Alle waffenfähigen Männer im Alter von 16 bis 60
Jahren wurden zum Wehrdienst verpflichtet. Die
in aller Eile aufgestellten Einheiten hatten allerdings nur einen sehr geringen Kampfwert. Was
sollten auch halbe Kinder und alte Männer ausrichten gegen gut ausgebildete, kriegserprobte
Kampfverbände der Alliierten mit überlegenem
Material? Es war ein aussichtsloser und völlig
sinnloser Kampf, in den die »Volkssturm-Männer«
getrieben wurden. Und die zurückbleibenden
Frauen und Kinder waren nun vollends auf sich
allein gestellt.

Jugendliche und alte Männer werden von der NS-Führung ab
Ende 1944 in einen aussichtslosen Kampf geschickt.

Ursula von Kardorff vermerkte im Oktober 1944 nüchtern in ihrem Tagebuch: »Indessen ist der Volkssturm gegründet worden. Alle Männer zwischen sechzehn und sechzig Jahren werden rekrutiert. Das letzte Aufgebot der Lahmen und der Krüppel, der Kinder und der Greise. (...) Aber diese neue Garde, zum größten Teil gepreßt, wird die Niederlage nicht mehr aufhalten.«

Es gab keine Uniformen für die Volkssturm-Männer, die durch Armbinden kenntlich gemacht wurden. Ihre Bewaffnung bestand lediglich aus Panzerfäusten und veralteten Karabinern. Auch Munition war Mangelware. Vielfach wurden die Volkssturm-Männer mit nur fünf Patronen den sowjetischen oder amerikanischen Panzern entgegengeschickt. Für die meisten war der »Volkssturm« nur der letzte Beweis für den bevorstehenden Zusammenbruch. In einem Spitzelbericht aus Berlin vom Februar 1945 wurde folgende Äußerung wiedergegeben: »Wozu wir diese Sperre bauen, weiß ich nicht. Ich denke, es werden immer so viel Panzer abgeschossen? (...) Als Volkssturmmänner sind wir eine Viertelstunde ausgebildet; 10 Minuten Vortrag und außerdem durfte jeder einmal die Panzerfaust in die Hand nehmen. Das war alles.«

Auch Mädchen und junge Frauen wurden im letzten Kriegsjahr verstärkt zum Einsatz herangezogen. Im Dezember 1944 bildete die Armeefüh-

Frankfurt/Oder, Anfang Februar 1945. Hitlerjungen des »Volkssturm« auf dem Weg zur Front. Mit Karabinern und Panzerfäusten sollen sie die sowjetischen Armeen aufhalten. Nur wenige Kommandeure lehnten diese Einsatzbefehle ab.

6

rung regelrechte »Wehrmachthelferinnenkorps«, deren uniformierte Angehörige vor allem in Nachrichten-, Luftwaffen- oder Flak-Einheiten Hilfsdienste taten.

Über 400.000 junge Frauen lernten auf diese Weise die Kriegswirklichkeit als aktiv Beteiligte kennen. 14- und 15jährige Schüler wurden ab Herbst 1944 zunehmend als Flakhelfer eingesetzt oder mußten im Keller ihrer Schulen »Luftschutzwache« halten. Von geregeltem Unterricht konnte bald keine Rede mehr sein.

Drei von Hitlers »Kinder-Soldaten« am 30. März 1945 im niederschlesischen Lauban vor dem Abmarsch an die Front.

Zum letzten Aufgebot des Dritten Reiches gehörten auch die Jungen des Jahrgangs 1929, die im März 1945 noch offiziell zur Wehrmacht eingezogen wurden. 16jährige wurden in Wehrmachtsuniformen gesteckt und nach kurzer Ausbildung regulären Kampfeinheiten zugeteilt.

In sinnlosen Abwehrschlachten kamen in den letzten Kriegswochen noch Tausende dieser »Kinder-Soldaten« ums Leben.

Die Wunderwaffe

Ja, man hatte uns ja immer noch erzählt, daß die Wunderwaffe, die V 2, eingesetzt wird. Ja, und daran glaubte man auch eine Zeitlang nachdem im Oktober – Goebbels hielt ja noch mehrfach diese Propagandarede, und wenn man nun hörte, ja, die Wunderwaffe wird eingesetzt, die V 2 wird eingesetzt, dann glaubte man tatsächlich, daß die noch eine Wende des Kriegs bringen würde, daß sie noch den ersehnten Sieg bringen würde. Daran glaubte man eigentlich bis zuletzt. Bis es hieß, Hitler wäre den Heldentod gestorben. Man hat ja auch nicht gesagt, Hitler hat sich das Leben genommen. Das weiß ich noch genau. Bei uns hat es geheißen, er wäre den Heldentod gestorben. *Christel Kluge,* * 1926

Weitere Zwangsmaßnahmen in Wirtschaft und Kultur

Ab August 1944 befahl das Regime immer neue Einschränkungen. Was nicht unmittelbar der Kriegführung diente, hatte im Alltag der Bevölkerung keine Existenzberechtigung mehr. So wurden mit Erlaß vom 2. August sämtliche Sportmeisterschaften auf Reichsebene eingestellt. Sportveranstaltungen, einst ein wichtiges Propagada-Forum der Nationalsozialisten, durften nur noch auf lokaler Ebene stattfinden. Für weite Anreisen fehlte es bei der Reichsbahn an Transportkapazität. Mitte Juni

1944 hatte noch einmal im Berliner Olympiastadion ein Endspiel um die deutsche Fußball-Meisterschaft stattgefunden. Vor 70.000 Zuschauern gewann der Dresdner SC 4:0 gegen den Luftwaffen SV Hamburg.

Als eine weitere Maßnahme »zur Angleichung unseres öffentlichen Lebens an die Erfordernisse des totalen Krieges«, wie es offiziell hieß, wurde am 11. August 1944 auch der Post- und Paketverkehr drastisch eingeschränkt. Die Briefbeförderung erfolgte nur noch in sehr reduziertem Umfang, so daß die Beförderungszeit innerhalb des Reiches oft über zwei Wochen betrug. Drucksachen und Päckchen wurden gar nicht mehr angenommen, Pakete nicht mehr zugestellt; sie mußten vom Empfänger bei den Postämtern abgeholt werden. Wer über einen privaten Telefonanschluß verfügte, konnte diesen nur noch stundenweise benutzen. Dafür bot die Reichspost ab 1944 einen besonderen »Service« an: kostenlose Sonderpostkarten mit dem Aufdruck »Lebenszeichen«. Auf diesen Karten konnten die Menschen nach Bombenangriffen ihren Angehörigen eine Mitteilung (»höchstens 10 Worte Klartext«) über ihr Ergehen zukommen lassen. Nach einem überstandenen Großangriff auf Duisburg lautete eine Nachricht vom 19. Oktober 1944: »Lieber Adolf! Ich lebe noch. Alles erhalten. Deine Gretl grüßt.«

Der Postverkehr wurde zwar eingeschränkt, aber er funktionierte noch, teilweise bis in die letzten Kriegstage; wie auch Straßenbahnen noch fuhren in den zerbombten Städten, Lebensmittelkarten ausgegeben, Renten ausgezahlt wurden. Das Dritte Reich näherte sich ab Herbst 1944 zwar unaufhaltsam dem Zusammenbruch, doch blieben Kernbereiche der staatlichen Ordnung in Deutschland erhalten. Die Verwaltung arbeitete weiter, wenn auch mit stark reduziertem Personalstand und vielerorts durch Bombenschäden beeinträchtigt. Dennoch war das weitgehende Funktionieren bürokratischer Abläufe und die zumindest teilweise Aufrechterhaltung staatlicher Ordnungsstrukturen etwas, woran sich die Menschen – sofern sie sich nicht im Chaos der Flucht befanden – bis zur Kapitulation orientieren konnten. Nach dem Kriegsende erleichterte es darüber hinaus den raschen Aufbau eines funktionierenden Besatzungsregimes unter Heranziehung deutscher Fachkräfte.

In seiner Eigenschaft als »Reichsbevollmächtigter für den totalen Kriegseinsatz« verfügte Goebbels am 10. August 1944 die Schließung aller Theater und Opernhäuser. Die meisten Schauspieler mußten sich nun für die Arbeit in der Rüstungsproduktion oder zum Fronteinsatz melden. »(...) wird schon in den nächsten Tagen der gesamte deutsche Nachwuchs für Film und Theater geschlossen in die Rüstungsindustrie überführt«, hieß es in dem entsprechenden Erlaß. Zugleich durften auch keine Konzerte mehr stattfinden, keine Kunstausstellungen organisiert werden. Damit war den Menschen eine weitere Möglichkeit genommen, im Erlebnis eines Theaterabends oder eines Konzerts der immer düsterer werdenden Realität des Kriegsalltags zu entfliehen. Für kulturelle »Erbauung« war kein Platz mehr im Deutschland des »totalen Krieges«.

Damit beraubte sich das Regime aber auch eines Propagandamittels, mit dem es in den Jahren zuvor den Menschen nicht nur niveauvolle Ablenkung geboten, sondern auch »geistige Tiefe« hatte beweisen wollen. Vor allem Goebbels und Göring, letzterer neben seinen vielen Funktionen auch »Chef der preußischen Staatstheater«, hatten sich stets als Freunde der Künste gegeben und den hohen Stellenwert des kulturellen Lebens im Nationalsozialismus immer wieder betont. In der Tat waren den Deutschen auch während des Krieges noch Theater- und Opernaufführungen sowie Konzerte auf hohem Niveau geboten worden, zumal eine ganze Reihe hervorragender Schauspieler und Musiker, darunter Gustaf Gründgens, Marianne Hoppe, Heinrich George oder Wilhelm Furtwängler und Herbert von Karajan, anders als die meisten führenden Schriftsteller etwa, in Deutschland geblieben waren. Nun aber, im August 1944, kam es auf ideologische Überhöhung nicht mehr an, es zählte nur noch militärischer Kampf und Terror. Auch sämtliche Varietés und Kabaretts mußten den Spielbetrieb einstellen.

Darüber hinaus wurden die meisten Buch- und Zeitschriftenverlage geschlossen oder mußten ihre Produktion drastisch einschränken. Das knapp gewordene Papier sollte nur noch für unmittelbar »kriegswichtige« Druckschriften verwendet werden. Die wenigen Tageszeitungen, die noch erschienen – darunter natürlich der Völkische Beobachter, aber später auch »Durchhalteblätter« vom Schlage des Berliner Panzerbär – mußten ihren Umfang auf vier Seiten reduzieren. In den meisten Städten erschien nur noch eine Zeitung. In Berlin gab es vom Herbst 1944 an nur noch drei Tageszeitungen. Von allen Zeitungen mit einer Auflage über 50.000 befanden sich Ende 1944 noch acht in privatem Besitz, die anderen waren NSDAP-Blätter, die über 80 Prozent der Gesamtauflage in Deutschland abdeckten.

Sämtliche illustrierte Zeitschriften stellten mit Ausnahme des Illustrierten Beobachters und der Berli-

Kino als Ablenkung. In Berlin wartet Anfang 1944 eine Besucherschlange auf Einlaß für den Film »Immensee«. Für einige Stunden wollen die Menschen die Schrecken der Bombennächte vergessen.

ner Illustrierten ihr Erscheinen ein. Was brauchte es noch gedruckte (Propaganda-)Berichte oder Unterhaltung, wenn nahezu das gesamte Volk ans Gewehr oder in die Kriegswirtschaft gerufen worden war, so das Kalkül der NS-Führung. Es blieb das Radio, zur Ablenkung für die leidgeprüften Menschen und als Propagandainstrument des Regimes, um weiter irreführende und falsche Wehrmachtsberichte und Durchhalteparolen zu verbreiten.

Während Ende 1944 die Nächte im Luftschutzkeller immer unerträglicher wurden, die Städte ringsum in Trümmern lagen, wurde umso stärker für musikalische Unterhaltung gesorgt. Auch diese hatte der Stärkung des Durchhaltewillens zu dienen. Hans Sester aus Köln, damals 14 Jahre alt, erinnert sich: »Als der Krieg sich um die Jahreswende 1944/45 seinem Ende zuneigte, spielte man im Radio noch fleißig, ja, häufiger als bislang sogenannte Durchhalteschlager. Sie verfehlten wohl auch nicht ganz ihre (...) Wirkung, die schon fast zunichte gewordene Illusion eines deutschen ›Endsieges‹ noch etwas zu nähren. Heinz Rühmann sang: ›Das kann doch einen Seemann nicht erschüttern‹; die aus Wien stammende Kabarettistin Maria von Schmedes ›Es geht alles vorüber, es geht alles vorbei‹, während Zarah Leander mit tiefer Stimme ›Ich weiß, es wird einmal ein Wunder geschehen‹ beisteuerte.«

Das kulturelle Leben war vollkommen erloschen

Also, seit ʼ43, seit dem sogenannten totalen Krieg, gab es ja keine Theater mehr, kein Ballett, keine Ballettschulen, keine Musikschulen, das kulturelle Leben war vollkommen erloschen. Die einzige Möglichkeit, sich in der Freizeit etwas ablenken zu lassen, war die Möglichkeit ins Kino zu gehen. *Manfred Pagel, *1927*

Von »Wundern« und »Vorsehung« war ab Herbst 1944 in der NS-Propaganda vermehrt die Rede, insbesondere von jenen sagenhaften »Wunderwaffen«, die schließlich doch noch den Endsieg bringen sollten. Und nicht wenige Deutsche, denen in den Bombennächten ihre Begeisterung für Hitler und das NS-Regime weitgehend abhanden gekommen war, klammerten sich an derartige Verheißungen. Tatsächlich wurden im Juli 1944 nach jahrelangen Entwicklungsarbeiten die ersten V 1 Raketenwaffen (»V« stand für »Vergeltung«) auf London und Antwerpen abgefeuert. Doch blieb die Wirkung dieser »Wunderwaffen« trotz aller Zerstörungen, die sie anrichteten, wegen geringer Zielgenauigkeit begrenzt. Ursula von Kardorff notierte am 16. Juni 1944: ›V 1 heißt die neue Waffe. Mittags wird es offiziell bekanntgegeben. V 2, V 3, V 4 sollen, laut Gobbels, folgen. Bei V 5 wird die Welt dann vielleicht in die Luft gesprengt sein. Überall in den Lokalen, in denen sonst niemand mehr offen seine Meinung gesagt hat, wird laut von der Vergeltung gesprochen, der Vergeltung der Alliierten freilich.«

Und es blieb der Film. Die Kinos, soweit nicht durch Bomben zerstört, waren weiterhin in Betrieb, wenn auch die Vorführungen immer häufiger durch Luftalarm jäh unterbrochen wurden. Sogar neuproduzierte Streifen kamen noch in die Kinos. Mitte Dezember 1944 fand die Uraufführung des Hans-Albers-Films »Große Freiheit Nr. 7« statt, allerdings nicht in Berlin oder einer anderen deutschen Stadt, sondern in Prag. Nach Ansicht der NS-Filmkontrolleure paßte das Benehmen der Matrosen aus dem Hamburger Hafenmilieu nicht in die Atmosphäre des totalen Krieges. Ein anderer Streifen dafür umso mehr: Am 30. Januar 1945 wurde der Historien-Film »Kolberg« uraufgeführt, ein Durchhaltefilm erster Güte, der den heroischen, letztlich siegreichen Kampf der Bürger

von Kolberg/Pommern gegen das napoleonische Heer im Jahr 1807 mit aufwendigem Pathos schildert. Ein Massenpublikum fand dieser Film allein schon wegen der ständigen Bombenalarme nicht mehr.

Es wurde bis zum Ende weiter gedreht, zwischen den Fliegeralarmen und beinahe noch in Hörweite der Artillerie. Die Ergebnisse bekamen die Deutschen jedoch erst nach dem Krieg zu sehen, wie Helmut Käutners »Unter den Brücken«, eine poetische Liebesgeschichte, die im März 1945 von der NS-Prüfstelle sogar noch freigegeben, aber nicht mehr aufgeführt wurde: Der Film war so gar nicht als »Durchhalte«-Aufruf geeignet.

Versorgungslage

Über die zunehmenden Schwierigkeiten, außer Haus etwas zu essen zu finden, notierte ein Berliner im November 1944: »Einmal abends in einem der wenigen gebliebenen Restaurants zu essen: das ist eine Unternehmung, die langer Strategie bedarf. Am Kurfürstendamm war es unmöglich gewesen. Gruban-Souchay, das um fünf Uhr öffnete, war um sechs Uhr ausverkauft. Zwei, drei Dutzend hatten umsonst draußen vor der verschlossenen Tür im Novemberregen angestanden. Die Klause hatte nur noch dünnes Bier, im Kindl war der markenfreie Eintopf ausgegangen, als wir eben einen Platz erobert hatten. Und bei Stöckler war für die wenigen vorhandenen Gerichte jeder Platz vorbestellt. So hatten wir noch eine Stunde nach allem vergeblichen Fahnden im Eden gesessen bei einem grünen Trank, den wir lieber stehenließen.«

Im Laufe des Krieges hatten die Zuteilungsmengen, abhängig vom Kriegsverlauf und den Ernteergebnissen, öfters geschwankt. Einen ersten Tiefpunkt hatte es im Frühjahr 1942 gegeben, als unter anderem lediglich 300 g Fleisch und 206 g

Fett pro Woche zugeteilt wurden. Nicht zuletzt durch Ausplünderung der besetzten Gebiete im Osten (Ukraine, Weißrußland) hatte die NS-Führung die Lebensmittelversorgung für die deutsche Bevölkerung stets weitgehend sicherstellen können. Im Herbst 1944 wurden die wöchentlichen Lebensmittelrationen weiter gekürzt, Mitte Oktober (»68. Zuteilungsperiode«) beispielsweise im Rheinland bei den wöchentlichen Brotzuteilungen für »Normalverbraucher« um 200 g auf 2225 g. In der letzten Phase des Krieges wurde die Versorgungslage noch schlechter. Im März 1945 sanken

Ein befreiendes Fest

Ja, Weihnachten '44 war es sehr schön: Wir hatten unsere Wohnung wieder. Wir mußten zwar mit der Leiter hochklettern, weil das Treppenhaus ausgebrannt war, aber es war schön warm. Wir hatten einen Tannenbaum, wir hatten ein paar Kerzen. Es war richtig gemütlich, und ich glaube auch, daß wir zu essen hatten, da kann ich mich nicht mehr genau erinnern. Und wir sind in den Dom gegangen, in die Christmette. Der Dom war damals nur ein Oktogon und zwar umgekehrt, wie es heute ist. Wo heute der Eingang ist, da war der Altar. Das andere war alles mit Brettern zugemacht worden. Da war ja alles kaputt rundum. Aber das war dann sehr schön, das war so ein befreiendes Fest, würde ich mal sagen. *Anneliese Karhausen, *1929*

die Rationen für »Normalverbraucher« auf 250 g Fleisch, 125 g Fett und 1700 g Brot, das zudem von miserabler Qualität war. Das »Organisieren« von Lebensmitteln, Tausch- und Schwarzhandel – obwohl streng untersagt – griff immer mehr um sich. Man mußte sehen, »wo man bleibt«. In einem SD-Spitzelbericht aus Süddeutschland von Anfang 1944 heißt es dazu: »Die lange Dauer des Krieges hat zu einer allgemeinen Lockerung der strengen Auffassungen über die Verwerflichkeit der zusätzlichen Versorgung der Volksgenossen geführt. (...) ist die Bevölkerung allmählich immer mehr dazu übergegangen, alle nur erdenklichen Mittel und Wege zur Umgehung der Kriegswirtschaftsbestimmungen im Kleinen zu benutzen (...) Die Volksgenossen sprechen heute ganz offen vom ›Schwarzen Markt‹, wo Dinge zu haben sind, wovon der Außenstehende, insbesondere derjenige, der keine Gegenwerte zu bieten habe, regulär nur selten etwas sehe.«

Immer bizarrer wurden die wenigen Inseln relativen Wohllebens, wie sie im Dezember 1943 etwa im Berliner Hotel »Adlon« noch zu finden waren, während die Stadt schon zu großen Teilen in Trümmern lag. »Sonnabend abend mit Bärchen und Thilenius (...) im Adlon. (...) Die Adlon-Halle könnte Schauplatz eines Kolportage-Romans sein: Bonzen in klirrender Partei-Uniform, Urlauber aller Dienstgrade, die noch eine Illusion von Komfort an die Front mitnehmen wollen, ausländische und deutsche Diplomaten, Schauspieler, Dahlemer Damen in Hosen, die sich vom Aufräumen ihrer zerstörten Villen erholen, Geschäftsleute, die die Aura «Rüstung» um sich verbreiten (...) und schließlich Abenteurerinnen aller Grade, die sich der Männer annehmen. (...) In der kleinen Bar wird Bier ausgeschenkt, an den Tischen mit weißen Tischtüchern gibt es Wein. Die Gäste, die in den Saal wollen, müssen zwischen gierigen Blicken Spießruten laufen. (...) So findet sich hier eine Gruppe von Menschen zusammen, die unberührt von allem Elend dahinlebt, als sei sie auf der bedrohten Erde nur zu Gast. Seltsame, spannungsgeladene Atmosphäre.« So die Journalistin Ursula von Kardorff in ihrem Tagebuch.

Von Woche zu Woche verschlechterte sich die Versorgungslage. Wie sich Anfang März 1945 in Ber-

Sammeln von Bucheckern, um die geringen Lebensmittelrationen aufzubessern, Januar 1945.

lin die Suche nach einer kargen Mahlzeit gestalten konnte, schilderte rückblickend ein leitender Versicherungsangestellter: »Ich klapperte mittags, mit wenigen Marken ausgerüstet, die Speisewirtschaften der umliegenden Straßen ab. Sie waren überfüllt, man mußte lange warten, bis die Kellnerin eine Bestellung entgegenzunehmen geruhte; es gab überall den vorgeschriebenen ›Stamm‹, ein markenfreies Gericht, das aus Wasser, ein paar Stücken Kartoffel und etwas Kohl bestand (...) Mehrmals widerfuhr es mir, daß ich am nächsten Tage nur noch Trümmer fand, wo ich gerade einen neuen Futterplatz entdeckt zu haben vermeinte.«

Stimmungslage der Bevölkerung

Mochten bis Mitte 1944 auch etliche Deutsche, die nicht zu den fanatisierten Nazi-Anhängern gehörten, noch an eine Wendung des Kriegs glauben, so änderte sich das mit jeder weiteren Bombennacht, mit dem Heranrücken der Fronten im Westen und Osten. Relativ ungeschminkte Einblicke bieten hierzu die »Meldungen aus dem Reich« des SD und ab Mitte 1944 Stimungsberichte der Wehrmacht. Mitte Februar 1945 wurde bereits in aller Öffentlichkeit davon gesprochen, daß der Krieg verloren war. Ein Spitzelbericht aus Berlin: »In der Lebensmittelabteilung des Kaufhauses Karstadt am Hermannplatz unterhielten sich (...) anstehende Leute darüber, wann wohl der Krieg zu Ende gehe. Ein älterer Mann meinte: ›Noch lange nicht!‹ denn der Führer habe doch einen solchen Dickkopf, daß er lieber alles zugrunde gehen ließe, als auch nur den Versuch zu machen, einzulenken. Der leidtragende Teil sei die Bevölkerung, die nun sicher zu den Bombenangriffen noch Hunger leiden müsse. Jeder vernünftige Mensch müsse sich doch sagen, daß alles verfahren sei. – Ein ausgebombter Geschäftsmann schimpfte am 13. 2. in der Kartenstelle Neukölln, es sei Wahnsinn, den Krieg weiterzuführen.«

Die Artillerie der Roten Armee ist schon in Hörweite. Frauen und ältere Männer heben im März 1945 in der Nähe von Görlitz einen Panzergraben aus. Nahezu die gesamte Bevölkerung wurde im sich zuspitzenden Kampf zum Einsatz verpflichtet.

Ein Bericht vom März 1945 wurde noch deutlicher: »Die – wie angenommen wird – so gut wie aussichtslose Lage, die Belastung des täglichen Lebens führe dazu, daß immer häufiger und unverhohlener pessimistische, defaitistische Äußerungen und solche getan werden, die sich gegen Partei und Regierung richten.«

Je weiter die Alliierten vorrückten, umsoweniger glaubten die Deutschen noch an die Möglichkeit einer Wende des Krieges. Ende März 1945 erstattete ein oberbayerischer Landrat Bericht: »Die breite Volksmasse zeigt immer deutlicher, daß sie nicht mehr an ein halbwegs gutes Kriegsende glaubt. Die Nachrichten von den Fronten werden mit einem starken Fatalismus aufgenommen. Alarmierend wirken die Zustände im inneren Wirtschaftsleben. (...) Die Kartoffelvorräte für die heimische

Für Volk, Führer und Vaterland sterben

Ich gebe zu, daß wir immer eine Mordsangst gehabt haben. Wir haben keine heldenhaften Gefühle gehabt, daß wir jetzt für Volk, Führer und Vaterland sterben dürfen, sondern wir haben bei allen Fliegerangriffen, wenn es gekracht hat, und die Bomben hört man ja, wenn sie runtersausen, da haben wir furchtbare Angst gehabt. Wir haben nie das Gefühl gehabt, wir wollen für Deutschland sterben, sondern man hat nur gedacht, hoffentlich treffen sie uns nicht. *Josef Bachmeier, * 1914*

und die zugezogene Bevölkerung gehen zu Ende Auch für den Regierungspräsidenten von Oberbayern gab es in der ersten Aprilwoche 1945 nichts mehr zu beschönigen: »Durch militärische Ereignisse der letzten Wochen im Westen und Osten Schockwirkung bei gesamter Bevölkerung hervorgerufen (...) Stimmung im allgemeinen am Nullpunkt. Glaube an Sieg der deutschen Waffen stark gesunken; (...)«‹ Vielerorts trafen die letzten

militärischen Maßnahmen auf offene Ablehnung, da durch sie der Krieg nur sinnlos verlängert und die heranrückenden Alliierten womöglich zu größerer Härte oder Vergeltungsmaßnahmen gereizt würden. »In der Lazarettstadt Tutzing z.B. Empörung nicht nur der Bevölkerung, sondern auch der Wehrmacht darüber, daß dort Panzersperren und Schützengräben vom Volkssturm gebaut wurden. Auch über Errichtung der Abwehrorganisation ›Werwolf‹ stark auseinandergehende Meinungen«, heißt es in diesem Bericht von Anfang April 1945. Im Endstadium des Krieges hatten viele jedes Vertrauen in die NS-Spitze verloren, einschließlich der Person des Führers.

In einem Spitzelbericht aus Berlin von Anfang des Monats April 1945 heißt es: »Allgemein wird die Partei als Trägerin der Macht für die Lage verantwortlich gemacht und dementsprechend angegriffen. Vor allem in den vom Bombenterror in letzter Zeit besonders betroffenen Stadtteilen (...) nimmt man in dieser Hinsicht kein Blatt mehr vor den Mund. (...) werden jetzt häufig Worte des Führers aus seinen Reden oder aus Mein Kampf in ironischer Weise zitiert.«

Flucht

Anders als im Westen die Besetzung durch Briten und Amerikaner, wurde im Osten der Vormarsch der Sowjets für die Menschen zu einem Alptraum. Wo die Rote Armee Anfang 1945 in den deutschen Ostgebieten auf Zivilbevölkerung traf, kam es sehr häufig zu willkürlichen Erschießungen, zu Massenvergewaltigungen. Die Folge war, daß die unbestimmte Angst vor »den Russen« sich aufgrund dieser Racheakte bei den Menschen in Ostpreußen und Pommern zu unerhörtem Schrecken steigerte. Aus den Gebieten um Memel und Tilsit kamen die ersten Flüchtlingsgruppen im Herbst 1944 in die noch als sicher geltenden mittleren und westlichen Bereiche von Ostpreußen, insgesamt mehrere zehntausend Menschen.

Doch Vorbereitungen zur geordneten Evakuierung der Bevölkerung aus Ostpreußen galten als »Defaitismus«, als Zweifel am »Endsieg« und wurden von den Nazi-Oberen, allen voran der berüchtigte Gauleiter Erich Koch, untersagt – bis es fast zu spät war. Das NS-Regime versuchte vielmehr, die Grenze zu befestigen. Bereits im Juli 1944 war die gesamte männliche Bevölkerung zum Bau eines »Ostwalls« aufgerufen worden. Aus Bauern, Landarbeitern und wegen »Unabkömmlichkeit« bislang nicht zur Wehrmacht einberufenen Männern wurden »Schippkolonnen« zusammengestellt, die in drei- bis vierwöchigen Einsätzen bis zum Spätherbst an der Ostgrenze Panzergräben und Schützenlöcher aushoben sowie Bunker bauten.

Es mochte bei manchen Deutschen in den Ostgebieten noch einmal Hoffnung aufkeimen, als die Wehrmacht die eingedrungenen sowjetischen Verbände Anfang November zurückschlug. Mitte Januar 1945 aber brach die sowjetische Offensive los. Nun gab es kein Halten mehr. Endlose Trecks aus hochbepackten Pferdegespannen bewegten sich bei schneidender Kälte und Schneestürmen in Richtung Westen. Es war ein ungewöhnlich strenger Winter, und die Temperaturen sanken im Januar 1945 unter minus 20 Grad. Den größten Teil ihrer Habe mußten die Flüchtenden zurücklassen, auch das Vieh, das seinem Schicksal überlassen blieb. Es waren vor allem Frauen, Kinder und alte Menschen, die die unsäglichen Strapazen der Flucht auszuhalten hatten; die meisten Männer waren in der Wehrmacht oder seit Oktober 1944 beim »Volkssturm«. Sowjetische Tieffliegerangriffe vermehrten die Gefahren. Zahlreiche Flüchtlingstrecks wurden von den rasch vorrückenden Spitzen der Roten Armee überrollt Es kam zu Vergewaltigungen, Erschießungen durch sowjetische

Soldaten. Am 26. Januar 1945 erreichten sowjetische Truppen bei Elbing die Ostsee. Ostpreußen war nun abgeschnitten, der direkte Fluchtweg nach Westen abgeschnitten. Offen war einzig noch der Weg nach Norden, über das zugefrorene Frische Haff auf die Nehrung und dann über Danzig nach Westen.

Wir sind geflüchtet vor dem Russen

*Jeder hat nur daran gedacht, bloß weg, weg, weg, dem Russen nicht in die Hände fallen. Das war bei uns allen, die aus dem Osten kamen, der Gedanke. Man spricht immer wieder von Vertreibung, ich empfinde das nicht so. Ich bin nicht vertrieben worden, ich bin geflüchtet. Wir sind geflüchtet vor dem Russen, weil man ahnte, daß einem da so Grausames passieren könnte. Als man sah, daß der Krieg wahrscheinlich zu Ende gehen könnte oder wußte, daß es nicht positiv ausgeht, bekam man, jeder von uns, wer es wollte, zwei Giftkapseln, weil man so unklare Vorstellungen hatte, es könne einem ja mit dem Russen irgendwie ganz was Schlimmes passieren. Ich nehme an, das waren Zyankalikapseln, und die habe ich noch jahrelang mit großem Respekt aufgehoben und auch dabei gehabt, bis ich sie vielleicht vor 20 Jahren irgendwie ins Klo gespült habe. Christel Kluge, *1926*

Diese Strecke war aber mit besonderen Strapazen und Gefahren verbunden. Eine Bauersfrau berichtet über ihre Flucht Ende Januar 1945: »Nun ging es vorwärts in Richtung Frisches Haff. Das war die einzige Stelle, wo wir noch entkommen konnten (...) Eine Nacht durften wir ausruhen, denn die Pferde schafften es nicht mehr. Nun konnten wir von da aus beobachten, was sich da auf dem Eise abspielte. Die Eisdecke war noch nicht so stark, daß sie die ganze Last tragen konnte. Da waren denn die ersten Trecks eingebrochen und ertrunken. Man sah die eingebrochenen Wagen noch aus dem Eise ausragen. Da hab ich mit eigenen Augen gesehen, wie ganze Reihen von Wagen eingebrochen sind. (...) Als wir noch eine Stunde [auf dem Eis des Haffs] gefahren waren, wurden wir von Fliegern angegriffen; ein furchtbares Drama spielte sich ab. Die Bomben schlugen Löcher, und ganze Reihen von Wagen gingen unter. Wir hatten keinen Lebensmut und warteten sehnsüchtig auf den Tod. Aber es sollte noch nicht aus sein. Als dieser Angriff beendet war, sind wir Überlebende weitergefahren. Da sind wir dann noch die ganze

Nacht durchgefahren und erreichten dann Land.« Nach der Einkesselung Ostpreußens durch die Rote Armee begann im Januar 1945 eine großangelegte Evakuierungsaktion über die Ostsee, nachdem die NS-Führung – wenn auch viel zu spät – die Erlaubnis dazu gegeben hatte. Mehrere hunderttausend Menschen harrten zu dieser Zeit noch auf Rettung. Von der Halbinsel Hela, von den Häfen Pillau und Gotenhafen (Gdingen) aus wurden rund zwei Millionen Menschen – Flüchtlinge, Soldaten, Verwundete – evakuiert. Die Schiffe waren zumeist hoffnungslos überfüllt und den Angriffen sowjetischer U-Boote und Tieffflieger aus-

Anfang 1945 ziehen in schneidender Kälte endlose Flüchtlingstrecks aus den östlichen Gebieten nach Westen, dabei wurden sie oft von Tieffliegern angegriffen. Vor allem Frauen, Kinder und alte Menschen waren diesen Strapazen ausgesetzt.

gesetzt. Dabei kam es zu mehreren Tragödien. Am 30. Januar 1945 wurde die »Wilhelm Gustloff« von einem sowjetischen U-Boot in der Danziger Bucht torpediert. In den eisigen Fluten der Ostsee kamen mehr als 5000 Menschen ums Leben. Nur etwa 1000 Menschen konnten gerettet werden.

Am 10. Februar 1945 fanden mehr als 3000 Menschen den Tod, als das Passagierschiff »Steuben« nach einem Torpedotreffer sank.

Bei der Torpedierung des Passagierschiffes »Goya« am 16. April 1945 kamen ungefähr 6000 Menschen ums Leben, in der Mehrzahl Flüchtlinge und Verwundete.

Nach dem Einmarsch der Roten Armee in Königsberg versuchen die Menschen, mit ihrer letzten Habe zu fliehen.

Die Evakuierung aus Ostpreußen war von der NS-Führung viel zu spät angeordnet worden. In einigen Städten im Osten Deutschlands wurde sie ganz untersagt. So erklärte NS-Gauleiter Karl Hanke im Februar 1945 die schlesische Hauptstadt Breslau zur »Festung«, die bis zum letzten Mann verteidigt werden sollte. Erst Anfang Mai 1945 kapitulierten die letzten deutschen Soldaten in der fast völlig zerstörten Stadt. Hanke hatte sich noch rechtzeitig abgesetzt. Auch in Königsberg kämpften Wehrmachteinheiten wochenlang einen aussichtslosen Kampf, bevor sie am 9. April kapitulierten. Die Stadt war nahezu dem Erdboden gleichgemacht.

Insgesamt befanden sich ab Herbst 1944 mehr als 3,1 Millionen Menschen aus Ostpreußen, Ostpommern und dem Raum Danzig auf der Flucht. Von ihnen wurden im Januar 1945 etwa eineinhalb Millionen Personen unter schwierigsten Bedingungen über die Ostsee evakuiert, zusammen mit rund 500.000 Soldaten und Verwundeten.

Etwa 1,5 Millionen Deutsche waren in diesen Gebieten zurückgeblieben und nach der Besetzung auf Gedeih und Verderb den sowjetischen Truppen ausgeliefert. Aus Schlesien und Ostbrandenburg flohen in den letzten Kriegsmonaten weitere 3,5 Millionen Menschen. Viele glaubten zu diesem Zeitpunkt noch, daß es gar kein Abschied von der Heimat für immer sein werde. Tatsächlich kehrten nach der deutschen Kapitulation etwa 1,2 Millionen Menschen wieder in ihre Dörfer und Städte im Osten zurück, vor allem nach Schlesien (eine Million Rückkehrer, nach Ostpreußen 200.000). Doch war es für die allermeisten nur eine Rückkehr auf Zeit.

Im Spätsommer 1945 begann die systematische Vertreibung der Deutschen aus den von den Siegermächten an Polen übergebenen Gebieten östlich von Oder und Neiße sowie aus dem Sudetenland.

Ab Herbst 1944 und verstärkt mit Beginn des Jahres 1945 verloren etwa 6,9 Millionen Flüchtlinge aus den deutschen Ostgebieten ihre Heimat. Zusammen mit den aus der (ehemaligen) Tschechoslowakei, Ungarn, Rumänien und Jugoslawien Vertriebenen waren es annähernd 11,8 Millionen. Bei Flucht und Vertreibung kamen nach groben Schätzungen zwei Millionen Menschen ums Leben.

Verfolgte

Insbesondere der Gedanke an das Einbrechen der Roten Armee ängstigte viele Deutsche in den östlichen Landesteilen. Die nationalsozialistische Propaganda von den »slawischen Untermenschen« und »asiatischen Horden von barbarischer Grausamkeit« hatte ihre Wirkung nicht verfehlt. Längst waren auch durch Erzählungen von Soldaten auf Urlaub die ungeheuren Verbrechen der deutschen Besatzer in Polen und der Sowjetunion zumindest vage bekannt geworden, wenn auch deren gesamtes Ausmaß noch unklar war.

Bei vielen Deutschen nahm die Sorge zu, daß sie bei einer Niederlage für diese Verbrechen würden »zahlen« müssen, die Rache der Russen würden erdulden müssen.

Es gab andere in Deutschland, denen bedeutete jedes Zurückweichen der Wehrmacht eine Stärkung ihrer Hoffnungen, dem Terror-Regime doch noch zu entgehen: Verfolgte, KZ-Häftlinge, »privilegierte« Juden, Untergetauchte. Auch für die unzähligen »Fremdarbeiter«, Zwangsverpflichtete aus den von Deutschen besetzten Ländern – Polen, Russen, aber auch Franzosen oder Holländer – war jede militärische Niederlage der Wehrmacht ein Schritt zu ihrer eigenen Befreiung. Gleichzeitig wurden sie alle von der Sorge gequält, daß die nationalsozialistische Führung sie in einer letzten Steigerung der Vernichtungswut mit in den Abgrund reißen könnte.

Im KZ Dachau führte der Häftling Edgar Kupfer-Koberwitz heimlich Tagebuch. Ab Anfang 1944 begannen fast alle Einträge mit Gerüchten über den Kriegsverlauf.

Im September 1944 notierte er: »Die Siegfried-Linie soll mit 5000, nach anderer Version mit 15.000 Bombern bombardiert worden sein. – An drei Stellen soll der Durchbruch gelungen sein. Angeblich ist Trier besetzt, die Amerikaner 20 Kilometer vor Köln. – Rußland hat an Bulgarien den Krieg erklärt, Bulgarien hat daraufhin sofort kapituliert. (...) Man sagt, Belgrad sei genommen worden. Das sind schöne Nachrichten.«

Unter dem 3. Oktober 1944 heißt es: »Jetzt eben kommt die Nachricht: Calais ist gefallen, die Engländer sind bei Arnheim in Holland an zwei Stellen durchgebrochen.– Die ganze Front sei in Bewegung.– Man sagt sogar, es seien schon vor zwei oder drei Tagen Fallschirmtruppen in Münster in Westfalen gelandet.– Hoffentlich hört alles bald auf. – Hier erwarten wir alle den Durchbruch und die Überschreitung des Rheins.«

Auch der jüdische Romanist Victor Klemperer, notierte am 24. Oktober 1944: »Anklammerung an jede Hoffnung (...) Übrigens klingt es zwischen den Zeilen der Heeresberichte und der Kommentare bei allem Verschleiern und Zurechtschieben und ›fanatischem‹ Siegglauben verzweifelt genug. Aber das Warten wird immer qualvoller; die Kräfte lassen zu sehr nach.«

Wenige Tage später: »Mittags war Katz ein Weilchen hier. Sehr bedrückt. Ja, wenn die Engländer nicht bei Arnheim geschlagen worden wären! Dann hätten sie jetzt schon das Ruhrgebiet, und der Krieg wäre aus. Aber so.« Am 18. Januar 1945 notiert Klemperer, und bringt damit wohl die Gefühlslage vieler Verfolgter des Dritten Reiches in einer kurzen Formel zum Ausdruck: »Bei Steinitz gestern Nachmittag Mischstimmung: Todesnähe

6

und Erlösungsnähe: die Russen vor Krakau, die anglo-amerikanischen Bomber über uns, die Gestapo hinter uns.«

Ebenso hörten Gegner der Nationalsozialisten, die nicht unmittelbar gefährdet waren, die Nachrichten von militärischen Erfolgen der Alliierten mit einer Mischung aus Hoffen und Bangen. Es überwog eindeutig die Hoffnung auf ein Ende der nationalsozialistischen Schreckensherrschaft; aber auch sie beunruhigte die Frage, zu welchen Terroraktionen gegen die eigene Bevölkerung das schon tödlich getroffene Regime fähig sein würde.

Geplantes Verhängnis

Anfang 1945 drohte der deutschen Bevölkerung neben den verheerenden Bombenangriffen, der näherrückenden Front, dem gesteigerten Terror von Gestapo und SS ein weiteres Verhängnis. Am 19. März 1945 erließ Hitler im Bunker unter der Reichskanzlei jenen »Nero-Befehl«, mit dem er dem deutschen Volk sämtliche Lebensgrundlagen entziehen wollte. Gegenüber dem Rüstungsminister Albert Speer äußerte er nach dessen Zeugnis mit Eiseskälte: »Wenn der Krieg verloren geht, wird auch das Volk verloren sein. Es ist nicht not-

In der Innenstadt von Kassel nach einem Bombenangriff der Royal Air Force, 1944. Mitte 1944 verstärkten die Briten und Amerikaner die Flächenbombardements, bis Mai 1945 warfen die Alliierten rund eine Million Tonnen Sprengstoff ab.

wendig, auf die Grundlagen, die das deutsche Volk zu seinem primitivsten Weiterleben braucht, Rücksicht zu nehmen. Im Gegenteil ist es besser, selbst diese Dinge zu zerstören. Denn das Volk hat sich als das schwächere erwiesen, und dem stärkeren Ostvolk gehört ausschließlich die Zukunft. Was nach diesem Kampf übrigbleibt, sind ohnehin nur die Minderwertigen, denn die Guten sind gefallen.« Der Kernsatz des Befehls lautete: »Alle militärischen, Verkehrs-, Nachrichten-, Industrie- und Versorgungsanlagen sowie Sachwerte innerhalb des Reichsgebiets, die sich der Feind für die Fortsetzung seines Kampfes irgendwie sofort oder in absehbarer Zukunft nutzbar machen kann, sind zu zerstören.« Doch es kam nicht mehr dazu. Vor allem Albert Speer setzte seine verbliebenen Kompetenzen dafür ein, daß die befohlenen Zerstörungen nicht vorgenommen wurden, die noch bestehenden Wirtschaftseinrichtungen und Überreste der Infrastruktur erhalten blieben. Wäre es nach dem Willen des »Führers« gegangen, das NS-Regime selbst hätte in den letzten Kriegswochen Deutschland zu einer unbewohnbaren Wüstenei gemacht.

Zusammenbruch

Es war ein Ende mit Schrecken für sehr viele Deutsche. In den frontnahen Städten kamen ab Februar 1945 die Bewohner oft tage- und nächtelang nicht mehr aus den Kellern, da wegen des Artilleriebeschusses jeder Gang auf die Straße mit akuter Lebensgefahr verbunden war. Oftmals brach für Stunden oder sogar Tage die Strom- und Wasserversorgung zusammen, so daß zu Bomben und Artilleriefeuer auch noch zunehmend Hunger trat. Und dann die quälende Ungewißheit. Wie lange würde sich dieser grausame Kampf noch hinziehen und – was hatte man von den Besatzungssoldaten zu erwarten? Die Angst vor »den Russen«

Januar 1944, Straßenzug in der Nähe des Spittelmarkts in Berlin. 1945 waren in Berlin 37% der Wohnhäuser zerstört.

war dabei weit stärker ausgeprägt als vor Briten und Amerikanern. Nur wenige zweifelten im März und April 1945 in Deutschland noch daran, daß der »totale« Krieg mit der totalen Niederlage Deutschlands enden würde. Im Grunde waren sich auch die meisten Gefolgsmänner des Nationalsozialismus, vor allem von SS und Waffen-SS darüber im klaren. Den Untergang des Dritten Reiches vor Augen, wurden sie zunehmend zu einer direkten Gefahr für die eigene Bevölkerung. Ihr Vernichtungswille richtete sich in den letzten Wochen des Krieges verstärkt gegen diejenigen Deutschen, die sich nicht mit allen Kräften an der Verlängerung der »Götterdämmerung« des NS-Regimes beteiligen wollten. So wurden am 15. Februar 1945 in

6

frontnahen Gebieten »fliegende« Standgerichte gebildet, die »mangelnden Kampfwillen«, sei es beim Volkssturm, in der Wehrmacht oder den örtlichen Verwaltungen mit der Todesstrafe bedrohten. NS-Justiz und Wehrmachtgerichte verhängten noch in den letzten Kriegswochen zahlreiche Todesurteile wegen angeblichen Hoch- und Landesverrats oder »Wehrkraftzersetzung«.

Und noch etwas brachten die letzten Tage und Wochen des Krieges für viele Deutsche – die direkte Konfrontation mit den Verbrechen des Regimes. Vor den anrückenden Alliierten evakuierte die SS zahlreiche Konzentrationslager und trieb die Häftlinge auf endlosen Todesmärschen quer durch Deutschland. Viele Häftlinge starben dabei an Erschöpfung. Wer nicht mehr weiterlaufen konnte, wurde von der SS erschossen. Vom Grauen der Konzentrationslager hatte die Bevölkerung aus Andeutungen und Gerüchten seit langem Kenntnis erhalten. Angesichts der völlig entkräfteten Elendsgestalten in ihrer gestreiften Häftlingskleidung bekamen viele Deutsche nun erstmals eine konkrete Vorstellung vom Ausmaß der begangenen Verbrechen.

Nach Aufhebung des Fliegeralarms verlassen vom Krieg gezeichnete Frauen im April 1945 einen Luftschutzkeller in Berlin. Ihre wichtigsten Habseligkeiten sind in einem Koffer verstaut.

Besiegt? – Befreit?

Dem nahen Kriegsende sahen viele Menschen in Deutschland mit einer Mischung aus Bangen und Hoffen entgegen. Von zentraler Bedeutung für die Gefühls- und Stimmungslage der Menschen war natürlich, in welchem Verhältnis sie zum nationalsozialistischen Regime gestanden hatten. Gehörten sie zu den Funktionsträgern des Regimes, zur Gruppe der Täter – wie groß ihr persönlicher Anteil am Terror immer gewesen sein mag – erwarteten sie das Kriegsende mit anderen Gefühlen als die Opfer der nationalsozialistischen Herrschaft.

Dabei verband sich das Hoffen auf das Ende der Bombennächte oder der Strapazen der Flucht bei der Mehrzahl der Deutschen mit der Angst vor den heranrückenden alliierten Soldaten.

Niederlage oder Befreiung – für die Täter und Helfershelfer des NS-Regime und auf der anderen Seite für deren Opfer war die Antwort eindeutig. Viele Täter sannen in den letzten Monaten darüber nach, wie sie ihre Haut retten konnten. Besonders Belastete aus NSDAP oder SS verschafften sich falsche Papiere, bereiteten die Flucht ins Ausland vor, oder hofften, in den Wirren des Kriegsendes

In den letzten Tagen des Zweiten Weltkrieges in einem Dorf nahe Aschaffenburg. Viele Mütter wissen in diesen Tagen nicht, wo sie mit ihren Kindern in der Nacht unterkommen, wo sie Essen für ihre Familie bekommen können.

einfach »abtauchen« zu können, was nicht wenigen auch gelang. Andere Haupttäter entzogen sich durch Selbstmord der Verantwortung für ihre Taten.

Für die allermeisten Deutschen hatte das Kriegsende wohl von beidem etwas, von Niederlage und Befreiung. Die Tochter Carl Goerdelers war nach dem 20. Juli 1944 in »Sippenhaft« genommen und ins KZ verschleppt worden, über Stutthof, Buchenwald, nach Dachau. Von dort wurde sie zusammen mit anderen KZ-Häftlingen noch Ende April 1945 von der SS abtransportiert, in Richtung Österreich, wo sie schließlich von Amerikanern

befreit wurde. »Unbeschwert waren diese jungen Amerikaner, die nun unsere Betreuer waren! Sie (...) verwöhnten uns, schafften wärmere Kleidung herbei, sorgten für reichliche und allerbeste Kost (...) Das Glück, freundliche, arglose Menschen um uns zu haben, uns frei bewegen zu können, lockerte die eisernen Reifen, die sich nach vielen Ängsten um unsere Herzen gezogen hatten. Keine Wachtürme, keine Zäune – wir waren wirklich frei.«

Die Jüdin Renate Lasker wurde im April 1945 aus dem KZ Bergen-Belsen befreit. »Es war Mittag geworden. Seit Tagen hörten wir das leise Rumpeln von schweren Geschützen, doch wir hatten

Welches Schicksal erwartet sie in den Lagern der Siegermächte? Nach der Kapitulation befinden sich rund elf Millionen Wehrmachtsangehörige in Kriegsgefangenschaft. Eine Frau steckt den gefangenen deutschen Soldaten Zigaretten zu.

keine Ahnung, was draußen, jenseits des Lagers, vor sich ging. Wer schoß? Waren es die Deutschen, waren es die Alliierten? Inzwischen war das leise Rumoren einem unverkennbaren Geräusch gewichen – dem Rasseln von Panzerketten. Im Lager

Wir waren besiegt

Also, das war keine Befreiung, wir waren besiegt, so hat man das empfunden. Die Franzosen, die Holländer, die Belgier, die Dänen, die Norweger und die Polen, die Tschechen, die konnten sagen, wir sind befreit worden, aber wir sind besiegt worden.　　　　*Rolf Kirbach, *1934*

war es totenstill geworden – und in diese Stille drang auf einmal eine englische Stimme: ›This is the British Army. Please remain calm. We have come to liberate you. Don't leave the Camp and don't worry. You are free.‹ Und dann rollten die ersten Tanks ins Lager. Wir schauten stumm auf unsere Befreier. Zum Jubeln hatten wir keine Kraft.«

Ein Beispiel für jene Mischung aus dem – vorherrschenden – Gefühl von Befreiung und Bedrängung bot auch Ursula von Kardorff, eine entschiedene Gegnerin der Nationalsozialisten. Am 28. April 1945, nachdem das bayerische Dorf, in das sie sich aus Berlin in Sicherheit gebracht hatte, von Amerikanern besetzt worden war, notierte sie: »Von den Nazis sind wir nun befreit, keine Gestapo kann uns mehr vorladen, beunruhigen, verhaften, quälen oder verfolgen. Man kann gar nicht glücklich genug darüber sein. Und doch, auch jetzt sind wir nicht frei, müssen wieder gehorchen und Sperrstunden achten, Befehle, die angeschlagen sind, befolgen. Alle mußten zum Beispiel ihre Radios abliefern. Wir haben unseres einfach behalten.«

Berlin, vor dem Anhalter Bahnhof. Während eines Fliegeralarms flüchten Passanten in die Luftschutzräume.

Befreit fühlten sich auch die Millionen Zwangs- und Fremdarbeiter, die vor allem in der deutschen Rüstungsindustrie und Landwirtschaft hatten arbeiten müssen. Ende 1944 gab es rund 7,6 Millionen Zwangs- und Fremdarbeiter in Deutschland, davon zwei Millionen Kriegsgefangene, die anderen waren »Zivilarbeiter«, von denen die meisten in den besetzten Gebieten zwangverpflichtet worden waren.

In der Landwirtschaft stellten sie in der letzten Kriegsphase fast die Hälfte der Arbeitskräfte, in der Rüstungsindustrie rund ein Drittel. Vor allem für die Zwangsarbeiter aus der Sowjetunion und

6

Polen waren die Arbeits- und Lebensbedingungen oft katastrophal. Unzureichend ernährt, untergebracht in streng bewachten Lagern, mußten sie 12 Stunden pro Tag unter häufig unmenschlichen Bedingungen arbeiten, der Willkür ihrer Bewacher und Vorarbeiter ausgeliefert.

Je deutlicher sich die Niederlage Deutschlands abzeichnete, desto häufiger gab es in deutschen Dörfern und Städten Beispiele menschlicher Verhaltensweisen gegenüber den »Fremdarbeitern«. Diese fieberten den alliierten Truppen entgegen und begrüßten sie als Befreier. Vielerorts konnte man ehemalige Zwangsarbeiter jubelnd durch die zerstörten Städte ziehen sehen.

2. Mai 1945, Berlin ist erobert. Sowjetische Offziere im Hof der zerstörten Neuen Reichskanzlei.

Die meisten Deutschen hatten im April und Mai 1945 kaum Kraft und Zeit nachzuspüren, ob sie sich nun besiegt oder befreit fühlten. Im Zweifel beides. Für sie begann ein neuer Kampf, um Nahrung und Kleidung, um das pure Überleben in den Trümmern, die der von den Nazis begonnene Krieg hinterlassen hatte. Die Ruinenlandschaften der deutschen Städte waren gleichsam ein Abbild davon, wie es im Innern vieler Deutscher aussah im Frühjahr 1945. Fast alle hatten Existentielles verloren: Angehörige an der Front, auf der Flucht oder in den Bombennächten; ihre Wohnungen und Teile ihrer Habe. Persönliche Hoffnungen und Lebensplanungen hatte der Krieg grausam zerstört.

Als die Wehrmacht im September 1939 in Polen eingefallen und in den folgenden Monaten von Sieg zu Sieg marschiert war – Polen, Frankreich, Dänemark, Norwegen – hatten sich auch manche Skeptiker unter den Deutschen von der Woge nationalistischer Begeisterung mitreißen lassen. Es schien etwas dran zu sein an jener von den Nationalsozialisten propagierten »Volksgemeinschaft«. Die Front war weit, der Krieg bestand für die Bevölkerung aus Siegesmeldungen.

Doch die ersten Luftangriffe auf Hamburg, Bremen und Berlin zeigten eine Wende an. Ab Mitte 1942 wurden die deutschen Städte immer mehr Teil des Kriegsgeschehens. Der Krieg rückte näher und nahm für die Menschen in der Heimat eine neue, schreckliche Dimension an, noch bevor im Herbst 1944 mit dem Eindringen sowjetischer Truppen in Ostpreußen die vom Dritten Reich ausgegangene Kriegsfurie mit grausamer Zerstörungswut nach Deutschland zurückkehrte. Der von den Nationalsozialisten entfesselte »totale Krieg« hatte zunächst jeden Flecken, jeden Betrieb, jedes Haus in Deutschland zur »Heimatfront« erklärt und schließlich in eine totale Niederlage gerissen.

Thomas Flemming

Millionen von Menschen waren am Ende des Krieges und noch lange danach auf der Flucht quer durch Europa, quer durch Deutschland: eine Mutter mit ihrem Kind in einem Wald bei Potsdam.

Mitarbeiter der Fernsehreihe

Leitung der Reihe: Esther Schapira
ARTE-Redaktion: Ulrike Schröder

Die Mobilmachung, SFB
Autoren: Wolfgang Brenner, Karl Hermann
Redaktion: Hans von Brescius
Kamera: Rainer Hoffmann
Schnitt: Jutta Kahlenberg
Fachberatung: Dr. Rolf-Dieter Müller

Die Familie, SWR
Autorin: Gabriele Trost
Redaktion: Gerolf Karwath
Kamera: Horst Schellenberger
Schnitt: Barbara Luniak-Weber
Fachberatung: Margarete Dörr

Die Volksgemeinschaft, mdr
Autor: Dirk Pohlmann
Redaktion: Ulrich Brochhagen, Wolfgang Fandrich
Kamera: Ivan Minov
Schnitt: Britta Kastern
Fachberatung: Privatdozent Dr. Michael Ruck

Der Terror, hr
Autorin: Sabine Mieder
Redaktion: Esther Schapira
Kamera: Lothar Dahlke
Schnitt: Dorothea Brühl
Fachberatung: Prof. Dr. Gerhard Paul

Die Arbeitsschlacht, mdr
Autor: Markus Fischötter
Redaktion: Martin Hübner
Kamera: Dietmar Hösel
Schnitt: Mario Albrecht
Fachberatung: Dr. Rolf-Dieter Müller

Der Zusammenbruch, NDR
Autor: Jürgen Brühns
Redaktion: Silvia Gutmann
Kamera: Gerd Kruse
Schnitt: Sybille Lehmbrock
Fachberatung: Dr. Rolf-Dieter Müller

Autoren des Buches

Ursula Breymayer, Literatur- und Kulturwissenschaft-lerin, geboren 1960, lebt in Berlin. Kuratorin zahlreicher kulturhistorischer Ausstellungen, arbeitet derzeit an einem Forschungsprojekt zur Sozialstruktur der NSDAP und der SED (Universität Bielefeld). Letzte Veröffentli-chung: U.Breymayer, B. Ulrich, K. Wieland (Hg.): *Willensmenschen. Über deutsche Offiziere*, Frankfurt 1999 (im Erscheinen).

Hans-Werner Conrad, Dr. phil., geboren 1941 in Berlin, Studium der Germanistik, Theaterwissenschaf-ten und Philosophie in Köln und Berlin. Ab 1969 beim Hessischen Rundfunk, zunächst Redakteur in der Hauptabteilung Kultur, 1971 Referent des Intendanten, 1976 Leiter der Hauptabteilung Presse und Öffentlich-keit und 1978 Programmchef »Werbung und Rundfunk GmbH«. 1980 Fernsehprogrammdirektor von Radio Bre-men. Seit 1989 Fernsehdirektor des Hessischen Rund-funks.

Bernward Dörner, Dr. phil., geboren 1956. Studium der Germanistik und Geschichtswissenschaft in Köln und Berlin. Lebt als Historiker und Publizist in Berlin. Veröffentlichungen (u.a.): *Justiz und Judenmord. Zur Unterdrückung von Äußerungen über den Genozid an den europäischen Juden durch die deutsche Justiz im Nationalsozialismus*, in: Jahrbuch für Antisemitismus-forschung, 4 (1995); *»Der Krieg ist verloren!«. »Wehr-kraftzersetzung« und Denunziation in der Truppe*, in: Norbert Haase/Wolfgang Paul (Hg.): Die anderen Sol-daten. Gehorsamsverweigerung, Desertion und Wehr-kraftzersetzung im Zweiten Weltkrieg (1995); *»Heim-tücke«: Das Gesetz als Waffe. Kontrolle, Abschreckung und Verfolgung in Deutschland 1933-1945* (1998).

Jürgen Engert, geboren 1936, Schulzeit in Dresden, Studium der Geschichte, Germanistik und Philosophie in München und Berlin. Redakteur und Chefredakteur bei verschiedenen Zeitungen und freier Autor. Ab 1984 beim Sender Freies Berlin, dort ab 1987 Chefredak-teur/Fernsehen; 1992 auch Kulturchef/Fernsehen. Seit 1997 Gründungsdirektor des ARD-Hauptstadtstudios.

Thomas Flemming, geboren 1957, Studium der Geschichte, Germanistik und Philosophie in Bochum und Berlin. Lebt als Historiker und Publizist in Berlin. Zahlreiche Veröffentlichungen zu zeitgeschichtlichen Themen, u.a. *Berlin 1945-1989. Vom Kriegsende bis zur Wende* (1995), *»Besatzer und Besetzte«*, in: J. Engert (Hg.), Die wirren Jahre. Deutschland 1945-1948 (1996), *Die Berliner Mauer. Geschichte eines politischen Bauwerks* (1999).

Ernst Christian Schütt, graduierter Sozialwirt, gebo-ren 1950, aufgewachsen in Eutin. Studium der Soziolo-gie an der Hochschule für Wirtschaft und Politik Ham-burg. 1982/83 Volontariat im Harenberg Verlag, Dort-mund. Seitdem lebt er als freier Autor und veröffentlich-te zahlreiche Publikationen zu den Themen Zeitge-schichte und Sport.

Kerrin Gräfin von Schwerin, Dr. phil., geboren 1941 in Husum, lebt in Berlin. Studium der Geschichte, Sozio-logie und modernen Sprachen Südasiens in Berlin, USA und Heidelberg; Privatdozentin für Neuere Geschichte Südasiens, Studienaufenthalte in Indien und Nepal; zahlreiche wissenschaftliche Aufsätze und Buchveröf-fentlichungen. Im Frühjahr 1999 erschien bei Nicolai *Frauen im Krieg. Briefe, Dokumente, Aufzeichnungen.*

Rainer Wolz, geboren 1965. Studium der Geschichts-wissenschaften, Germanistik, Theaterwissenschaften und Romanistik in Würzburg und Berlin. 1994–1998 wissenschaftlicher Mitarbeiter an der Freien Universität Berlin und an der Berlin-Brandenburgischen Akademie der Wissenschaften. Bis 1999 Projektmitarbeiter am Zentrum für Vergleichende Geschichte Europas (ZVGE) an der Freien Universität Berlin. Seit 1996 Mitbegrün-der und Redakteur des E-mail-Diskussionsforums und Nachrichtendienstes H-Soz-u-Kult für HistorikerInnen (http://hsozkult.geschichte.hu-berlin.de) Sein Interesse gilt vor allem der Wissenschafts- und Technikgeschich-te, Geschichte der Geschichtswissenschaften und der Berlin-Geschichte.

Literaturhinweise

25 Jahre Wochenschau der UFA (Schriften der UFA-Lehrschau Bd.1), Berlin 1939.

Andreas-Friedrich, Ruth, Der Schattenmann. Tagebuchaufzeichnungen 1938 – 1945, Frankfurt/Main 1985.

August, Jochen u.a., Herrenmensch und Arbeitsvölker. Ausländische Arbeiter und Deutsche 1939 – 1945, Berlin 1986.

Benz, Wolfgang (Hg.), Die Vertreibung der Deutschen aus dem Osten. Ursachen, Ereignisse, Folgen, Frankfurt/ Main 1985.

Benz, Wolfgang, Herrschaft und Gesellschaft im nationalsozialistischen Staat, Frankfurt/Main 1990.

Benz, Wolfgang/Hermann Graml/Hermann Weiß (Hg.), Enzyklopädie des Nationalsozialismus, Stuttgart 1997.

Berlekamp, Brigitte/Werner Röhr (Hg.), Terror, Herrschaft und Alltag im Nationalsozialismus. Probleme der Sozialgeschichte des deutschen Faschismus, Münster 1995.

Blaich, Fritz, Wirtschaft und Rüstung im »Dritten Reich«, Düsseldorf 1987.

Boberach, Heinz (Hg.), Meldungen aus dem Reich 1938 – 1945. Die geheimen Lageberichte des Sicherheitsdienstes der SS, 17 Bde., Herrsching 1984.

Boelcke, Willi A., Die Kosten von Hitlers Krieg. Kriegsfinanzierung und finanzielles Kriegserbe in Deutschland 1933 – 1948, Paderborn 1985.

Böll, Heinrich (Hg.), Niemands Land. Kindheitserinnerungen an die Jahre 1945 bis 1949, München 1987.

Bontrup, Heinz-Josef/Norbert Zdrowomyslaw, Die deutsche Rüstungsindustrie, Heilbronn 1988.

Borkin, Joseph, Die unheilige Allianz der I.G. Farben. Eine Interessengemeinschaft im Dritten Reich, Frankfurt / Main 1979.

Boveri, Margret, Tage des Überlebens. Berlin 1945, München 1968.

Bracher, Karl Dietrich u.a. (Hg.), Deutschland 1933 – 1945, Bonn 1992.

Brownig, Christopher R., Ganz normale Männer. Das Reserve-Polizeibataillon 101 und die »Endlösung« in Polen, Reinbek 1993.

Buchbender, Ortwin, Reinhold Sterz (Hg.), Das andere Gesicht des Krieges, Deutsche Feldpostbriefe 1939 – 1945, München 1983.

Burkert, Hans Norbert/Klaus Matußek/Doris Obschernitzki (Hg.) Zerstört – Besiegt – Befreit. Der Kampf um Berlin bis zur Kapitulation 1945, Berlin 1985.

Deist, Wilhelm, u.a. (Hg.), Ursachen und Voraussetzungen der deutschen Kriegspolitik, Stuttgart 1979.

Deutschland – Berichte der Sozialdemokratischen Partei Deutschlands (Sopade), 1934 – 1940, [unv. Neudruck Frankfurt 1980].

Diewald-Kerkmann, Gisela, Politische Denunziation im NS-Regime oder die kleine Macht der »Volksgenossen«, Bonn 1995.

Domarus, Max (Hg.) Hitler. Reden und Proklamationen 1932 – 1945, 2 Bde., München 1962.

Dörner, Bernward, »Heimtücke«: Das Gesetz als Waffe. Kontrolle, Abschreckung und Verfolgung in Deutschland 1933 – 1945, Paderborn 1998.

Ebbinghaus, Angelika (Hg.), Opfer und Täterinnen. Frauenbiographien des Nationalsozialismus, Frankfurt/ Main 1996.

Eichholtz, Dietrich, Geschichte der deutschen Kriegswirtschaft 1939 – 1945, Berlin (Ost) 1969 ff.

Frei, Norbert, Der Führerstaat. Nationalsozialistische Herrschaft 1933 bis 1945, München 1987.

Frevert, Ute (Hg.), Militär und Gesellschaft im 19. und 20. Jahrhundert, Stuttgart 1997.

Gellately, Robert, Die Gestapo und die deutsche Gesellschaft. Die Durchsetzung der Rassenpolitik 1933 – 1945, Paderborn 1993.

Geyer, Michael, Deutsche Rüstungspolitik 1860 – 1980, Frankfurt/Main 1984.

Grau, Günter (Hg.), Homosexualität in der NS-Zeit. Dokumente einer Diskriminierung und Verfolgung, Frankfurt/Main 1993.

Grube, Franz/Gerhard Richter, Alltag im III.Reich, 1933–1945, Hamburg 1982.

Gruchmann, Lothar, Justiz im Dritten Reich 1933 – 1940. Anpassung und Unterwerfung in der Ära Gürtner, München 1988.

Gruchmann, Lothar, Totaler Krieg. Vom Blitzkrieg zur bedingungslosen Kapitulation, München 1991.

Heiber, Helmut (Hg.), Joseph Goebbels, Reden, 2 Bde, Düsseldorf 1971/72.

Herbert, Ulrich, Fremdarbeiter. Politik und Praxis des »Ausländereinsatzes« in der Kriegswirtschaft des Dritten Reiches, Berlin/Bonn 1985.

Herbert, Ulrich/Karin Orth/Christoph Dieckmann (Hg.), Die nationalsozialistischen Konzentrationslager. Entwicklung und Struktur, 2 Bde., Göttingen 1998.

Herbst, Ludolf, Das nationalsozialistische Deutschland 1933 – 1945, Frankfurt/Main 1996.

Herz, Rudolf, Hoffmann & Hitler. Fotografie als Medium des Führermythos, München 1994 (Publikation zur gleichnamigen Ausstellung im Münchner Stadtmuseum 1994).

Hilberg, Raul, Die Vernichtung der europäischen Juden, Frankfurt/Main 1990.

Hirschfeld, Gerhard u.a. (Hg.) Kriegserfahrungen. Studien zur Sozial- und Mentalitätsgeschichte des Ersten Weltkrieges, Tübingen 1997.

Hoffmann, Hilmar, »Und die Fahne führt uns in die Ewigkeit«. Propaganda im NS-Film, Frankfurt/Main 1988.

Holmsten, Georg, Kriegsalltag 1939 – 1945 in Deutschland, Düsseldorf 1982.

Kardorff, Ursula von, Berliner Aufzeichnungen 1942 – 1945, München 1992.

Kershaw, Ian, Der Hitler-Mythos. Volksmeinung und Propaganda im Dritten Reich, Stuttgart 1980.

Kershaw, Ian, Der NS-Staat. Geschichtsinterpretationen und Kontroversen im Überblick, Reinbek 1994.

Kiersch, Gerhard u.a., Berliner Alltag im Dritten Reich, Düsseldorf 1981.

Klee, Ernst, »Euthanasie« im NS-Staat. Die »Vernichtung lebensunwerten Lebens«, Frankfurt/Main 1991.

Klemperer, Victor, »Ich will Zeugnis ablegen bis zum letzten«. Tagebücher 1933–1945, Berlin 1995.

Knoch, Peter (Hg.), Kriegsalltag. Die Rekonstruktion des Kriegsalltags als Aufgabe der historischen Forschung und der Friedenserziehung, Stuttgart 1989.

Kraume, Hans-Georg, Duisburg im Krieg 1939 – 1945, Düsseldorf 1982.

Kühne, Thomas (Hg.), Männergeschichte – Geschlechtergeschichte. Männlichkeit im Wandel der Moderne, Frankfurt 1996.

Kundrus, Birthe, Kriegerfrauen. Familienpolitik und Geschlechterverhältnis im Ersten und Zweiten Weltkrieg, Hamburg 1995.

Kupfer-Koberwitz, Edgar, Dachauer Tagebücher. Die Aufzeichnungen des Häftlings 24 814, München 1997.

Longerich, Peter, Politik der Vernichtung. Eine Gesamtdarstellung der nationalsozialistischen Judenvernichtung, München/Zürich 1998.

Mann, Thomas: Essays, Frankfurt/Main 1977.

Matern, Norbert, Ostpreußen als die Bomben fielen, Düsseldorf 1986.

McClatchie, Stanley, Das Herz Europas, München o.J. [1937].

Meyer, Sibylle/Eva Schulze, Von Liebe sprach damals keiner. Familienalltag in der Nachkriegszeit, München 1985.

Milward, Alan S., Der Zweite Weltkrieg. Krieg, Wirtschaft und Gesellschaft 1939 – 1945, München 1977.

Mosse, George L., Die Geschichte des Rassismus in Europa, Frankfurt/Main 1990.

Niethammer, Lutz (Hg.), »Die Jahre weiß man nicht, wo man sie heute hinsetzen soll.« Faschismuserfahrung im Ruhrgebiet, Berlin 1983.

Oberreuter, Heinrich/Jürgen Weber (Hg.), Freundliche Feinde? Die Alliierten und die Demokratiegründung in Deutschland, München 1996.

Paul, Gerhard/Klaus-Michael Mallmann (Hg.), Die Gestapo – Mythos und Realität, Darmstadt 1995.

Peukert, Detlef, Alltag unter dem Nationalsozialismus, Berlin 1981.

Peukert, Detlev, Die Weimarer Republik. Krisenjahre der klassischen Moderne, Frankfurt/Main 1987.

Reichel, Peter, Der schöne Schein des Dritten Reiches. Faszination und Gewalt des Faschismus, München/Wien 1991.

Röhr, Werner (Hg.), Terror, Herrschaft und Alltag im Nationalsozialismus. Probleme einer Sozialgeschichte des deutschen Faschismus, Münster 1995.

Rürup, Reinhard (Hg.), Topographie des Terrors: Gestapo, SS und Reichssicherheitshauptamt auf dem »Prinz-Albrecht-Gelände«. Eine Dokumentation, Berlin 1987.

Schäfer, Hans Dieter, Berlin im Zweiten Weltkrieg. Der Untergang der Reichshauptstadt in Augenzeugenberichten, München 1985.

Schieder, Theodor (Bearb.), Dokumentation der Vertreibung der Deutschen aus Ost-Mitteleuropa, Bonn 1953 – 1961.

Schneider, Michael, Unterm Hakenkreuz. Arbeiter und Arbeiterbewegung 1933 bis 1939, Bonn 1999.

Schulte, Regina, Die verkehrte Welt des Krieges. Studien zu Geschlecht, Religion und Tod, Frankfurt/Main 1998.

Sester, Hans, Als Junge im sogenannten Dritten Reich, Frankfurt/Main. 1987.

Shirer, William L., Das Jahrzehnt des Unheils. Meine Erlebnisse und Erfahrungen in Deutschland und Europa 1930 – 1940, Bern 1986.

Smelser, Ronald M., Robert Ley. Hitlers Mann an der Arbeitsfront. Eine Biographie, Paderborn 1989.

Stommer, Rainer (Hg.), Reichsautobahn. Pyramiden des Dritten Reiches, Marburg 1982.

Thamer, Hans-Ulrich, Verführung und Gewalt. Deutschland 1933 bis 1945, Berlin 1986.

Trampe, Gustav (Hg.), Die Stunde Null. Erinnerungen an Kriegsende und Neuanfang, Stuttgart 1995.

Treue, Wilhelm, Hitlers Denkschrift zum Vierjahresplan 1936, in: VfZ 3, 1955, S. 184-210.

Treue, Wilhelm, Rede Hitlers vor der deutschen Presse, in: VfZ 6, 1958, S. 175-191.

Wagenführ, Rolf, Die deutsche Industrie im Kriege 1939 bis 1945, Berlin 1963.

Wendt, Bernd-Jürgen, Großdeutschland. Außenpolitik und Kriegsvorbereitung des Hitler-Regimes, München 1987.

Werner, Wolfgang Franz, »Bleib übrig!« Deutsche Arbeiter in der nationalsozialistischen Kriegswirtschaft, Düsseldorf 1983.

Winkler, Dörte, Frauenarbeit im Dritten Reich, Hamburg 1977

.

Zur Nieden, Susanne, Alltag im Ausnahmezustand. Frauentagebücher im zerstörten Deutschland 1943 – 1945, Berlin 1993.

Bildnachweis

bpk, Bildarchiv Preußischer Kulturbesitz, Berlin: 15, 16, 17, 31, 31, 34, 50, 56, 57, 58, 63, 65, 69, 72, 79, 80, 81, 83, 89, 90, 95, 96, 105, 112, 114, 117, 120, 128, 145, 152, 165, 168, 173, 178, 179, 183, 185, 198, 200.
14, 51, 62, 93, 97, 106, 113, 133, 188 (Hanns Hubmann), 70, 184 (Plakat von Mjölnir/Staatliche Museen zu Berlin, Kunstbibliothek), 84 (Plakat von Helwig-Strehl, Staatliche Museen zu Berlin, Kunstbibliothek, Foto: Knud Petersen), 25, 26, 28, 29, 46, 67, 68, 126, 130 (Joseph Schorer), 30 (Germin), 37 (Krupski), 54 (Lala Aufsberg), 72, 91, 121, 123, 129, 140, 141, 181, 195, 203 (Arthur Grimm), 118, 132 (Carl Weinrother), 119 (Joe J. Heydecker), 127, 191, 205 (Hilmar Pabel), 147 (Friedrich Franz Bauer), 164 (Georg Schödl), 166 (UPI), 169 (Plakat, Institut für Zeitgeschichte, München), 176, 177, 199 (Ewald Gnilka), 186, 192 (PK-Benno Wundshammer), 196 (Arkadi Shaykhet)

Bundesarchiv, Koblenz: 27, 33, 88

Chronos-Film GmbH, Kleinmachnow: 124, 180, 201, 201, 204

Deutsches Historisches Museum, Berlin: 40, 41, 52, 78, 110, 111, 157, 159, 160, 161, 162.
60, 64 (Liselotte Orgel-Köhne), 170 (Litzmann)

Ullstein Bilderdienst, Berlin: 19, 38, 99, 151.
39 (Ernst Baumann), 101 (Walter Frentz), 153 (Chronos-Film GmbH)

Die Abbildungen aus dem Vorspann der Fernsehreihe auf den jeweils ersten Doppelseiten der Kapitel stellte uns die ARD zur Verfügung.

Die separat gekennzeichneten Texte der Zeitzeugen sind den Dokumentationen der Fernsehreihe entnommen.

nicolai

kulturgeschichte

Kämpferische Frauen, die gegen den Krieg angehen, kriegsbegeisterte, die freudig in den Chor der Helden einstimmen, Täterinnen und Opfer – die in diesem Band versammelten Texte führen vor, wie unterschiedlich Frauen über den Krieg dachten und wie sie Kriegszeiten durchlebten. Eine Sammlung von Aufzeichnungen und Briefen aus der Zeit vor dem Ersten bis nach dem Zweiten Weltkrieg.

Kerrin Gräfin Schwerin

Frauen im Krieg
Briefe, Dokumente, Aufzeichnungen

260 Seiten, DM 38,00

nicolai

kulturgeschichte

»Sodom u. Gomorrha – Feuer u. Schwefel – auch die wenigen Gerechten konnten nicht verschont werden. Man darf nicht zurückblicken, sonst erstarrt man ob der Tränen zur Salzstatue. Das ist eine Zeit, die wir erwischt haben! Aber solange man noch mit dem Leben davon kommt, kann man sich glücklich preisen. Von unsrer Wohnung konnte nichts gerettet werden, ausser einigen Küchensachen, was ich schon fast humoristisch fand. Im Keller, der damals unversehrt blieb – ich hoffe, er ist es noch – stehen noch eine Menge Bilder. Hier leben wir bei meiner Schwester, es ist leider schon recht ungemütlich im Haus … aber wir sind wenigstens nicht bei fremden Menschen, die wir inkommodieren müssen. Man wird auch die Gedanken über diesen Untergang nicht los…«

Karl Schmidt-Rottluff an Erika von Hornstein, 2. Dezember 1943

Erika von Hornstein

So blau ist der Himmel

Meine Erinnerungen an Karl Schmidt-Rottluff und Carl Hofer

148 Seiten, DM 48,00
Mit 16 Abbildungen

In ihrem Buch „So blau ist der Himmel" erzählt Erika von Hornstein von ihrer Freundschaft zu den Malern Karl Schmidt-Rottluff und Carl Hofer in einer bewegten Zeit. Ein sehr persönlicher Text über Malerei und Kunst, Krieg und Widerstand, über die Hoffnung und das Überleben.